JOHANN HEINRICH LAMBERT

Texte zur Systematologie und zur Theorie der wissenschaftlichen Erkenntnis

Herausgegeben von
Geo Siegwart

Textbearbeitung von
Horst D. Brandt

FELIX MEINER VERLAG
HAMBURG

PHILOSOPHISCHE BIBLIOTHEK BAND 406

CIP-Titelaufnahme der Deutschen Bibliothek

Lambert, Johann Heinrich:
Texte zur Systematologie und zur Theorie der wissenschaftlichen Erkenntnis / Johann Heinrich Lambert.
Hrsg. von Geo Siegwart. Textbearb. von Horst D. Brandt. –
Hamburg : Meiner, 1988
  (Philosophische Bibliothek ; Bd. 406)
  ISBN 3-7873-0723-0
NE: GT

© Felix Meiner Verlag GmbH, Hamburg 1988. Alle Rechte, auch die des auszugsweisen Nachdrucks, der fotomechanischen Wiedergabe und der Übersetzung, vorbehalten. Dies betrifft auch die Vervielfältigung und Übertragung einzelner Textabschnitte durch alle Verfahren wie Speicherung und Übertragung auf Papier, Filme, Bänder, Platten und andere Medien, soweit es nicht §§ 53 und 54 URG ausdrücklich gestatten. – Satz: Satz-Offizin Hümmer, Waldbüttelbrunn. Druck: Wilhelm Carstens, Schneverdingen. Buchbinderische Verarbeitung: R. Himmelheber, Hamburg. Printed in Germany.

INHALT

Einleitung. Von Geo Siegwart	VII
I. Einführung	VII
II. Zum Lebensgang und zur Person Lamberts	XI
III. Das Werk Lamberts	XVII
IV. Aufbau und Inhalt von *Organon* und *Architectonic*	XXIV
V. Lamberts Systematologie	XXXVII
Literaturverzeichnis	LXXXIX
Zur Textgestaltung. Von Horst D. Brandt	IC

Johann Heinrich Lambert
Texte zur Systematologie und zur Theorie
der wissenschaftlichen Erkenntnis

Von der wissenschaftlichen Erkenntnis .... (Aus: Neues Organon oder Gedanken über die Erforschung und Bezeichnung des Wahren und dessen Unterscheidung vom Irrtum und Schein, Erster Band, Neuntes Hauptstück)	1
Allgemeine Anlage zur Grundlehre .... (Aus: Anlage zur Architectonic, oder Theorie des Einfachen und des Ersten in der philosophischen und mathematischen Erkenntnis, Erster Band, Erster Teil)	53
Fragment einer Systematologie .... (Aus: Logische und philosophische Abhandlungen, I.)	123
Anmerkungen des Herausgebers	145
Personenregister	157

EINLEITUNG*

I. Einführung

1. Ein neues Lambertbild

Folgt man der für die strittigen Verhältnisse der Weltweisheit vergleichsweise übereinstimmenden Einschätzung, so kann Johann Heinrich Lambert (= L.) als treffliches Gegenbeispiel für philosophische ›Größe‹ dienen. Die Überschaubarkeit der Sekundärliteratur, das Ausbleiben intensiver Interpretationsanstrengungen sowie das Fehlen entsprechender Schulbildungen zählen zu den angenehmen Konsequenzen dieser über die Zeiten stabilen Beurteilung. Die durch diese Einschätzung ebenfalls bewirkte Vermeidbarkeit der Lektüre von Texten L.s in der philosophischen Ausbildung trägt umgekehrt zur Festigung ihrer eigenen Ursache maßgeblich bei. – Die vorliegende Ausgabe sucht den sich abzeichnenden Zirkel nicht mit dem ehrgeizigen Ziel zu durchbrechen, L. in den Positivbereich des ohnedies eher Anlehnungsbedürftigkeit signalisierenden Prädikats '... ist ein ›großer‹ Philosoph' zu rücken. Sie versteht sich vielmehr als Baustein zu einem sich gegenwärtig entwickelnden L.bild, das sich in erster Annäherung durch drei Thesen charakterisieren läßt: *Zum ersten* liefert L. für seine Zeit in ihrer Originalität herausragende philosophische Beiträge. Hierzu zählen seine Überlegungen zur Systematologie ebenso wie die Erstellung eines Linienkalküls im ersten Teil seines "Neues Organon oder Ge-

---

* Lorenz B. Puntel (München) regte die vorliegende Ausgabe an und leitete sie in die Wege. Als philosophiekundiger Lambertlaie unterzog Albert Radl (München) die Erstfassung des folgenden Textes einer Prüfung auf Verständlichkeit. Wichtige Ergänzungen, Korrekturen und Verdeutlichungen gehen auf Gereon Wolters (Konstanz) zurück. Ein besonderer Dank gilt Norbert Hinske (Trier): seine detaillierten Hinweise führten zu einer wesentlichen Verbesserung der Ausgangsfassung.

danken über die Erforschung und Bezeichnung des Wahren und dessen Unterscheidung vom Irrthum und Schein" (= *Organon*). – *Zum zweiten* bietet L.s philosophisches Werk Einsichten, die es als dringend geraten erscheinen lassen, zur Lösung von Sachproblemen den Dialog zu suchen. So wird man von L.s Ausführungen im vierten bis sechsten Hauptstück seiner "Anlage zur Architectonic, oder Theorie des Einfachen und des Ersten in der philosophischen und mathematischen Erkenntniß" (= *Architectonic*) bei der Debatte um Identitäts- und Kontinuitätskriterien profitieren. Ebenso sind seine in allen Teilen der *Architectonic* auffindbaren Analysen zur Einführung und Verwendung solcher Ausdrücke von bleibendem Wert, die in metaphysischer Rede zu Eigentermen werden. Ähnlich zieht man die vor allem im dritten Teil des *Organon* niedergelegten Ausführungen zum hypothetischen Charakter der Sprache sowie die sich darauf gründenden Vorschläge zur Erklärung und Behebung des fortwährenden Streites zwischen metaphysischen und moralischen Systemen auch heute bei der Behandlung entsprechender Sachfragen mit Gewinn hinzu. – *Zum dritten* hat das philosophische Werk L.s maßgeblich zur Ausprägung jener philosophischen Terminologie beigetragen, die heute weitgehend vorausgesetzt wird, sei es als problemlos verwendete und bedarfsweise modifizierte philosophische Umgangsprache, sei es als zunächst distanzierte Bildungssprache, der im zweiten Schritt die Rolle des Rekonstruendums zugewiesen wird[1].

---

1 Vgl. zur dritten These Hinske (1983), Band 1, S. v–viii, und Hinske (1983a), S. xix–xxi. – Das thesenartig skizzierte L.bild dokumentiert sich in einer Vielfalt von Übersetzungen, Arbeiten zur Erlangung akademischer Grade, Kongreßakten, Aufsätzen und eigenständigen Buchpublikationen (vgl. die Auswahlbibliographie, Teil C.). – Die für den interpretatorischen Umgang mit L. langfristig wichtigste Erscheinung ist zweifelsohne der L.-index (= Hinske (1983)) und Hinske (1987); Hinske (1983) wird in Siegwart (1986) besprochen.

2. Textauswahl und Ziele dieser Ausgabe

Jede dieser drei Thesen – ihre Beweisbarkeit unterstellt – bildet bereits für sich einen zureichenden Grund, die Beschäftigung mit L. durch die Bereitstellung einer Studienausgabe zu begünstigen. *Drei Texte* sollen mit L.s philosophischem Werk bekannt machen: *Die erste Passage* ist das neunte Hauptstück des ersten Teils des *Organon*: "Von der wissenschaftlichen Erkenntnis". L. entwickelt dort im Anschluß an Wolffs "Discursus praeliminaris de philosophia in genere" die Eigenart der wissenschaftlichen Erkenntnis in Abhebung von der nur historischen Erkenntnis. – Die drei ersten Hauptstücke der *Architectonic* machen *die zweite Texteinheit* aus. Das erste Hauptstück, "Erfordernisse einer wissenschaftlichen Grundlehre", bietet eine konzise Zusammenfassung wesentlicher Resultate des *Organon*, insbesondere aber der L.schen Lösung des Anfangsproblems der Wissenschaft(en). Die beiden anschließenden Hauptstücke, "Einfache Grundbegriffe und Theile der Grundlehre" und "Erste Grundsätze und Forderungen der Grundlehre", reichen die Praxis zu der im ersten Hauptstück ausgebreiteten Theorie nach. – Während die beiden ersten Texte jeweils einem der beiden philosophischen Hauptwerke L.s entnommen sind, handelt es sich bei dem *dritten Text* um unabgeschlossene Ausführungen unter dem Titel "Fragment einer Systematologie" (= *Fragment*), deren herausragende Bedeutung den wenigen Historikern des Systemthemas keineswegs entgangen ist.

Die Textauswahl läßt sich von zwei Absichten leiten. *Zum einen* soll dem Leser Einblick verschafft werden in L.s wissenschaftsphilosophische Konzeption, und zwar unter Auszeichnung der Formulierung und Lösung des Anfangsproblems. Letzteres stellt sich für L. als Frage des Gewinns und der Sicherung von Grundbegriffen und ergibt sich ihm aus der nachstehenden Reduktionslinie hinsichtlich der Wahrheit von Lehrsätzen: "Die Wahrheit der Lehrsätze kömmt auf die von den Grundsätzen, diese auf die Richtigkeit der Begriffe, und diese Richtigkeit auf die von den Grundbegriffen an. ... Was fehlt hiebey noch, als die völlige Entwicklung der Methode, jede

Lehrbegriffe auf Grundbegriffe zu bringen, diese kenntlich zu machen und zu zeigen wie jene aus diesen entstehen?" ("Abhandlung vom Criterium veritatis" = *Criterium*, § 38)[2]. – *Zum andern* soll dem Leser die Möglichkeit geboten werden, sich in L.s Systematologie kundig zu machen. – Alle ausgewählten Stücke dienen – wenn auch in verschiedener Weise – den beiden herausgestellten Absichten. So entwickeln die beiden ersten Texte unmittelbar die Wissenschaftskonzeption, während dem "Fragment einer Systematologie" immerhin mittelbare diesbezügliche Bedeutung zugeschrieben werden kann, denn: "In einem Entwurf der Systematologie, ..., wird vorgezählt, auf wie vielerley man bey einem System zu sehen hat, und daraus läßt sich eine Topic für wissenschaftliche Systeme herleiten" (Schriften 9, S. 242). Umgekehrt dient das *Fragment* direkt der zweiten Absicht, während die beiden ersten Texteinheiten nur mittelbar einschlägig werden: Bei der Lektüre des Hauptstücks "Von der wissenschaftlichen Erkenntnis" wird deutlich, daß gerade der Systemcharakter die Wissenschaftlichkeit von Erkenntnis ausmacht. In dem Hauptstück "Einfache Grundbegriffe und Theile der Grundlehre" aus der *Architectonic* etabliert L. die Systematologie als Teildisziplin seiner Metaphysik.

3. Gliederung

Im weiteren Gang dieser globalen Orientierung zu Person und philosophischem Werk L.s ist es allein darum zu tun, den Leser mit den Informationen zu versorgen, die eine gewinnbringende Lektüre der ausgewählten Textteile erlauben. Der Versuch einer

---

[2] L.zitate werden im Haupttext ausgewiesen, und zwar mit Hilfe eines Kurztitels, der in der Bibliographie (B. Primärliteratur) angegeben ist. Dieser Kurztitel wird im Haupttext auch außerhalb des Ausweises von Zitaten verwendet. – Der Fundort von Zitaten anderer Autoren wird in den Anmerkungen angegeben. Handelt es sich um Werke, die in der Bibliographie in Teil A. oder C. notiert sind, so wird ein Kurztitel verwendet, der sich aus dem Namen des Autors sowie der Angabe des Erscheinungsjahrs (gegebenenfalls indiziert) zusammensetzt.

Gesamtinterpretation und -würdigung oder die detaillierte Auseinandersetzung mit vorliegenden Auslegungen wäre vermessen. Lediglich hinsichtlich der systematologischen Texte wird ein eigener, von den bisherigen diesbezüglichen Auslassungen abweichender Interpretationsansatz vorgestellt. – Im einzelnen: Der auch unter Berufsphilosophen geringe Bekanntheitsgrad L.s verlangt zunächt nach einigen Daten zu Lebensgang und Person (II.). Sodann wird das wissenschaftliche Werk L.s vorgestellt, das naturwissenschaftlich-mathematische in punktueller Form, das philosophische Werk ausführlicher (III.). Eine nähere Betrachtung der beiden philosophischen Hauptwerke ermöglicht eine Lokalisierung der beiden ersten Texteinheiten (IV.). Die Entwicklung einer neuen Sicht von L.s Systematologie schließt diese Orientierung ab (V.).

Die beiden ersten Texte werden insofern in einem ›denaturierten‹ Zustand präsentiert, als sie aus ihrem Werkkontext, dem *Organon* bzw. der *Architectonic,* herausgelöst sind. Die für den Leser aus dem dichten (werkinternen und werkübergreifenden) Verweisungsnetz L.s entstehenden Verständnisschwierigkeiten sollen durch entsprechende Anmerkungen gemildert werden. – Die einleitende Orientierung, der Anmerkungsteil sowie die Auswahlbibliographie sind im Verband als Hilfe für ein erstes L.studium gedacht.

II. Zum Lebensgang und zur Person Lamberts

4. Biographische Skizze

L. wird am 26. August 1728 in der damals unter eidgenössischem Schutz stehenden oberelsässischen Stadt Mülhausen geboren. Der Zwölfjährige muß die Schule verlassen, um gemäß der Familientradition das Schneiderhandwerk zu erlernen. Schon in der väterlichen Werkstatt bekundet sich sein geometrisches Talent in der Erfindung eines stoffsparenden Hemdenschnitts. Der Magistrat der Stadt versagt L. die finanzielle Unterstützung, als dieser von seinem Vater für die geistliche Laufbahn vorgeschlagen wird.

Gebildete Mitbürger unterrichten L., dessen Talent und Eifer auf dem gesamten Gebiet der Erkenntnis immer unverkennbarer hervortreten, zeitweise in Latein und Französisch sowie in Mathematik und Geometrie. L. tritt als Schreiber in die Dienste des Zunftmeisters und Stadtschreibers Johann Heinrich Reber, der ihn mit 15 Jahren als Buchhalter an einen Eisenwerkbesitzer in Seppois (Sept) empfiehlt. Dort nimmt er Einblick in die technischen Einrichtungen des Werks, vertieft seine Französischkenntnisse und widmet seine Freizeit der Astronomie. 1746 stellt ihn der Baseler Rechtsgelehrte Dr. Johann Rudolf Iselin als wissenschaftlichen Schreiber an. L. geht Iselin bei der Erledigung der Korrespondenz und bei der Abfassung von Zeitungsartikeln zur Hand. Sein Arbeitgeber gibt ihm Gelegenheit zum Besuch seiner juristischen Vorlesungen. Von besonderer Wichtigkeit ist in der Baseler Zeit die Aufnahme philosophischer Studien: Malebranches "Recherche de la Vérité", Wolffs "Vernünfftige Gedanken von den Kräfften des menschlichen Verstandes" sowie Lockes "An Essay concerning Human Understanding" beeindrucken ihn nachhaltig; der Einfluß dieser Autoren läßt sich in den philosophischen Werken L.s unschwer nachweisen.

Im Juni 1748 nimmt L. die Hauslehrerstelle bei der in Chur ansässigen Familie der Grafen von Salis an. Der Lehrplan umfaßt Sprachen, Religion, Arithmetik, Meßkunst, Kriegsbaukunst, Geographie und Geschichte. L.s Lehrmethode gründet – abweichend von den didaktischen Gewohnheiten seiner Zeit – mehr auf dem Einsichtsvermögen als auf der Gedächtnisleistung seiner Zöglinge. Für L., der die Wertschätzung und das uneingeschränkte Vertrauen der Familie von Salis genießt, bringt seine neue Umgebung gleich in mehrfacher Hinsicht Vorteile: Er eignet sich einen Grundbestand gesellschaftlicher Umgangsformen an, gewinnt Verständnis für die zeitgenössische Kunst, vor allem die Musik, und kann sich unter Zuhilfenahme der Hausbibliothek auf allen ihn interessierenden Gebieten fortbilden. Er wendet seine Kenntnisse in der Landwirtschaft seines Arbeitgebers nutzbringend an und versucht sich im Austüfteln von Geräten. Überdies überträgt man ihm öffentliche Aufgaben in Verwaltung, Städtebau und auf dem juristischen Feld. Die "Gelehrte

Gesellschaft von Chur", der auch L.s Freund, der Mathematiker und Physiker Martin von Planta, angehört, nimmt ihn in ihre Reihen auf. Als Mitglied dieser Vereinigung führt L. barometrische, später thermometrische und hygrometrische Beobachtungen und Messungen durch. Im Juni 1755 ersucht ihn auch die Baseler physikalisch-mathematische Gesellschaft um die Vornahme solcher Messungen. L. ist seit 1754 Mitglied dieser Vereinigung und publiziert Abhandlungen, die die oben erwähnten Messungen auswerten, in deren Publikationsorgan, den "Acta Helvetica".

Anfang Oktober 1756 bricht L. mit zweien seiner drei Schüler zu der für die Ausbildung junger Adliger damals obligatorischen Studienreise durch Westeuropa auf. Die Fahrt führt über Göttingen, Hannover, Utrecht, Den Haag, Rotterdam, Leiden, Gent, Amsterdam, Paris und Mailand, um im Oktober 1758 zu ihrem Ausgangspunkt zurückzukehren. L. nutzt die Bibliotheken der bereisten Universitätsstädte zur Vertiefung seiner Kenntnisse; so studiert er z. B. in Göttingen die Werke von Leonhard Euler und Johann Bernoulli (1667–1748). Zahlreiche Kontakte zu hervorragenden Gelehrten werden geknüpft, z. B. zu dem in Leiden ansässigen Newtonianer Peter van Musschenbroek oder zu Jean le Rond d'Alembert in Paris. Überdies findet L. Zeit zur Auswertung seiner in Chur vorgenommenen Messungen. – Im März verläßt er Chur und findet in Zürich freundliche Aufnahme. Zwei Monate später wird er in Basel von dem berühmten Mediziner und Mathematiker Daniel Bernoulli empfangen. Noch im Mai 1759 kehrt L. für einige Monate in seine Geburtsstadt zurück.

Im September 1759 bezieht er in Augsburg bei dem bekannten Mechaniker und Instrumentenbauer Georg Friedrich Brander Wohnung. Mit diesem verbindet ihn sowohl persönliche Freundschaft als auch engste fachliche Kooperation. Die im März 1759 ins Leben gerufene Münchener Akademie der Wissenschaften wählt L. im Dezember desselben Jahres zum Mitglied. Dieser nimmt die Wahl an und sendet der Akademie mehrere Abhandlungen. Da er sich jedoch trotz wiederholter Aufforderung weigert, in München Wohnung zu nehmen, kommt es 1762 zur Entlassung. 1761 erscheint das Werk "Cosmologische Briefe über die Einrichtung des Weltbaues", das in den gebildeten Kreisen die vielleicht nachhaltigste Wirkung aller Arbeiten L.s erzielt[3]. Im selben Jahr unternimmt er verschiedene Reisen. Den Winter verbringt er in Zürich und wird Ehrenmitglied der dortigen physikalischen Gesellschaft. Im Juli 1762 reist er von Zürich nach Chur. Dort plant und überwacht er die nach einer Überschwemmung notwendig gewordene Korrektur der Plessur. Ferner wirkt L. bei einer Grenzberichtigung zwischen Graubünden und dem Herzogtum Mailand mit. Hinsichtlich der rein theoretischen Arbeit dieser Zeit ist insbesondere die Niederschrift des *Organon*, des ersten philosophischen Hauptwerks, zu erwähnen. Im November 1763 verläßt er Chur endgültig.

Ende Januar 1764 erreicht L. nach Zwischenstationen in Nürnberg, Wittenberg, Halle und Leipzig Berlin. In Leipzig findet er einen Verleger für sein *Organon*. Offiziell gibt L. Berlin nur als Etappe auf der Durchreise nach Rußland aus; er hofft jedoch auf die Ernennung zum ordentlichen Mitglied der Berliner Akademie, der er seit 1761 als korrespondierendes Mitglied angehört. Sein Landsmann Johann Georg Sulzer, der sich bereits 1762 gemeinsam mit Euler um die Aufnahme L.s bemüht hat, macht seinen Einfluß neuerlich geltend. Trotz einer wenig glücklich verlaufenden Audienz am 9. Januar 1765 bei Friedrich dem Großen wird L. schließlich Mitglied der physikalischen Klasse. Diese Position gibt ihm den nötigen Freiraum für intensive Forschungstätigkeit, die sich in den letzten zehn Jahren fast ausschließlich auf mathematische und naturwissenschaftliche Gegenstände bezieht. 1770 erfolgt die Ernennung zum Oberbaurat. Angebote aus der Schweiz, unter anderem einen Ruf auf einen Lehrstuhl nach Genf, lehnt L. ab, um die Forschung nicht zu-

---

3 Vermutlich läßt sich diese Beurteilung der Wirkung bis auf den heutigen Tag ausdehnen. Zahlreiche Neuausgaben und Übersetzungen der "Cosmologische[n] Briefe" wurden und werden angefertigt; zum Inhalt vgl. z. B. Jaki (1979) und die einschlägigen Beiträge in Jaquel (1977).

gunsten der Lehre einschränken zu müssen. – Im Winter 1775 erkrankt er an einer Erkältung, von der er sich nicht mehr vollständig erholt. Am 25. September 1777 stirbt L., bis zuletzt wissenschaftlich tätig, an einem Schlaganfall.

5. *Erscheinungsbild und Charakter*

L. wird geschildert als eine Gestalt mittlerer Größe mit einem auffallend voluminösen Kopf. Zeitgenossen rühmen seinen offenen, sanften und überaus geistreichen Gesichtsausdruck. Für Johann Caspar Lavater ist die Begegnung mit L. Anlaß zu seinen berühmten physiognomischen Studien. L. soll sich ungeschickt und ohne natürliche Harmonie bewegt haben.

Wie bereits der weitgehend autodidaktische Bildungsweg vermuten läßt, verfügt L. über eine ungeheure intellektuelle Energie. Er ist zeit seines Lebens ein rastloser und unermüdlicher Arbeiter, der Erholung meist im Wechsel der Arbeit findet. Jede Situation gibt ihm Anlaß zu wissenschaftlichen Betrachtungen. Er richtet sein ganzes Leben, unter Einschluß seines ledigen Standes, auf die Bedürfnisse der Forschungstätigkeit ein. – Die Selbst(aus)bildung kann auch erklären, warum L. im Hinblick auf fremde Arbeiten ausnehmend wenig Urteilsvermögen zeigt. Auch vermag er von außen kommende Erkenntnisse, die sich nicht direkt in den von ihm verfolgten Duktus integrieren lassen, nur schwer aufzunehmen. – L.s Lebensstil zeichnet sich durch Bescheidenheit aus. Es ist bezeugt, daß er häufig großes Mitleid zeigt, das sich in spontaner Hilfsbereitschaft niederschlägt. Wie Christoph Heinrich Müller[4], ein Freund und Vertrauter aus der Berliner Zeit, wissen läßt, sollen L.s Abkunft und früheste Erziehung zu einem bleibenden Mangel an Geschmack in fast allen

---

4 Christoph Heinrich Müller (1740–1807) war Professor für Philosophie und Geschichte am Joachimsthalschen Gymnasium in Berlin. Er machte sich durch die Edition mittelhochdeutscher Gedichte einen Namen. Später wird von Müller in seiner Rolle als Redaktor L.scher Manuskripte die Rede sein.

lebensweltlichen Belangen geführt haben. L.s außerwissenschaftliche Urteilsgabe wird von wohlgesonnenen Zeitgenossen als ziemlich gering eingestuft[5]. – Eine für seine Umgebung besonders auffallende Eigenart L.s ist seine gänzlich objektive Selbstbetrachtung: "daher redete er von sich wie von andern, wie von einem äussern Subjekte"[6]. Die dadurch bewirkte Freiheit von aller höflichkeitserzeugten Bescheidenheit gereicht ihm in seiner Mitwelt nicht nur zum Vorteil. Friedrich der Große zeigt sich von L. nach der oben erwähnten Audienz keineswegs eingenommen. Diese soll nach einer Anekdote folgenden Verlauf genommen haben: "K. Guten Abend, mein Herr! Machen Sie mir das Vergnügen mir zu sagen, welche Wissenschaften Sie besonders erlernt haben. – L. Alle. – K. Sind Sie also auch ein geschickter Mathematiker? – L. Ja, Ihro Majestät. – K. Und welcher Professor hat Sie in der Mathematik unterrichtet? – L. Ich selbst. – K. Sie sind demnach ein zweiter Pascal? – L. Ja, Ihro Majestät." Für den König ist L. nach diesem Gespräch zunächst "le plus grand imbécile que j'ai jamais vu"[7].

Bezüglich der religiösen Einstellung L.s ist zunächst zu bemerken, daß er in seiner Heimatstadt im Geiste der reformierten Orthodoxie erzogen wird. In Chur nimmt er – der Gesinnung des Hauses von Salis folgend – eine pietistische Haltung ein. Dort schreibt er Predigten, Gebete und geistliche Gesänge. Im Anschluß an die Ausbildungsreise befaßt er sich auch mit der philosophischen Theologie, die jedoch in seinem Gesamtwerk einen auffallend geringen Raum einnimmt[8]. Bis weit in seine

---

5 Vgl. Müller (1787), S. 350 ff.
6 Müller (1787), S. 359.
7 Thiébault: Mes souvenirs de Berlin. tome V; Paris 1804; S. 25; hier zitiert nach Humm (1972), S. 119.
8 Einschlägig ist lediglich die Entwurf gebliebene Arbeit *Methode*. Diese ist jedoch eher eine wissenschaftsphilosophische Reflexion über die theologische Rede. Die *Architectonic* zählt, folgt man der Disziplinengliederung Wolffs, zur metaphysica generalis und enthält demnach keine theologia naturalis, die eine Unterdisziplin der metaphysica specialis ist; vgl. auch Wolters (1980), S. 25–27.

Berliner Zeit fällt L. auf durch sehr frommes Verhalten, das erst in den letzten Lebensjahren deutlich nachgelassen haben soll[9]. Demut und Ehrfurcht vor einem höchsten Wesen bleiben jedoch ein Wesenszug L.s[10].

III. Das Werk Lamberts

6. Lambert als Universalgelehrter

Wie die biographische Skizze vermuten läßt, kann L. als Universalgelehrter – und insofern in der Nachfolge von Leibniz stehend – angesehen werden. Ohne Übertreibung darf man feststellen, daß sein Werk sich auf die meisten der zu seiner Zeit bekannten Gegenstände des Wissens bezieht. Die Vielseitigkeit seiner kognitiven Interessen dokumentiert sich auch in einem umfassenden Briefwechsel mit bedeutenden Gelehrten seiner Zeit. L.s Schaffen läßt sich teilweise im Detail verfolgen und datieren anhand eines seit Januar 1752 geführten Buches, in das er allmonatlich seine wissenschaftlichen Tätigkeiten eingetragen hat. Karl Bopp editerte dieses Verzeichnis unter dem Titel "Johann Heinrich Lamberts Monatsbuch". – Es ist das Verdienst des Münchener Gelehrten Max Steck, mit seiner "Bibliographia Lambertiana" einen Führer durch das veröffentlichte und unveröffentlichte Werk L.s bereitgestellt und die verwickelte Ge-

---

[9] Vgl. dazu auch die in Schriften 7, S. 372–382, abgedruckte Kontroverse zwischen Müller und dem Königsberger Professor und Consistorialrath Reccard.

[10] Müller (1787) sowie Lichtenberg (1787) besitzen Quellencharakter zu Lebensgang und Person L.s. – Die bislang ausführlichste zusammenfassende Darstellung bietet Humm (1972). – Ferner befaßt sich der gesamte Teil I., S. 33–126, von Université de Haute-Alsace (1979) mit der Biographie L.s. Im einzelnen behandelt Jaquel (1979) L.s im Elsaß verbrachte Jugend; Humm (1979) beschreibt L.s Churer Zeit. Gregorian (1979), Kraus (1979) und Biermann (1979) schildern L.s Beziehungen zu den Akademien in Petersburg, München und Berlin.

schichte des Nachlasses aufgeklärt zu haben. Letzterer wird derzeit in der Universitätsbibliothek Basel aufbewahrt[11].

Die gegenwärtige wissenschaftliche Situation ist weithin gekennzeichnet durch den Auseinanderfall von einzelwissenschaftlicher Praxis und wissenschaftsphilosophischer Reflexion. Nicht selten wird diese Zweigleisigkeit noch dadurch zementiert, daß der Einzelwissenschaftler die wissenschaftsphilosophische Aufklärung seines Tuns für wenig hilfreich, ja belanglos hält, während umgekehrt dem Wissenschaftsphilosoph die einzelwissenschaftliche Tätigkeit als defiziente Form des ›eigentlichen‹, von ihm zu normierenden Wissenschaftsbetriebs erscheint. Ein auf dem Hintergrund dieser Situation der ›fragmentierten Kompetenzen‹ besonders reizvoller Zug des L.schen Schaffens liegt darin, daß er *in Personalunion als Einzelwissenschaftler und Wissenschaftsphilosoph* auftritt, und zwar so, daß er sich auf sämtlichen Ebenen sowohl der einzelwissenschaftlichen wie auch der wissenschaftsphilosophischen Arbeit zu bewegen weiß. Konkret: Als Einzelwissenschaftler führt L. – wie in der biographischen Skizze gesehen – Messungen durch und wertet diese durch entsprechende Hypothesenbildung aus, um diese Hypothesen in den Rahmen einer Theorie einzufügen. Zugleich ist er – insbesondere während seiner Kooperation mit Brander in Augsburg – an der Planung und Entwicklung von kognitiven Instrumenten aller Art beteiligt und verfaßt zahlreiche Abhandlungen über dieselben. Als Philosoph werden ihm diese Tätigkeiten, ihr Gelingen und Fehlschlagen, und ihre Resultate zum Betrachtungsgegenstand. Dabei hat die wissenschaftsphilosophische Reflexion nicht nur die Aufgabe einer nachträglichen Einsichtnahme, sondern soll der wissenschaftlichen Praxis Dienste leisten[12].

---

11 Da ich hier nicht auf Details eingehen kann, belasse ich es bei dem pauschalen Hinweis auf die in der Bibliographie unter A. Bibliographische Hilfsmittel genannten Werke; ferner kann Jaquel (1977), S. 87–97, herangezogen werden.

12 Für Wolters (1985), S. 133, liegt sogar der Haupthinderungsgrund eines Verständnisses der genuinen Ideen L.s in dem Umstand, "that it is ... generally unknown that his philosophy was written essentially in the service of science". – Es ist – soweit ich sehe – das Verdienst von

Angesichts dieser Sachlage erstaunt es nicht, wenn Lambert im Zuge seiner wissenschaftsphilosophischen Überlegungen zum Zwecke der Erläuterung und Demonstration immer wieder auf einzelwissenschaftliche Beispiele zurückgreift. Diese Eigentümlichkeit seines Denkens ist ihm nicht entgangen. So weist er in der Vorrede zum *Organon* darauf hin, daß er nicht umhin kann, "die Beyspiele, so zur Erläuterung dienten, aus den Wissenschaften zu nehmen, ... Dieses aber setzt bei dem Leser wenigstens eine historische Kenntniß solcher Wissenschaften voraus" (*Organon*, Vorrede (nicht paginiert))[13].

7. Zum mathematisch-naturwissenschaftlichen Werk

Wenn L. bei konkretem Anlaß auch juristisch tätig war, wenn er sich gelegentlich auch in der Abfassung schöner und frommer Literatur versuchte, wenn er auch über Musik handelte, so arbeitete er doch hauptsächlich auf mathematisch-naturwissenschaftlichem und philosophischem Gebiet. Auch bezüglich dieser beiden Felder läßt sich unschwer eine Priorität ausmachen: L. ist in erster Linie Mathematiker und Naturwissenschaftler und erst sekundär Philosoph. Es legt sich daher nahe, wenigstens einige markante Leistungen L.s auf seinem Primärgebiet anzuführen.

Die reine Mathematik bereichert L. u.a. durch die nach ihm benannte Reihe, durch Verfahren zur Steigerung der Konvergenz von Reihen, durch die Anordnung von Teilertabellen der Zahlen, durch Interpolationsmethoden sowie durch Beiträge zur Wahrscheinlichkeitsrechnung. Er beweist die Irrationalität und vermutet die Transzendenz von π. Mit einer 1766 redigierten

---

Wolters (1980) und Wolters (1985), einer wissenschaftsphilosophischen Lektüre von *Organon* und *Architectonic* die Bahn gebrochen zu haben. – Eine affirmative Haltung bezüglich dieser generellen Leseperspektive verpflichtet im übrigen noch nicht zur Übernahme ihrer konkreten Ausgestaltung.
13 Vgl. auch *Architectonic*, Vorrede, S. xxviii.

Arbeit über die "Theorie der Parallellinien" sichert er sich einen Platz in der Ahnentafel der nichteuklidischen Geometrien. Er etabliert die hyperbolischen Funktionen und erbringt mit seiner Abhandlung "Die freye Perspektive" aus dem Jahr 1759 eine Pionierleistung in der darstellenden Geometrie; auch sein Beitrag zur Fehlerrechnung verdient Erwähnung. – Auf physikalischem Gebiet arbeitet L. vor allem über Lichtstärke und Lichtabsorption, über Feuer und Wärme sowie über Luftfeuchtigkeit. Mehrere Gesetze tragen seinen Namen; in Amerika ist *1 Lambert* die photometrische Einheit der Leuchtdichte. – Das bekannteste der zahlreichen astronomischen Werke L.s sind die früher schon erwähnten "Cosmologische[n] Briefe über die Einrichtung des Weltbaues". Zur Würdigung der astronomischen Verdienste L.s trägt ein Mondkrater seinen Namen. Besondere Hervorhebung verdienen die Ausführungen zur Projektionslehre, die sich in den "Anmerkungen und Zusätze[n] zur Entwerfung der Land- und Himmelskarten", einem Absatz der "Beyträge zum Gebrauche der Mathematik und ihrer Anwendung" (1765–1772), finden. Endlich sind auch L.s Arbeiten zur Akustik und Meteorologie anzuführen[14].

8. Zum philosophischen Werk

Während L.s mathematisch-naturwissenschaftliche Leistungen insgesamt eine angemessene Einschätzung und Würdigung erfahren haben, trifft dies für sein philosophisches Werk kaum zu. Wenn er überhaupt zur Kenntnis genommen wird, dann in der Regel unter den Vorzeichen einer (möglichen, tatsächlichen, feh-

---

14 Humm (1972), S. 12–15, bietet einen Überblick über die mathematischen und naturwissenschaftlichen Leistungen L.s. Detaillierte Erörterungen zu einzelnen Beiträgen L.s bilden den dritten Teil von: Université de Haute-Alsace (1979), S. 209–360. – Die ganze Breite der kognitiven Talente L.s erschließt sich dem Leser bereits bei einer Durchsicht der in Steck (1970), S. 3 ff., aufgelisteten Titel.

lenden) Einflußnahme auf Kant[15]. – Um eine Übersicht hinsichtlich der philosophischen Arbeiten L.s zu gewinnen, sollen die zu seinen Lebzeiten erschienenen Werke von den posthum publizierten Arbeiten getrennt betrachtet werden.

L. publizierte zwischen 1764 und 1771 seine beiden philosophischen Hauptwerke sowie drei kleinere Abhandlungen. Die letztgenannten sind in den Jahren 1767 und 1768 in den (rückdatierten Bänden der) "Nova Acta Eruditorum" erschienen. Es handelt sich um die Titel "De universaliori calculi idea una cum annexo specimine" (1764), "In Algebram philosophicam et Richeri breves annotationes" (1766) und "De topicis schediasma" (1768). – L.s erstes philosophisches Hauptwerk "Neues Organon oder Gedanken über die Erforschung und Bezeichnung des Wahren und dessen Unterscheidung vom Irrthum und Schein" (=*Organon*) wurde nach den Angaben des *Monatsbuch*s zwischen August 1760 und November 1763 abgefaßt und 1764 in Leipzig bei Johann Wendler veröffentlicht. Unmittelbar nach Fertigstellung des *Organon*, also im Dezember 1763, beginnt L. mit der Arbeit an seinem zweiten philosophischen Hauptwerk "Anlage zur Architectonic, oder Theorie des Einfachen und des Ersten in der philosophischen und mathematischen Erkenntniß" (=*Architectonic*). Zwar beendet er die Arbeit an der *Architectonic* schon im September 1764, doch findet sich zunächst kein Verleger: die Schwierigkeit der behandelten Gegenstände und die auf leichte Lesbarkeit und Lesegenuß keinerlei Rücksicht nehmende Vorgehens- und Darstellungsweise widerspricht dem lite-

---

15 Auswahlweise seien einige Arbeiten angeführt, aus deren Titel bereits die L.sicht unter der Ägide Kants entnehmbar ist: Baensch (1902), Beck (1969), Beck (1969a), Braun (1979), Debru (1977), Hennuy (1968/69), König (1884), Peters (1968), Sterkmann (1928), Zimmermann (1879). – Wolters (1980), S. 9–11, berichtet über L. in der philosophiehistorischen Forschung. – Anbei sei erwähnt, daß der *Logiker* L. bei Otto Neurath, dem Programmatiker, Organisator und Historiographen des Wiener Kreises, häufiger genannt wird (vgl. Neurath, O.: Gesammelte philosophische und methodologische Schriften. 2 Bände; (hrsg. von R. Haller und H. Rutte) Wien 1981, S. 309, 687, 740, 803, 834, 886).

rarischen Geschmack der Zeit[16]. Auch scheint das Werk in L.s Augen mit der Zeit an Wert verloren zu haben, so daß er schließlich zu dessen Veröffentlichung gedrängt werden mußte. Es erschien 1771 bei Johann Friedrich Hartknoch in Riga. Der Aufbau und Inhalt von *Organon* und *Architectonic* sowie der Zusammenhang beider Werke kommt später (vgl. IV.) zur Sprache. – Ebenfalls zum von L. selbst veröffentlichten Werk auf philosophischem Gebiet zählen die zahlreichen Rezensionen von Schriften logischen und allgemein philosophischen Inhaltes, die alle in der "Allgemeinen deutschen Bibliothek" erschienen sind; sie vermitteln insbesondere einen detaillierten Eindruck von der Situation der zeitgenössischen Logik.

Von den posthum veröffentlichten Werken sind zunächst zwei Arbeiten zu betrachten, die von Karl Bopp, dem Herausgeber des *Monatsbuch*s, ediert wurden. Die "Abhandlung vom Criterium veritatis" (=*Criterium*) entstand im November 1761 und liefert direkte Vorarbeiten zum *Organon*. Fast alle im *Organon* im Detail ausgearbeiteten Motive klingen an, zahlreiche Einsichten erfahren eine konzisere und einleuchtendere Formulierung. Der Herausgabe des *Criterium*s im Jahre 1915 läßt Karl Bopp die Edition der Schrift "Über die Methode der Metaphysik, Theologie und Moral richtiger zu beweisen" (=*Methode*) im April 1918 folgen. Diese insgesamt Entwurf gebliebene Arbeit vom April 1762 enthält L.s Lösung der von der Berliner Akademie gestellten Preisfrage für das Jahr 1763. L.s Haltung zur faktisch betriebenen Metaphysik ist von deutlicher Skepsis bestimmt. Dieser Einstellung bleibt L. auch nach Abfassung seiner *Architectonic* treu. So heißt es in einem Brief an Kant vom 3. Februar 1766: "Es ist unstreitig, daß wenn immer eine Wissenschaft methodisch muß erfunden und ins reine gebracht werden, es die Metaphysik ist" (Schriften 9, S. 344)[17]. Daraus folgt jedoch nicht, "daß das

---

[16] In seinen Briefen wendet sich L. immer wieder gegen den literarischen Geschmack seiner Zeit; vgl. dazu Ungeheuer (1980), S. 57–60.
[17] Einschlägig für L.s Auffassung hinsichtlich Zustand und Entwicklungsmöglichkeiten der Metaphysik sind auch *Architectonic*, Vorrede, S. xvi, sowie folgende, an polemischer Schärfe nur schwer zu überbie-

Gelingen an sich unmöglich seye, und so lange dieses nicht bewießen werden kann, wird immer jede neue Probe zulässig seyn" (*Methode* § 13).

Der Astronom Johann Bernoulli (1744–1807), an den L.s Nachlaß zunächst fiel, beförderte weitere Texte philosophischen Inhalts in zwei Bänden unter dem Titel "Logische und philosophische Abhandlungen" in den Jahren 1782 und 1787 zum Druck. Die Beiträge des ersten Bandes umfassen zwei Gruppen. Die erste ist mit "Sechs Versuche einer Zeichenkunst in der Vernunftlehre" überschrieben; alle Texte stammen aus L.s Feder. Die zweite Gruppe trägt den Titel "Fragmente über die Vernunftlehre". Zu diesen Arbeiten lieferte L. jedoch nur die Entwürfe. Diese wurden von Müller, dem bereits erwähnten Freund und Vertrauten aus der Berliner Zeit, in einen fortlaufenden Text übertragen, ein Umstand, der bei der Einschätzung der bisherigen Editions- und Interpretationspraxis der Auslassungen L.s zum Systemthema eine wichtige Rolle spielen wird (vgl. unten Abschn. 13). Inhaltlich betrachtet stellen die einzelnen Fragmente Vorarbeiten zum *Organon* dar.[18] – Der zweite Band enthält im ersten Teil Zusätze zu den "Fragmente[n] über die Vernunftlehre" und einige neue bruchstückhafte Texte. Im zweiten Teil sind die oben schon erwähnten Rezensionen logischer und philosophischer Schriften abgedruckt. Im dritten Teil findet sich die ebenfalls schon früher angeführte Arbeit "De topicis schediasma". Bei den Teilen vier bis sechs handelt es sich um Zugaben des Redaktors Müller bzw. um Abhandlungen über L. – Von großer Wichtigkeit ist der Anhang; dort findet sich neben L.s eigener Rezension der *Architectonic* das ebenfalls auf

---

tende Passage aus dem § 565 der *Architectonic*: "Sollen wir nun dieses Verfahren [sc. das Verfahren der Geometrie] mit dem philosophischen vergleichen, so weiß man zwar in der Metaphysic mit ziemlicher Gewißheit, daß aus Nichts nichts gefunden werden kann, hingegen weiß man nicht immer, was man eigentlich suchen will, und noch seltener, woraus man es finden könne, oder wo man es suchen müsse."

18 Vgl. zu den beiden Bänden "Logische und philosophische Abhandlungen" Arndt (1967).

Lambert selbst zurückgehende "Fragment einer Systematologie" (=*Fragment*).
Auch der deutsche Briefwechsel L.s wurde von Bernoulli zwischen 1781 und 1787 in fünf Bänden ediert. Der philosophische Briefwechsel findet sich im ersten Band. Von größerem Umfang ist die Korrespondenz mit dem württembergischen Prinzenerzieher Georg Jonathan Holland sowie mit Kant[19]. Wie spätere Überlegungen zu L.s Systematologie exemplarisch zeigen (vgl. Abschn. 13), sind dem Briefwechsel wertvolle Fingerzeige zum Verständnis und zur Beurteilung der L.schen Philosophie zu entnehmen. – Hinsichtlich der Textlage ist zu ergänzen, daß bisher lediglich *Criterium* und *Methode* in kritischer Weise ediert wurden. Auch die seit 1965 erscheinende und auf zehn Bände angelegte Ausgabe der philosophischen Schriften durch Hans-Werner Arndt (vgl. Literaturverzeichnis, B. Primärliteratur) beschränkt sich in den bislang erschienenen Bänden auf reprografische Nachdrucke der Originalausgaben[20].

IV. Aufbau und Inhalt von Organon und Architectonic

Organon und *Architectonic* bieten die wesentlichen Ergebnisse des philosophischen Schaffens L.s. Das *Organon* steht in der Tradition der Vernunftlehren und kann aus heutiger Sicht als eine umfassende Erkenntnis- und insbesondere Wissenschaftsphilosophie angesehen werden. Die *Architectonic* ist – folgt man der

---

19 Vgl. zum philosophischen Briefwechsel Arndt (1968).
20 Kritisch zu diesem Verfahren äußert sich Hinske (1983a), S. XXVII. – Bislang (Frühjahr 1988) erschienen sind die Bände 1–4, 6, 7 und 9. Nach einer freundlichen Mitteilung von Hans-Werner Arndt wird als nächstes der Band 8 erscheinen. Dieser enthält in seinem ersten Teil frühe Arbeiten zur Logik und Methodologie, im zweiten Teil Entwürfe und Vorstufen zu den beiden Hauptwerken. Der Band 10 wird kleinere Arbeiten zur Ethik und Ästhetik umfassen und wird neben dem Gesamtregister auch ein Erratavereichnis der Nachdruckbände der ganzen Ausgabe bieten.

Selbstinterpretation L.s – "als eine durchaus aufs neue vorgenommene Untersuchung der metaphysischen Grundlehren" (*Architectonic*, Vorrede, S. III) einzustufen. Insofern im *Organon* vorgegeben wird, wie man in den Wissenschaften zu verfahren hat, werden auch die für die Arbeit der Metaphysik geeigneten Werkzeuge bereitgestellt. Demnach bilden *Organon* und *Architectonic* eine Mittel-Zweck-Einheit. In diesem Sinne spricht L. in der von ihm selbst vorgenommenen Rezension der *Architectonic* davon, daß "er sich in seinem *Organon* den Weg dazu [sc. zur *Architectonic*] gebahnt hat" (Schriften 7, S. 413). Trotz dieser Aufgabenverteilung ergeben sich, herbeigeführt vor allem durch die Erfordernisse der Darstellung, zwischen beiden Werken zahlreiche Überschneidungen. – Die beiden folgenden Paragraphen dienen der kursorischen Vorstellung von *Organon* und *Architectonic*, wobei die ausgewählten Texte eine etwas eingehendere Behandlung erfahren.

9. Das Organon

Während "die Wahrheit einförmig und unveränderlich ist, ... findet man dagegen, daß sich die menschlichen Meynungen fast der Wahrheit zum Trotz, wie die Moden in der Kleidung ändern, und die Geschichte der Weltweisheit belehrt uns, daß es den Lehrgebäuden der Weltweisen, welche doch aus der Erforschung der Wahrheit ihre Hauptbeschäftigung machen, eben nicht viel besser ergangen" (*Organon*, Vorrede (nicht paginiert)). Die augenfällige Kluft zwischen der Unveränderlichkeit der Wahrheit und der Vielheit der strittigen Meinungen darüber, was im einzelnen wahr ist, eine Kluft, die sich auch und vor allem für die Weltweisheit, d.h. für die Philosophie, konstatieren läßt, veranlaßt "sehr ungezwungen folgende vier Fragen: 1. Ob es dem menschlichen Verstande an *Kräften* fehle, ohne so vieles Straucheln auf dem Wege der Wahrheit sicher und gewiß zu gehen? 2. Ob demselben die *Wahrheit* selbst nicht kenntlich genug sey, um sie nicht so leicht mit dem Irrthum zu verwechseln? 3. Ob die *Sprache*, in die er die Wahrheit einkleidet, durch Mißverstand, Unbestimmtheit und Vieldeutigkeit sie unkenntlicher und zweifelhafter mache, oder andere Hindernisse in Weg lege? 4. Ob sich der Verstand durch den *Schein* blenden lasse, ohne immer zu dem Wahren durchdringen zu können?" (*Organon*, Vorrede). Zur Beantwortung dieser Fragen dienen vier Disziplinen, nämlich die Dianoiologie, die Alethiologie, die Semiotic und die Phänomenologie, die die vier *Teile* des *Organon* ausmachen. Jeder dieser vier Teile ist in *Hauptstücke* gegliedert. Die Hauptstücke ihrerseits sind in *Paragraphen* unterteilt, deren Numerierung die Hauptstücke durchläuft und erst mit jedem Teil neu einsetzt.

a) Die Dianoiologie

Die erste Frage wird in der "Dianoiologie" abschlägig beschieden. Diese Disziplin ist "die Lehre von den Gesetzen, nach welchen sich der Verstand im Denken richtet, und worinn die Wege bestimmt werden, die er zu gehen hat, wenn er von Wahrheit zu Wahrheit fortschreiten will" (*Organon*, Vorrede). Die Dianoiologie bildet den mit Abstand umfangreichsten Teil des *Organon*. Die beiden ersten Hauptstücke "Von den Begriffen und Erklärungen" und "Von den Eintheilungen" behandeln die Begriffslehre. Das dritte Hauptstück "Von den Urtheilen und Fragen" geht über zu der "Verbindung oder Trennung zweener Begriffe" (*Organon*, Dian. § 119). Die Ausführungen entwickeln mehrere Urteilstypologien und betrachten auch Fragen und Regeln (Dian. §§ 155–172). Überdies werden die beiden folgenden, der Schlußlehre gewidmeten Hauptstücke durch die Symbolisierung der Urteile mittels Linien[21] vorbereitet (Dian. § 173–194). Das vierte Hauptstück "Von den einfachen Schlüssen" sowie das fünfte Hauptstück "Von zusammengesetzten Schlüssen, und den nächsten Umwegen im Schließen" entwickeln einen Linienkalkül zur Darstellung der syllogistischen Schlußweisen. "Da ein Satz durch eine Schlußrede bewiesen wird, wenn die Form richtig, und die Vordersätze wahr sind"

---

21 Zur historischen Situierung und detaillierten Rekonstruktion von L.s Linienkalkül ist Wolters (1980), S. 98–166, heranzuziehen.

(*Organon*, Dian. § 314), ist mit der Erörterung der Schlußweisen, also der Form, eine der beiden Grundlagen zum sechsten Hauptstück "Von den Beweisen" geschaffen. – Antworten vorzulegen ist eine Seite der wissenschaftlichen Tätigkeit, die jedoch davon lebt, daß *zuvor* Fragen aufgeworfen werden. L., der "die Theorie der Fragen ... für so erheblich" ansieht "als die Theorie der Sätze" (*Organon*, Vorrede), entfaltet im siebten Hauptstück "Von den Aufgaben" eine Frage- bzw. Problemlehre, die fast alle Themen berücksichtigt, die gegenwärtig im Zuge einer erotetischen Neuorientierung der Wissenschaftsphilosophie[22] eine Rolle spielen: die Voraussetzungen von Fragen, die Zulässigkeit von Fragen, die Verallgemeinerbarkeit von Fragestellungen, die Problemlösung durch Problemreduktion oder -transfer, die Zerlegung komplexer Fragen in leichter bearbeitbare Teilfragen usf.

Für eine große Klasse von Sätzen gilt, daß jedes Mitglied "deswegen wahr ist, weil andre Sätze wahr sind" (*Organon*, Dian. § 148). Solche Sätze werden in Beweisen, also in Schlußreden mit wahren Prämissen, bewiesen. Bei Strafe des infiniten Regresses können nicht alle Sätze ihre Wahrheit anderen Sätzen verdanken; solche ›autonomen‹ Sätze sind *Grund-* oder *Erfahrungssätze*.

---

22 Die erotetische Neuorientierung der Wissenschaftsphilosophie geht notwendig Hand in Hand mit der logisch-sprachphilosophischen Bearbeitung des Fragethemas (vgl. dazu den Überblick bei Gethmann, C. F.: "Interrogativlogik"; in: Mittelstraß, J. (Hrsg.): Enzyklopädie Philosophie und Wissenschaftstheorie. Band 2; Mannheim, Wien, Zürich 1984, S. 278–282). Als Beispiele für die Berücksichtigung von Fragen im Rahmen der Wissenschaftsphilosophie seien genannt: van Fraassen, Bas C.. The scientific Image; Oxford 1980, S. 134ff.; Rescher, N.: Empirical Inquiry; Totowa (New Jersey) 1982; part three: questions and inquiry; Rescher, N.: Die Grenzen der Wissenschaft; Stuttgart 1985 (engl. Original 1984), Kapitel II, III, VIII. – Reschers Vermutung, daß "Kant ... vielleicht der erste Philosoph [sei], der der Entwicklung einer Theorie wissenschaftlicher Fragen ernsthaft seine Aufmerksamkeit widmete" (Grenzen der Wissenschaft, S. 351, Anm. 6; ähnlich die Formulierung in: Empirical Inquiry, S. 278, Anm. 13) kann mit Hinweis auf das siebte Hauptstück des *Organon* (und zahlreiche andere Texte L.s) als widerlegt gelten.

Damit ist klar, "daß sich die Erfahrung zu der Grundlage und Erweiterung unsrer Erkenntnis in vielen Stücken schlechthin nothwendig macht" (*Organon*, Dian. § 551). Die fällige Analyse wird im achten Hauptstück "Von der Erfahrung" durchgeführt. L. betont den Unterschied zwischen Schlüssen aus der Erfahrung und der Erfahrung selbst (Dian. § 554) und unterscheidet verschiedene Ziele des Experimentierens (Dian. §§ 573 ff.). Von besonderer Wichtigkeit ist die Abgrenzung von *drei Stufen der Erfahrung*: die gemeine Erfahrung, die Beobachtung und das Experiment. Den beiden ersten Stufen ist gemeinsam, daß sie "die Sachen, wie sie an sich sind" (Dian. § 557), belassen. "Daß die Sonne auf und untergehe, Tag und Nacht abwechsele, daß der Mond sein Licht verändre u. sind gemeine Erfahrungen" (Dian. § 557)[23]. Allgemein läßt sich die gemeine Erfahrung beschreiben als "bloße Empfindung dessen, was ohne weiteres Zuthun in die Sinnen fällt" (ebd.). Die Beobachtungen hingegen "sind Erfahrungen, die mehrere Aufmerksamkeit und längere Zeit fordern" (ebd.) und bereits unter einer bestimmten Fragestellung erfolgen. "Gebraucht es aber eine Vorbereitung, um die Sache empfinden zu können, so wird die Erfahrung ein *Versuch, Experimentum* genannt" (Dian. § 558).

Alle Erkenntnis, die sich als Resultat der Erfahrung – gleich welcher Stufe – ergibt, ist "schlechterdings *historisch*" (Dian. § 600); ihr steht die *wissenschaftliche* Erkenntnis gegenüber. Das neunte Hauptstück, der erste unten abgedruckte Text, dient der Abhebung der wissenschaftlichen von der bloß historischen Erkenntnis, der Bestimmung des Gewinns und der rechten Darstellung der wissenschaftlichen Erkenntnis. Der historischen Erkenntnis ist wesentlich, daß sie stets *isolierte* Stücke, Begriffe und Aussagen, liefert, und diese auch noch in einem konfusen und daher wertlosen Zustand. "Hingegen in der wissenschaftlichen Erkenntnis macht man aus diesem *Stückwerk* ein *Ganzes*, die Wahrheiten werden in derselben von einander abhängig, man reicht dadurch über den Gesichtskrais der Sinnen hinaus" (Dian.

---

23 Mit 'u.' deutet L. die gleichsinnige Fortsetzung an; 'u' ist also im Sinne von 'usw.' zu lesen.

§ 606). Und weiter: "Die wissenschaftliche Erkenntnis deckt uns demnach den Reichthum unsres Wissens auf, indem sie uns zeigt, wie eines von dem andern abhängt, wie es dadurch gefunden werden könne, und was mit dem Gegebenen zugleich gegeben ist, und folglich nicht erst für sich gefunden werden müsse (Dian. § 607). Insofern es gerade der Ganzheitscharakter ist, der die Wissenschaftlichkeit des Wissens ausmacht, Systeme für L. jedoch Ganze sind (vgl. unten Abschn. 17.a), wird ein Erkenntnisstückwerk durch Emporbildung zu einem System zur wissenschaftlichen Erkenntnis. – Konkreter: Für die historische Erkenntnis kann eine Größenbestimmung nur durch die tatsächlich vorgenommene Ausmessung erfolgen. Dagegen zeigt uns die Geometrie, wie sich die Größe eines Gegenstandes ermitteln läßt *ohne* Durchführung einer Meßhandlung (Dian. §§ 603–606). Damit kann man nicht nur Energie und Kosten für die Meßhandlung einsparen, sondern auch in solchen Situationen Größen bestimmen, in denen die Vornahme von Messungen unmöglich ist. L. zeigt detailliert und an Beispielen, wie sich aus einem Erkenntnisstückwerk schrittweise eine wissenschaftliche Erkenntnis entwickeln läßt (Dian. §§ 610ff.)[24]. – Große Aufmerksamkeit widmet er auch der "Theorie des Vortrags der wissenschaftlichen Erkenntnis" (Dian. § 678). Er unterstreicht die Notwendigkeit des lückenlosen und schrittweisen Vorgehens, und zwar sowohl bei der Erklärung der Begriffe, der Begründung von Sätzen wie auch beim Stellen von Aufgaben (Dian. §§ 678ff.). Besondere Sorgfalt wird – in allen drei Hinsichten – dem Auftreten und Vermeiden von Zirkeln gewidmet.

---

[24] Die näheren quellen- und wirkungsgeschichtlichen Zusammenhänge zwischen Wolffs Distinktion zwischen "cognitio historica" und "cognitio philosophica", Lamberts Ausführungen und der von Kant vorgenommenen Bestimmung der Wissenschaftlichkeit von Wissen unter Rückgriff auf den Systemgedanken können an dieser Stelle nur als Desiderat gemeldet werden.

b) Die Alethiologie

Die zweite der eingangs erwähnten Fragen, ob die Wahrheit nicht kenntlich genug sei und so leicht mit dem Irrtum verwechselt werde, ist Thema der "Alethiologie", der Lehre von der Wahrheit; diese bildet den zweiten Teil des *Organon*. Sie umfaßt vier Hauptstücke, von denen, wie L. selbst bemerkt, eigentlich nur das vierte Hauptstück "Von dem Unterschiede des Wahren und Irrigen" als Alethiologie im strengen Sinn anzusehen ist. L. leitet nämlich das vierte Hauptstück, das für Protagonisten einer Kohärenzkonzeption der Wahrheit mannigfache Anregungen bereithält[25], mit folgendem zusammenfassenden Rückblick ein: "Bisher haben wir unsre einfachen Begriffe, die bey denselben vorkommenden Grundsätze und Forderungen, und überhaupt auch die Beschaffenheit zusammengesetzter Begriffe betrachtet, in sofern wir dadurch den ersten Grund zu einer wissenschaftlichen Erkenntniß legen können. Wir werden nun das, was im eigentlichen Verstande die Alethiologie ausmacht, besonders vornehmen, und die Wahrheit schlechthin als Wahrheit betrachten" (*Organon*, Aleth. § 159). Damit hat L. zugleich die Themen der drei vorangehenden Hauptstücke namhaft gemacht: Er liefert dort – global gesprochen – seine Lösung des Anfangsproblems der Wissenschaft(en). Im ersten Hauptstück "Von den einfachen oder für sich gedenkbaren Begriffen" entwickelt er sein Konzept der einfachen Begriffe. Da diese "nicht zusammengesetzt sind, und daher nicht aus mehrern innern Merkmaalen bestehen, so haben sie auch keine gemeinsame innere Merkmaale. Denn jeder ist sich selbst sein inneres Merkmaal" (Aleth. § 13). Damit ist die zentrale Forderung erfüllt, "daß in den Begriffen an sich betrachtet, nichts widersprechendes sey" (Aleth. § 2). Einfache Begriffe sind zwar nicht definierbar (vgl. Aleth. § 121), sie kommen jedoch in Grundsätzen und Postulaten vor. Das zweite Hauptstück "Von den Grundsätzen und Forderun-

---

25 Erste Schritte zu einer Aufschlüsselung der Wahrheitslehre L.s finden sich bei Wolters (1985), S. 148 ff. Wolters betrachtet L.s Wahrheitskonzeption als Kombination "intuitionistischer" und kohärentistischer Elemente.

gen, so die einfachen Begriffe angeben" betrachtet, "welche *Grundsätze* und *Postulata* diese einfache Begriffe uns angeben" (Aleth. § 67). Das dritte Hauptstück "Von zusammengesetzten Begriffen" bietet – nach Hinweisen zu den den Grundbegriffen zugeordneten Disziplinen (Aleth. §§ 119–134) – Überlegungen zum Gewinn zusammengesetzter Begriffe aus einfachen Begriffen. Dabei leitet folgende Einsicht: "Die Möglichkeit zusammengesetzter Begriffe liegt bereits in den einfachen, und so fern diese an sich schon sich ausschließen, so fern sind auch die daraus zusammengesetzten nicht möglich, sondern bloße Hirngespinste" (Aleth. § 135)[26].

c) Die Semiotic

Die dritte oben angeführte Frage, ob nämlich die Sprache als Kleid der Wahrheit diese unkenntlich macht, veranlaßt die Entwicklung einer "Semiotic", welche den dritten Teil des *Organon* ausmacht. Die Semiotik wäre unnötig, "wenn der menschliche Verstand seine Erkenntniß nicht an *Wörter* und *Zeichen* binden müßte" (*Organon*, Vorrede). Die Semiotik als "Lehre von der *Bezeichnung* der Gedanken und Dinge ... soll angeben, was die Sprache und andere Zeichen für einen Einfluß in die Erkenntnis der Wahrheit haben, und wie sie dazu dienlich gemacht werden können" (ebd.). Für die Semiotik beansprucht L. in dem Sinne Vollständigkeit, als er alle Absichten, "die man sich in Ansehung der Sprache und Zeichen vorstellen kann" (ebd.), berücksichtigt zu haben meint. Obgleich er die klassisch gewordene Trias von Wort, Begriff und Sache übernimmt, lassen sich zahlreiche der in den zehn Hauptstücken der "Semiotic" dargelegten Einsichten von diesem Hintergrund lösen. – Besonderes Interesse verdient das zehnte Hauptstück "Von dem Hypothetischen der Spra-

---

26 Der kursorische Charakter dieses Überblicks erlaubt es nicht, L.s Lösung zum Anfangsproblem näher zu interpretieren, geschweige denn aus heutiger Sicht einer sachlichen Prüfung zu unterziehen. Lohnenswert in diesem Kontext ist jedoch die Lektüre und Auseinandersetzung mit der in Wolters (1980), S. 51–97, vorgeschlagenen konstruktivistischen Nachzeichnung von L.s Ansatz.

che"[27]. L. erklärt dort unter anderem die Wortstreite aus der fehlenden Bedeutungsgemeinsamkeit der involvierten Parteien und wendet seine allgemeinen Einsichten auch auf entsprechende Auseinandersetzungen zwischen philosophischen Systemen an (Semiotic § 347).

d) Die Phänomenologie

Die letzte der vier eingangs notierten Fragen, nämlich ob sich der Verstand durch den Schein blenden lasse, ohne immer zu dem Wahren durchdringen zu können, wird in der *Phänomenologie*, der Lehre vom Schein, einer Beantwortung zugeführt. Auch diese Disziplin wäre überflüssig, "wenn die Wahrheit sich ihm [sc. dem menschlichen Verstand] nicht öfters unter einem ganz andern *Schein* zeigte, von welchem er sie, so wie von dem Irrthum zu unterscheiden hat" (*Organon*, Vorrede). Die Phänomenologie, der vierte und letzte Teil des *Organon*, "soll den Schein kenntlich machen, und die Mittel angeben, denselben zu vermeiden, und zu dem Wahren durchzudringen" (ebd.). Die Lehre vom Schein umfaßt sechs Hauptstücke[28]. Das programmatische erste Hauptstück "Von den Arten des Scheins" erklärt den Schein als "Mittelding" (*Organon*, Phän. § 1) zwischen Wahrem und Falschem und liefert verschiedene Scheintypologien. Dabei wird bereits deutlich, daß L. mit dem Titel 'Schein' ein sehr weites Spektrum abdeckt. Im einzelnen diskutiert das zweite Hauptstück den sinnlichen Schein, das dritte Hauptstück analysiert den psychologischen Schein, das vierte Hauptstück geht dem moralischen Schein nach. Das umfangreiche fünfte Hauptstück handelt vom Wahrscheinlichen; das letzte Hauptstück betrachtet den Schein in ästhetischen Zusammenhängen[29].

---

27 Vgl. dazu Ungeheuer (1979); die Wirkung der "Semiotic" auf Klopstock ist Thema von Ungeheuer (1980).
28 Vgl. zu L.s Auffassung vom Schein Schneiders (1979), v. a. S. 149–151.
29 Arndt (1965) bietet eine Einleitung in das *Organon*, die insbesondere wegen ihrer instruktiven Situierung der L.schen Philosophie in ihr denkgeschichtliches Umfeld zu empfehlen ist.

10. Die Architectonic

"Die Natur eines Organons bringt es an sich mit, daß es in jeden Theilen der menschlichen Erkenntniß, und daher in jeden Wissenschaften angewandt werden könne" (*Organon,* Vorrede). Die *Architectonic* als "Theorie des Einfachen und des Ersten" ist eine Wissenschaft und kann insofern schlicht als Anwendungsgebiet des *Organon* betrachtet werden[30].

a) Übersicht

Die *Architectonic* umfaßt 33 Hauptstücke, die in vier Teilen zusammengefaßt sind. Die Paragraphennumerierung ist durchgehend. Hinsichtlich der verhandelten Inhalte stellt L. fest: "Man kann das ganze Werk als eine durchaus aufs neue vorgenommene Untersuchung der metaphysischen Grundlehren ansehen" (*Architectonic,* Vorrede, S. III). Man täuscht sich indes, wenn man einen Werkaufbau erwartet, der sich an Wolffs Einteilung der Metaphysik in die metaphysica generalis sive ontologia und die drei speziellen Metaphysiken, die cosmologia, psychologia und theologia naturalis, anschließt. L. versäumt es denn in der von ihm selbst verfaßten Rezension der *Architectonic* auch nicht zu betonen, daß diese sich "von andern Werken gleichen Inhaltes... auf eine allzumerkliche Art" (Schriften 7, S. 413) unterscheidet. Aus seiner Perspektive enthalten lediglich die drei ersten Teile das, "was gewöhnlich zur Ontologie gerechnet wird"; und diese Inhalte kommen "auf eine sehr merklich neue und von der bisherigen verschiedene[n] Art" (Schriften 7, S. 414) vor.

Näher betrachtet sind es insbesondere der zweite und der dritte Teil, die die überkommene ontologische Thematik traktieren. Im zweiten Teil "Das Ideale der Grundlehre" befaßt L. sich mit "denjenigen Hauptstücken der Grundlehre, welche vielmehr unsere Vorstellungsart der Dinge, als die Dinge selbst betreffen, wobey aber dennoch das ideale fürnehmlich in Beziehung auf die Sachen selbst in Betrachtung gezogen werden muß" (*Architecto-*

---

30 Vgl. zur gesamten *Architectonic* Arndt (1965 a).

nic, § 161). Zu diesen Gegenständen zählt z. B. das fünfte Hauptstück "Das Allgemeine und das Besondere" oder das neunte Hauptstück "Das Nothwendig seyn und das Nicht nothwendig seyn". – Am Ende des zweiten Teils nimmt L. die im zwölften Hauptstück "Das Volle und das Durchgängige" "vorgetragenen Betrachtungen über die *Vollkommenheit*" zum Anlaß, "den Begriff der *Schönheit* noch besonders vorzunehmen" (*Architectonic*, S. 368). Das geschieht im Rahmen eines Zusatzes, der gemeinsam mit dem sechsten Hauptstück "Von der Zeichnung des Scheins" aus dem Phänomenologieteil des *Organon* L.s publizierte Auffassungen zum Thema Ästhetik enthält[31]. – Anders als der zweite Teil hat "der dritte Theil ... das Reale der Grundlehre zum Gegenstande" (Schriften 7, S. 421). Dazu sind die Hauptstücke "Die Kraft", "Der Zusammenhang", "Ursachen und Wirkungen", "Substanzen und Accidenzen" zu rechnen. – Den vierten Teil, "Die Größe", hebt L. von allem Vorangehenden nachdrücklich ab: "Das Bishergesagte betrifft überhaupt das, was wir die *Beschaffenheit* nennen können, so fern wir diese der *Größe* entgegen setzen" (*Architectonic*, § 679). Der vierte Teil ist ein "*Organon quantorum*, eine Art von allgemeiner Mathematik, oder vielleicht noch genauer zu reden, der eigentlich metaphysische Theil der mathematischen Erkenntniß" (Schriften 7, S. 423). – Die Gegenstände der speziellen Metaphysiken werden in der *Architectonic* nur beispielshalber und en passant, nicht aber direkt thematisch.

b) Zu den drei ersten Hauptstücken

Der erste Teil der *Architectonic*, "Allgemeine Anlage zur Grundlehre", umfaßt vier Hauptstücke. Die drei ersten, die gemeinsam den zweiten unten abgedruckten Text ausmachen, bilden eine relativ geschlossene Einheit. Dagegen gehört das vierte Hauptstück "Grundsätze und Forderungen der Identität" eher zum fünften und sechsten Hauptstück, die bereits dem zweiten Teil zugeschlagen sind. Leitend für diese drei Hauptstücke ist die

---

31 Lamberts Nachlaß umfaßt weitere Schriften zur Ästhetik; vgl. Arndt (1979).

Frage, "wie fern ein Ding, seiner Veränderungen unerachtet, eben dasselbe bleibe, seinen Namen behalte, oder sich der Art nach ändern könne" (Schriften 7, S. 418)[32]. L. selbst betont im übrigen die Zusammengehörigkeit des vierten, fünften und sechsten Hauptstücks nachdrücklich (vgl. ebd. S. 419). – Das erste Hauptstück "Erfordernisse einer wissenschaftlichen Grundlehre" verspricht für das Kennenlernen von L.s Konzeption gleich in zweifacher Weise Aufschluß. *Zum ersten* bietet L. eine Zusammenfassung seiner im *Organon* entwickelten Wissenschaftskonzeption, insbesondere aber eine knappe Darstellung seiner Lösung des Anfangsproblems, und zwar zugeschnitten auf die Situation der Grundlehre: "Was ich im vorhergehenden Hauptstücke [sc. "Erfordernisse einer wissenschaftlichen Grundlehre"] von den Erfordernissen der Grundlehre angeführet habe, ist meistens aus meinem Organon genommen, und theils in die Kürze gezogen, theils auf die Grundlehre besonders angewandt worden" (*Architectonic*, § 45). *Zum zweiten* sucht L. in diesem Hauptstück die kritisch-systematische Auseinandersetzung mit Aristoteles, Euklid, Bacon, Descartes, Wolff und Locke. So gesehen mag die Lektüre dieses Textes zur quellengeschichtlichen Situierung des L.schen Gedankenguts beitragen.

Zeigt das erste Hauptstück, wie eine Grundlehre als Wissenschaft auszusehen hat, so sind die beiden folgenden Hauptstücke mit der Durchführung, d. h. mit der Erstellung der Grundlehre, befaßt. Im zweiten Hauptstück "Einfache Grundbegriffe und Theile der Grundlehre" zählt L. eingangs sechs Gruppen[33] von Grundbegriffen auf (§ 46), um sich dann auf die erste Gruppe, die einfachen Grundbegriffe, zu konzentrieren; zusätzlich wird der Bewußtseins- und der Wollensbegriff noch aus dieser Gruppe ausgeschaltet (§ 52), während aus der vierten Gruppe die Identität hinzugenommen wird (§ 50). Es entsteht eine Tafel

---

32 Einschlägig bez. der Identitäts- und Kontinuitätsdebatte sind auch die §§ 19 ff. der Dianoiologie, des ersten Teils des *Organons*.
33 Eine abweichende Liste mit Grundbegriffen findet sich im *Organon*, Alethiologie § 68; ebd. § 27 bemerkt L. bez. der Grundbegriffe lapidar, daß "derselben sehr viele sind" und daß "wir nicht für alle besondre Namen haben".

mit acht einfachen Begriffen. Diese werden unter Zuhilfenahme einer Tabelle im Blick auf ihre "Combinabilität" untersucht (§§ 53 ff.). Zugleich etabliert L. die Disziplinen, die die herstellbaren Zusammenhänge behandeln. Großen Wert legt L. auf den detaillierten Nachweis, daß die im ersten Hauptstück geltend gemachten Erfordernisse einer wissenschaftlichen Grundlehre nun bei ihrer Durchführung auch erfüllt werden (§§ 70 ff.). Erst abschließend setzt L. "den Begriff der *Grundlehre* auf eine wissenschaftliche Art" fest: "Da die einfachen Begriffe die erste Grundlage unserer Erkenntnis sind, und bey den zusammen gesetzten Begriffen, ..., sich alles in solche auflösen läßt; so machen diese einfachen Begriffe einzeln und unter einander combinirt, zusammen genommen ein *System* aus, welches nothwendig jede ersten Gründe unserer Erkenntnis enthält. Von diesem Systeme läßt sich eine wissenschaftliche Erkenntniß gedenken..., und die Sprache beut uns dem buchstäblichen Verstande nach die Wörter *Grundlehre, Grundwissenschaft, Architectonic, Urlehre* u. als Namen dazu an" (*Architectonic*, § 74). – Mit Bezug auf das zweite Hauptstück bestimmt L. die Aufgabe des dritten Hauptstücks, "Erste Grundsätze und Forderungen der Grundlehre", so: "Nach der Vorzählung und unmittelbaren Vergleichung der einfachen Begriffe, werden wir nun die Grundsätze und *Postulate* anführen, die sie uns angeben, weil ohne diese keine wissenschaftliche Form erhalten werden kann" (*Architectonic*, § 76). In §§ 77–112 führt L. solche Grundsätze und Postulate an. Mit Beginn des § 114 geht er wiederum zum Nachweis der Erfülltheit der Erfordernisse an eine wissenschaftliche Grundlehre über.

c) Die *Architectonic* als "ontologisches Lexicon"

Die *Architectonic* ist auch für Leser aufschlußreich, die weder L.s allgemeine Intention teilen noch die Einzelheiten der Durchführung akzeptieren. Vorausgesetzt ist lediglich ein grundsätzliches Interesse an solchen Ausdrücken und Redewendungen, die man an zentraler Stelle in Metaphysiktexten, aber keineswegs nur dort, findet. L. bietet über weite Strecken schlicht *Analysen der Verwendungs- und Bestimmungspraxis* solcher Ausdrücke.

Wie die Ausführungen der Vorrede zur *Architectonic* belegen (vgl. S. VIf.), ist L. sich über diese Tätigkeit vollständig im klaren, wenn er in ihr auch nur eine vorbereitende Hilfshandlung sieht, aus deren Resultaten er endlich den eigentlichen Begriff "herausziehen" (*Architectonic*, Vorrede, S. VI) will[34]. Zu fast jedem behandelten Ausdruck finden sich die Feststellung und Belegung von Mehrdeutigkeiten, die Aufzählung von Synonymen, Beobachtungen zum Metaphorisierungsprozeß, die Betrachtung des einschlägigen normalen Sprachgebrauchs, der Hinweis auf vollständige oder teilweise Substituierbarkeiten usf. Auf diese Weise kann die *Architectonic* als ein – wenn man will – sprachkritisch zustandegekommenes "ontologisches Lexicon" angesehen werden, welches "zum *Nachschlagen* immer gut gebraucht werden" (*Architectonic*, Vorrede, S. VIII) kann. Daß aus diesem Lexikon bislang in der Philosophengemeinschaft kaum Nutzen gezogen wurde, tut seinem Wert keinen Abbruch.

V. Lamberts Systematologie

Mit der Edition der vorliegenden Textsammlung verbindet sich, wie eingangs betont (vgl. Abschn. 2), insbes. die Absicht, den Leser mit L.s Ausführungen zum Systemthema vertraut zu machen. Unter den Historikern dieses Themenfeldes herrscht Übereinstimmung dahingehend, daß Lambert ein ausgezeichneter Platz gebührt. Diese Auffassung soll zu der sehr weitreichenden Vermutung verschärft werden, *daß kein Philosoph vor der Entwicklung der Allgemeinen Systemtheorie in diesem Jahrhundert das Systemthema auf einer so allgemeinen Ebene und in einer auch nur annähernd gleichermaßen ausführlichen Weise behandelt hat*. Die Einsichten, die diese Vermutung stützen, werden so weit dargelegt, daß erste Elemente für die Begrün-

---

34 Ob sich das Vorgehen L.s – Sammeln und Analysieren von Verwendungen und Bestimmungen und darauf aufbauendes "Herausziehen" des Begriffs – als *Explikation* (im Sinne Carnaps) deuten läßt, müßte im einzelnen untersucht werden.

dung der analogen Behauptung bereitstehen[35]. – Da im weiteren die detaillierte Werkbetrachtung an die Stelle des kursorischen Berichtes tritt, sind zunächst die Hilfsmittel und die das Verständnis leitenden Unterscheidungen kenntlich zu machen (A.). Sodann werden die systematologischen Bemühungen L.s in seinem Gesamtwerk lokalisiert (B.). Der dritte Schritt setzt an zur Interpretation des "Fragment[s] einer Systematologie" (C.). Auf dieser Basis erfolgt die abschließende philosophie- und wissenschaftshistorische Einordnung und Würdigung (D.).

A. Hilfsmittel der Interpretation

11. Systemsätze

Kommt ein beliebiger Ausdruck ϑ in einem Satz vor, so wird er entweder *verwendet* oder *eingeführt;* dabei soll das Vorkommen von ϑ in einem Satz so verstanden werden, daß ϑ Teilausdruck des Satzes ist oder daß ϑ in dem Satz erwähnt wird, d. h. daß der entsprechende Name von ϑ Teilausdruck des Satzes ist. Ein *Einführungssatz bez.* ϑ liegt vor, wenn dargetan wird, in welcher Weise ϑ fortan zu verwenden ist. Je nach Art der Sprache sind

---

[35] Unverzichtbar zur Geschichte des Systemthemas als bislang einzige Monographie (bis ca. 1900) ist nach wie vor Ritschl (1906). Stein (1968) bietet eine Zusammenfassung der Ausführungen Ritschls mit korrigierendem Charakter bez. des antiken Sprachgebrauchs. Überblicke eher stenographischer Art finden sich in Rescher (1979), S. 3–13, und bei Siegwart, G.: "System"; in: Ricken, F. (Hrsg.): Lexikon der Erkenntnistheorie und Metaphysik; München 1984, S. 198–201. Zudem liegen zahlreiche Untersuchungen zum Systemthema bei einzelnen Philosophen, z. B. Leibniz, Kant, Fichte, Reinhold, vor. Einen größeren Zeitraum neuzeitlichen Denkens deckt ab Kambartel, F.: "System" und "Begründung" als wissenschaftliche und philosophische Ordnungsbegriffe bei und vor Kant; in: ders.: Theorie und Begründung. Studien zum Philosophie- und Wissenschaftsverständnis; Frankfurt 1976, S. 28–45. – Zur Allgemeinen Systemtheorie sei global verwiesen auf Lenk, H.: "Systemtheorie"; in: Speck, J. (Hrsg.): Handbuch wissenschaftstheoretischer Begriffe; Göttingen 1980, S. 615–621.

ganz verschiedene Einführungsmöglichkeiten verfügbar. Diese sind in explizit konstituierten Wissenschaftssprachen überschaubar und rigoros reglementiert. Die normale wissenschaftliche Rede ist weitaus liberaler; eine derartige Liberalität herrscht auch in den bildungssprachlich formulierten Texten der philosophischen Tradition. – Liegt ein *Verwendungssatz bez.* ϑ vor, so muß unterstellt werden, daß ϑ zuvor eingeführt worden ist oder daß die Verwendung sonstwie als gesichert angenommen werden darf. Liegen bez. eines Ausdrucks nur Verwendungssätze vor, so kann man mögliche Einführungen erschließen; diese müssen gerade so ausfallen, daß sie die schon vorliegenden Verwendungen ermöglichen.

Ein *direkter Satz bez.* ϑ liegt genau dann vor, wenn ein Einführungssatz oder ein Verwendungssatz bez. ϑ gegeben ist. Solchen direkten Sätzen sind die *historiographischen Sätzen bez.* ϑ gegenüberzustellen. Derartige Sätze liefern Feststellungen, Vermutungen, Hypothesen, Behauptungen usf. über die Verwendungen und Einführungen des jeweiligen Ausdrucks bei Autoren, in Werken, während bestimmter Zeitabschnitte, in verschiedenen Wissenschaften usf. Endlich sind *Sätze bez.* ϑ direkte Sätze oder historiographische Sätze bez. ϑ. Die soeben intuitiv angedeutete Unterscheidungssequenz[36] ist nun im Hinblick auf die Ausdrücke des Systemfeldes zu exemplifizieren.

a) Systemverwendungs- und Systemeinführungssatz

Die beiden nachfolgend notierten Äußerungen dürfen als klassische philosophische Dicta gelten:

(1) Ein Philosophieren *ohne System* kann nichts Wissenschaftliches sein (Hegel: Enz. § 14).

---

36 Eine Präzisierung der angezeigten Unterscheidungen ist eine wichtige Aufgabe der Auslegungswissenschaften, die – wenigstens vorläufig – wohl nur für explizit konstituierte Wissenschaftssprachen durchzuführen ist, um dann mit den nötigen Liberalisierungen und unter Inkaufnahme von Unentscheidbarkeiten auf die bildungssprachlichen Texte übertragen zu werden. Für die Auslegung der Lambertschen Texte genügen unsere nachfolgend noch durch Beispiele angereicherten Hinweise.

(2) Ich verstehe aber unter einem Systeme die Einheit der mannigfaltigen Erkenntnisse unter einer Idee (Kant: KrV B 860).

Der Kontext von (1) läßt es als plausibel erscheinen, daß der Äußerungsautor, nämlich Hegel, eine Behauptung aufstellt. Eine derartige Behauptung machte wenig Sinn, wenn unklar wäre, was Hegel unter 'System' verstünde; insbesondere wäre nicht abzusehen, wie die mit dem Aufstellen der Behauptung fällige Begründung aussehen sollte. Also wird der Ausdruck 'System' verwendet, aber nicht eingeführt: (1) ist ein Verwendungssatz bez. 'System' bzw. – kurz und unter Inkaufnahme einer Ungenauigkeit – ein *Systemverwendungssatz*. – Ganz anders liegt der Fall bei (2). Mit dieser Äußerung läßt Kant den Leser wissen, was er mit 'System' meint, in welchem Sinne er 'System' fortan zu verwenden gedenkt; das wird unmißverständlich signalisiert durch die Wendung 'Ich verstehe aber unter'[37]. Demnach wird der Ausdruck 'System' eingeführt, aber nicht verwendet: (2) ist ein Einführungssatz bez. 'System', kurz: ein *Systemeinführungssatz*. Zufolge dieser Einführung darf man erwarten, daß 'System' stets durch 'Einheit der mannigfaltigen Erkenntnisse unter einer Idee' ersetzbar ist, und umgekehrt. Damit gilt all das, was auf derartige Einheiten zutrifft, auch von Systemen.

Zu entscheiden, ob ein Verwendungs- oder ein Einführungssatz bez. eines Ausdrucks ϑ vorliegt, ist häufig eine nichttriviale Interpretationsaufgabe; denn nicht immer markiert ein Autor seine Einführungsabsicht so unmißverständlich wie Kant in (2). Wie schnell sich die Lage komplizieren kann, zeigt folgende Äußerung Kants aus den "Metaphysische[n] Anfangsgründe[n] der Naturwissenschaft":

---

37 Unter Aufnahme eines Ergebnisses der Kantforschung kann ergänzt werden, daß Kant durch den Gebrauch der ersten Person zu verstehen gibt, daß es sich hier um eine eigenständige, nicht auf die Explikation eines vorgegebenen Sprachgebrauchs abstellende Einführung handelt. Bei Einführungen in explikativer Absicht (vgl. z.B. die unten diskutierte Äußerung (3)) pflegt er unpersönliche Wendungen zu benutzen (vgl. Hinske, N.: Kants Weg zur Transzendentalphilosophie. Der dreißigjährige Kant; Stuttgart, Berlin 1970, S. 28, v.a. Anm. 74).

(3) Eine jede Lehre, wenn sie ein *System*, d. i. ein nach Principien geordnetes Ganze der Erkenntniß, sein soll, heißt Wissenschaft (Kant: AA IV, S. 467).

In dieser Passage führt Kant den Ausdruck 'Wissenschaft' ein; das wird durch das Wort 'heißt' signalisiert. 'System' hingegen findet sich unter jenen Ausdrücken, mit deren Hilfe diese Einführung geleistet wird. Es wäre jedoch nicht zielführend, zu Einführungszwecken einen seinerseits uneingeführten Ausdruck zu verwenden. Mithin muß, das Gelingen der Einführung unterstellt, (3) als Systemverwendungssatz betrachtet werden. Dagegen spricht jedoch die 'd. i.'-Phrase, die häufig eine Einführung markiert; demzufolge läge ein Systemeinführungssatz vor. Hier bieten sich mehrere Auswege an, von denen zwei angeführt seien: Kant könnte die 'd. i.'-Phrase erinnerungshalber verwenden: eine früher vorgenommene Einführung von 'System' soll dem Leser ins Gedächtnis gerufen werden. Man kann aber (3) auch so lesen, daß der Kürze halber im Rahmen einer Äußerung zwei Einführungen vorgenommen werden, wobei der Autor die der rechten Ordnung folgende Auflösung dieses extrem elliptischen Einführungsgebildes vom Adressaten erwartet.

b) Direkter Systemsatz und systemhistoriographischer Satz

In Spezialisierung der am Anfang dieses Paragraphen angedeuteten Terminologie kann festgehalten werden: Liegt ein Systemeinführungs- oder ein Systemverwendungssatz vor, so ist ein direkter Satz bez. 'System', kurz: ein *direkter Systemsatz*, gegeben. Den direkten Systemsätzen sind die historiographischen Sätze bez. 'System', kurz: die *systemhistoriographischen Sätze*, gegenüberzustellen. Derartige Sätze handeln von Einführungen und Verwendungen von 'System' bzw. von anderen Ausdrücken aus dem Systemfeld bei bestimmten Autoren, in ausgewählten Sprachgemeinschaften, während eines ausgezeichneten Zeitabschnitts usf. Auch dazu zwei Beispiele:

(4) Unter einem *Systeme* wird fälschlich eine Philosophie von einem beschränkten, von andern unterschiedenen *Prinzip* verstanden (Hegel: Enz. § 14).

(5) Der Gegenstand, der vielleicht zuerst *System* war genennt worden, war das Weltgebäude (Lambert: *Fragment*, § 1).

Die unter (4) notierte Äußerung enthält zwei Gedanken: zum einen beurteilt Hegel ein ihm vorliegendes Systemverständnis in negativer Weise; zum andern berichtet er über dieses Systemverständnis, demzufolge 'System' gleichbedeutend ist mit 'Philosophie von einem beschränkten, von andern unterschiedenen Prinzip'. Insofern dieser Gedanke geäußert wird, liegt mit (4) ein systemhistoriographischer Satz vor. – Das unter (5) Notierte ist seinem kognitiven Status nach eine Vermutung; der Vermutungscharakter wird durch das Wort 'vielleicht' signalisiert. Gegenstand der Vermutung ist die erste Verwendung von 'System'; (5) ist also Beispiel für einen systemhistoriographischen Satz.

In Ergänzung der Terminologie sei festgesetzt: Ist ein Satz ein direkter Systemsatz oder ein systemhistoriographischer Satz, dann ist er ein Satz bez. 'System' bzw. bez. eines Ausdrucks aus dem Systemfeld, kurz: ein *Systemsatz*. Ferner: Enthält ein kognitiver Text, d. h. eine Folge kognitiver Sätze, wenigstens einen Systemsatz, so liegt ein *Beitrag zum Systemthema* vor. Den meisten Beiträgen zum Systemthema, so etwa den Texten, denen (4) und (5) entnommen sind, gehören sowohl direkte Systemsätze wie auch systemhistoriographische Sätze als Mitglied an.

Wiederum stellt es häufig eine schwierige und gelegentlich auch unlösbare Interpretationsaufgabe dar, darüber zu befinden, ob ein vorgelegtes Gebilde ein direkter Systemsatz oder ein systemhistoriographischer Satz ist. Um das zu verdeutlichen, ist folgende Auslassung aus der "Philosophia rationalis sive Logica" von Christian Wolff zu betrachten:

(6) *Systema* enim dicitur veritatum inter se et cum principiis suis connexarum congeries (Wolff: Philosophia rationalis sive Logica; ²1732 § 889).

Dieser Systemsatz läßt sich als direkter Systemsatz auffassen, aber auch als systemhistoriographischer Satz interpretieren. Die doppelte Verstehensmöglichkeit rührt von der Uneindeutigkeit des Wörtchens 'dicitur': es ist einerseits möglich, daß Wolff die herrschende Verwendungspraxis beschreibt; ebenso plausibel ist andererseits die Lesart, daß Wolff eine Festsetzung für seinen zukünftigen Sprachgebrauch trifft, also einen Systemeinführungssatz vorlegt. Damit läge ein direkter Systemsatz vor, während (6) im ersten Fall ein systemhistoriographischer Satz ist. – Der Vollständigkeit halber kann eine dritte Möglichkeit ins Spiel gebracht werden: Das unter (6) Notierte ist ein hochgradig elliptisches Gebilde, das zwei Sätze zusammenzieht. Mit dem ersten systemhistoriographischen Satz teilt Wolff mit, wie 'System' üblicherweise verstanden wird. Mit dem zweiten Satz, dem direkten Systemsatz, führt er – in affirmativer Haltung zum mitgeteilten Systemverständnis – den Ausdruck 'System' ein.

12. Syntaktische Schematisierung der Systemausdrücke

Die Zusammenfassung des Ausgeführten ergibt: Beiträge zum Systemthema sind kognitive Texte mit wenigstens einem Systemsatz. Die Systemsätze zerfallen in die direkten Systemsätze und die systemhistoriographischen Sätze. Die direkten Systemsätze umfassen die Systemeinführungs- und die Systemverwendungssätze. Die letzte Unterscheidung bezieht sich darauf, ob in einem Satz Ausdrücke aus dem Systemfeld, kurz: *Systemausdrücke*, lediglich verwendet oder aber eingeführt werden. – Die folgende Betrachtung stellt ab auf eine erste *syntaktische Schematisierung* der Systemausdrücke; dabei entsteht zugleich eine Klasse von Beispielen für derartige Ausdrücke.

a) Prädikative und nominatorielle Systemausdrücke

Zunächst wird eine Reihe von Systemsätzen notiert, und zwar aufgegliedert in zwei Gruppen; sämtliche Systemsätze sind den Werken von L. entnommen; gleichwohl lassen sich die Analyseergebnisse auch aufgrund des Textmaterials anderer Autoren gewinnen; die Hervorhebungen sind von mir, Auszeichnungen L.s entfallen.

(7) (i) Wir können uns aber dessen unerachtet auf keine völlige Gleichgültigkeit Rechnung machen, und auch unterdrückte Affecten wirken öfters gleichsam auf die Gedanken

so zurücke, daß sie sich vielmehr zu *einem System* als zu einem andern bequemen (*Organon*, Phän. § 145).

(ii) Wer solche verlangt [sc. eine Namenerklärung] kann immerhin durch *System* ein zweckmässig zusammengesetztes Ganzes verstehen (*Fragment*, § 4).

(iii) Bei *einem System von abstrakten Begriffen* ist es überhaupt sehr leicht, in einen Wortkram zu verfallen (*Organon*, Semiotic § 194).

(iv) Man wird hiebey eine der vornehmsten Quellen der Vorurtheile finden, die von der Auferziehung und Umständen jeder einzelner Menschen herrühren, und die sodann in *ganze philosophische Systemen* einen augenscheinlichen Einfluß haben (*Organon*, Semiotic § 347).

(v) Wir haben allerdings noch lange kein *vollständiges System jeder Arten und Gattungen* (*Architectonic*, § 179).

(vi) Sie [sc. die Sprachen] sind allerdings nicht *systematische Lehrgebäude,* wobey alles nach allgemeinen und einförmigen Regeln wäre aufgeführet worden (Semiotic § 2).

(vii) So fern wir dabey... [sc. bei der Bildung der Begriffe und ihrer Verhältnisse] *systematisch verfahren,*... (*Architectonic*, § 276).

In diesen Anführungen kommen *prädikative Systemausdrücke* vor, d. h. der Ausdruck 'System' bzw. ein Ausdruck, in dem 'System' oder 'systematisch' Teilausdrücke sind, können in dem gesamten Sprachkomplex aus syntaktischer Perspektive als Prädikate aufgefaßt werden. Bevor die prädikativen Systemausdrücke näher analysiert werden, ist Liste (8) zu betrachten:

(8)   (i) Auf eine ähnliche Art giebt *das Copernicanische System* nur die relative Bewegung der Erde um die Sonne an (*Organon*, Phän. § 55).

(ii) ..., alle [sc. Mond, Erde, Sonne] aber nebst dem Cometen hat man unter den allgemeinen Begriff *des Sonnensystems* genommen (*Organon*, Dian. § 32).

(iii) Von *diesem Systeme* [sc. dem System der einfachen Begriffe] läßt sich eine wissenschaftliche Erkenntniß gedenken (*Architectonic*, § 74).

(iv) Diese und mehrere dergleichen Erfahrungen zeigen, nicht nur, daß *das System der Gedanken* von dem physischen Zustande des Gehirns abhängt (Phän. § 98).

Mit den Wendungen 'das Copernicanische System', 'das Sonnensystem', 'dieses System', 'das System der Gedanken' beabsichtigt L., sich auf genau eine Gegebenheit zu beziehen. Solche Systemausdrücke sind *nominatorielle Systemausdrücke*. – Versucht man eine nähere Analyse, die sich an der Frage orientiert, welche Art von Nominatoren vorliegen, so ergibt sich: die nominatoriellen Systemausdrücke können als *Kennzeichnungen* angesehen werden. Zur Illustration: Die Wendung 'das Copernicanische System' läßt sich auffassen im Sinne von 'dasjenige x: x ist Copernicanisches System'. Die indikatorielle Kennzeichnung 'dieses System' führt zunächst mittels Kontextbetrachtung zu 'das System der einfachen Begriffe'. Diese Wendung wiederum ist analysierbar im Sinne von 'dasjenige x: x ist System der einfachen Begriffe'. Ganz analog lassen sich andere nominatorielle Systemausdrücke auflösen. Will man sich mit derartigen Wendungen auf genau eine Gegebenheit beziehen, dann muß sichergestellt werden, daß – um in den Beispielen zu bleiben – es genau ein System der einfachen Begriffe bzw. genau ein Copernicanisches System gibt. – Unterzieht man nun den jeweils analysierenden Ausdruck, also 'dasjenige x: x ist Copernicanisches System' bzw. 'dasjenige x: x ist System der einfachen Begriffe', einer näheren Betrachtung, so stößt man auf die beiden prädikativen Systemausdrücke '... ist Copernicanisches System' bzw. '... ist System der einfachen Begriffe'. Damit liegt eine Erörterung der prädikativen Systemausdrücke nahe.

b) Analyse der prädikativen Systemausdrücke

Man führe sich nochmals die Liste (7) vor Augen. In einem ersten Schritt sind die prädikativen Systemausdrücke, die in (7, i) bis (7, v) vorkommen, abzuheben von den in (7, vi) und (7, vii) nachweisbaren. Bedient man sich der Sprechweise der traditionellen Grammatik, so enthalten die letztgenannten das Adjektiv 'systematisch' (in jeweils kontexterforderter Anpassung), während die erstgenannten das Substantiv 'System' (ebenfalls in kontexterforderter Anpassung) enthalten. Demgemäß soll im weiteren von *adjektivischen* und *substantivischen Systemprädikaten* die Rede sein. Beispiele für substantivische Systemprädikate: 'ist System', 'ist System abstracter Begriffe', 'ist ganzes philosophisches System'; Beispiele für adjektivische Systemprädikate: 'ist systematisches Lehrgebäude', 'verfährt systematisch'.

Die Betrachtung sei weiter eingegrenzt auf die substantivischen Systemprädikate. Diese lassen sich wiederum zergliedern in die *einfachen (substantivischen) Systemprädikate* und in die *angereicherten (substantivischen) Systemprädikate*. Das in (7,i) und (7,ii) vorkommende Systemprädikat ist ein einfaches Systemprädikat, ebenso wie die in (1) bis (6) vorkommenden Systemprädikate. Der Einwand, es handele sich bei allen diesen Prädikaten nur um verschiedene Vorkommen des Prädikats 'ist (ein) System', weshalb es irreführend sei, von *den* einfachen Systemprädikaten zu sprechen, übersieht, daß prinzipiell auch mehrstellige einfache Systemprädikate ('...ist System von...', '...ist System von... über...' usf.) möglich sind. – Die angereicherten substantivischen Systemprädikate finden sich in (7,iii) bis (iv): '...ist System von abstrakten Begriffen', '...ist ganzes philosophisches System', '...ist vollständiges System jeder Arten und Gattungen'.

Es muß abschließend einem naheliegenden Irrtum vorgebeugt werden. Einfache Systemprädikate im erläuterten Sinne sind nicht notwendig allgemeine Systemprädikate; in (1) bis (7,i) kommen zwar einfache Systemprädikate vor, aber so, daß ein sehr spezieller Sinn mit ihnen verbunden wird. Von einer allgemeinen Warte, wie sie etwa Lambert oder die Allgemeine Systemtheorie beziehen, sind Systeme, aufgefaßt als nach Prinzipien geordnete Ganze der Erkenntnis (vgl. (3)), sehr spezielle Systeme. – Umgekehrt sind angereicherte Systemprädikate nicht immer spezielle Systemprädikate[38].

---

38 Die Rede von dem (oder den) Systembegriff(en) wird nicht zufällig vermieden. Der Ausdruck 'Begriff' (syntaktisch genauer: der Funktor 'der Begriff von...' oder (alternativ) der variablenbindende, formelbe-

B. Die Systematologie im Werk Lamberts

13. Zur bisherigen Edition und Interpretationspraxis bez. der Systematologie: Darstellung und Kritik

Die unter den Systemhistoriographen konsente Einsicht in die besondere Bedeutung L.s für das Systemthema hat einen doppelten Niederschlag gefunden. Sie dokumentiert sich zum einen in der *Edition* einschlägiger Texte[39]; sie zeigt sich zum anderen in der ausgiebigen *Interpretation* eben dieser Schriftstücke. So räumt – um zwei Beispiele herauszugreifen – Otto Ritschl in seiner Monographie zum Systemthema Lambert ebensoviel Raum ein wie Kant. So betrachtet Nicholas Rescher in seiner systemtheoretisch orientierten kohärentistischen Erkenntnisphilosophie Kant und Lambert als die beiden wichtigsten Systemtheoretiker in der zweiten Hälfte des 18. Jahrhunderts[40].

---

stimmende und termerzeugende Operator 'der Begriff der x') zählt zwar – statistisch und hinsichtlich der aufgewendeten Emphase – zu den Favoriten philosophischer Rede, ist aber gleichwohl notorisch uneingeführt. Zudem klaffen die intuitiven Leitverständnisse bei verschiedenen Autoren bis zur Äquivozität auseinander. – Immerhin kommen die Philosophen, die sich um eine ordungsgemäße Einführung bemühen, dahingehend überein, daß eine Variante aus der Familie der sog. ›Definition durch Abstraktion‹ das passende Etablierungsverfahren sei. Unglücklicherweise sind die philosophisch interessanteren, d. h. von der vorausgesetzten Rahmensprache her schwächeren Spielarten des genannten Einführungsverfahrens bislang nur unzureichend geklärt (vgl. als Orientierung: Mittelstraß, J.: "Begriff"; in: ders. (Hrsg.): Enzyklopädie Philosophie und Wissenschaftstheorie. Bd. 1; Mannheim, Wien, Zürich 1980, S. 265f.).

39 Die erwähnten Texte Lamberts sind abgedruckt in: Diemer, A. (Hrsg.): System und Klassifikation in Wissenschaft und Dokumentation; Meisenheim am Glan 1968, S. 161–177, sowie in: Händle, F./ Jensen, S. (Hrsg.): Systemtheorie und Systemtechnik; München 1974, S. 87–103.

40 Vgl. Ritschl (1906), Sp. 63–74, und Rescher (1979), S. 8ff. Weitere Beispiele für Interpretationen von Lamberts Systematologie, die sich auf

Edition und Interpretation umfassen bzw. beziehen sich stets auf drei Texte, die sich alle in den von Johann (III) Bernoulli zum Druck beförderten "Logische[n] und philosophische[n] Abhandlungen" finden, also alle nicht von Lambert selbst publiziert worden sind. Im einzelnen: (i) Die kürzeste Passage trägt den Titel "System" und umfaßt nur 21 Zeilen. In diesen 21 Zeilen kommt gerade ein direkter Systemsatz vor: "Ein Muster von einem unordentlichen und übelzusammenhängenden System ist *Kahlii Log. probabil.* und besonders die ersten Sectionen" (Schriften 7, S. 169). Die restlichen Ausführungen liefern die Gründe für dieses wenig schmeichelhafte Urteil. Wenn es sich bei diesem Text auch zufolge der oben getroffenen Festsetzungen um einen Beitrag zum Systemthema handelt, so ist dieser doch hinsichtlich der genuin Lambertschen Auslassungen zum Systemthema gänzlich *unergiebig*. Allein die offenkundig erfolgreich irreführende Überschrift scheint die Motivation für den Abdruck dieser Rezension im Verband Lambertscher Systemtexte abzugeben. – (ii) Der zweite und ungleich ausführlichere Text trägt den Titel "Theorie des Systems". Sein Inhalt wird noch im einzelnen beschäftigen (Abschn. 15). An dieser Stelle kommt es nur darauf an, daß L. *nicht* verbürgtermaßen als Autor angesehen werden kann. Die "Theorie des Systems" zählt nämlich zu jenen "Fragmente[n] über die Vernunftlehre", von denen der erwähnte Müller (vgl. Abschn. 5), der Redaktor Lambertscher Schriften, bemerkt: "Von diesen Fragmenten hat er selbst [sc. Lambert] einen Theil ins reine geschrieben; die übrigen sind zuweilen in kurzen Sätzen, zuweilen tabellarisch hingeworfene Materialien, die er hernach bearbeiten und in Ordnung bringen wollte" (Schriften 6, S. IV); und bez. der von Lambert selbst niedergeschriebenen Texte stellt Müller fest: "sie mußten ... mit vieler Mühe durchgesehen und oft abgekürzet werden" (ebd.). Insgesamt – und dies muß gegen die übliche Editionspraxis bemerkt werden – scheint es also nicht vertretbar, die "Theorie des Systems" umstandslos als Text aus Lamberts Feder auszuge-

die drei im folgenden erläuterten Texte beziehen, sind Stein (1968) und König (1968).

ben. – (iii) Ganz anders verhält es sich mit der Autorschaft des dritten Textes, "Fragment einer Systematologie". Wie Bernoulli nachdrücklich versichert, ist das *Fragment* "von *Lamberts* Hand" (Schriften 7, S. 384). Das *Fragment* stellt den ausführlichsten, in sich geschlossensten und insofern wichtigsten Beitrag Lamberts zum Systemthema dar.

Teils geleitet von der kritisierten Editionspraxis, konzentrierte sich die *Interpretation* ebenfalls auf die drei eben erwähnten Texte. So wurde der Schein geweckt und gefestigt, Lamberts Systematologie finde sich ausschließlich in den drei in Rede stehenden Texten deponiert. Von diesem Schein beirrt, entstand in der gängigen Interpretation erst gar nicht mehr die Frage nach dem Ort der Systematologie in der Lambertschen Philosophie. Zementiert wurde dieses Defizit durch das Zusammenspiel zweier Interessenlagen bzw. Kompetenzverteilungen: die Lambertologen zeigten kaum Interesse an den systematologischen Passagen und Aspekten von Lamberts Werk; umgekehrt kaprizierten sich die Systemhistoriographen allein auf die laut Titel (tatsächlich oder vermeintlich) für ihr Thema einschlägigen Auslassungen, ohne jedoch willens oder fähig zu sein, die Verbindungen zum Gesamtwerk herzustellen. – Mit dem Ziele einer ersten, aber deutlichen *Korrektur* der offengelegten Mißstände sind einige Verlautbarungen Lamberts zur Kenntnis zu bringen. In einem Brief an den früher (Abschn. 8) bereits genannten württembergischen Prinzenerzieher Georg Jonathan Holland vom 11. Dezember 1768 bemerkt er: "Wir haben noch keine Systematologie, welche doch bey Betrachtung der Maschinen, jeder Körper, organisirter Dinge, Societäten, Gedenkensarten, Glaubensbekenntnissen, Lehrgebäuden u. sehr gute Dienste thun könnte. *Ich gebe indessen in der Architectonic die ächten Gründe hiezu, und habe mir noch überdies einen Entwurf der Systematologie gemacht*" (Schriften 9, S. 316; Hervorhebung von mir). Diese Äußerung vereinigt vier Gedanken. *Erstens* konstatiert Lambert, daß bislang keine Systematologie verfügbar ist. *Zweitens* vertritt er die Auffassung, daß ein solches Lehrstück für die Betrachtung, d. h. für die erkenntnismäßige Erfassung, der (beispielhaft angedeuteten) Systemarten nützlich sein kann. *Drittens* teilt Lambert mit, daß er Grundsätzliches zum Systemthema in der *Architectonic,* also in einem seiner beiden philosophischen Hauptwerke, niedergelegt hat. Dieser Umstand ist im übrigen bereits in einem Brief vom 19. August 1765, dessen Adressat ebenfalls Holland ist, erwähnt: "Diese Theorie [sc. vom Beharrungstande von Systemen] habe ich in der Architectonik sehr weit verfolgt und sie auch bey den Systemen der Intellectual=Welt, dergleichen einzelne Denkungsarten, Lehrgebäude, Glaubensbekenntnisse u. sind, umständlich angewandt" (Schriften 9, S. 75/76). *Viertens* läßt Lambert wissen, daß er in Sachen Systematologie auch einen Entwurf angefertigt hat. Ein Hinweis auf diesen Entwurf findet sich in einem Brief an Holland vom 1. September 1767: "In einem Entwurf der Systematologie, den ich mir gemacht habe, wird vorgezählt auf wie vielerley man bey einem System zu sehen hat" (Schriften 9, S. 242). – Insgesamt geht Lambert also davon aus, daß seine systematologischen Erkenntnisse sich in der *Architectonic* und einem nicht näher spezifizierten Entwurf zur Systematologie niedergeschlagen haben. Damit steht die Lösung von zwei Aufgaben auf dem Plan: *Zum einen* ist – unter Inanspruchnahme und in Ergänzung der kursorischen Einführung in die *Architectonic* (vgl. oben Abschn. 10) – zuzusehen, welche Rolle der Systematologie in der *Architectonic* zugewiesen wird. *Zum anderen* ist ein Identifizierungsproblem zu lösen: welches Textstück ist der von Lambert erwähnte Entwurf der Systematologie?

14. Die Systematologie in der Architectonic

Bei der Erledigung der ersten Aufgabe mag wiederum eine briefliche Äußerung Lamberts zum Entdecken der einschlägigen Stellen Hilfe leisten. In einem Brief an den Logik- und Metaphysikprofessor Aloysius Havichorst vom 31. Mai 1777 nennt Lambert die wichtigsten Paragraphen der *Architectonic*: "Auf die *Ontologie* würde ich die *Systematologie* folgen lassen (Archit. §.59.65.66) und durch System nicht blos ein Lehrgebäude, sondern die Welt, das System der Erde, einzelne Maschinen, Körper, Gesellschaften, Gedenkensarten, Lebensarten u. verstehen. In der Architectonic kömmt viel Stof dazu vor" (Schriften 9, S. 425). – Um Ort und Aufgabe der Systematologie in der *Architectonic* darzustellen, ist daran zu erinnern (vgl. oben Abschn. 10.b)), daß Lambert im zweiten Hauptstück dieses Werks die Grundbegriffe untersucht und jene Disziplinen der Grundlehre etabliert, die sich mit den einzelnen Kombinationen dieser Grundbegriffe befassen. *Die Systematologie ist nun eine derartige Subdisziplin der Metaphysik bzw. der Grundlehre.* Nachdem Lambert die verschiedenen Grundbegriffe nebst ihren Kombinierbarkeiten und den entsprechenden Lehrstücken in einer Tabelle repräsentiert hat (*Architectonic*, § 53), erläutert er diese Tabelle im einzelnen. Die Schlüsselstelle – man folgt lediglich den eben zitierten brieflichen Angaben – findet sich im § 59: "In der fünften Columne [sc. der erwähnten Tabelle] aber finden sich mit dem Begriffe der *Solidität* die Begriffe der *Ausdehnung*, *Kraft* und *Einheit* verbunden. Denn bei ausgedehnten Soliditäten läßt sich eine *Mehrheit der Theile*, und vermittelst der Kräfte eine *Verbindung* dieser Theile gedenken: und das *Ganze* macht ein *System* aus. Dieses erfordert ebenfalls eine besondere Theorie, welche *Systematologie* heißen mag, wie ich denn dieses Wort unter die fünfte Columne geschrieben. Der transcendente Theil dieser Theorie dehnt sich auf die Systemen der Intellectualwelt aus... und überhaupt kömmt auch die Theorie der *Ordnung* und *Vollkommenheit* dabey vor, oder wird dabei vorausgesetzt und angewandt."

Diese unmißverständliche Etablierung der Systematologie als Unterdisziplin der Metaphysik bzw. der Grundlehre ist in dreifacher Hinsicht zu ergänzen und zu erläutern. *Zum ersten:* Der zweite Satz des obigen Zitats ist ein direkter Systemsatz. Die in ihm artikulierte Systembestimmung läßt sich in komprimierter Weise so wiedergeben: Eine Gegebenheit ist genau dann ein System, wenn sie ein Ganzes ist, dessen solide Teile durch Kräfte verbunden sind. – Die Frage, ob Lambert damit einen Systemeinführungs- oder einen Systemverwendungssatz äußern wollte bzw. – spezifizierter – ob er eine Definition oder ein Theorem vorlegen wollte, mag hier offenbleiben. Es sollte allerdings hervorgehoben werden, daß die im Zuge einer detaillierteren Interpretation zu treffende Wahl zwischen den beiden angeführten Möglichkeiten ganz unterschiedliche Folgeprobleme mit sich bringt. – *Zum zweiten:* Die diskutierte Systembestimmung und die Einrichtung der Systematologie als Subdisziplin der Grundlehre lassen deutlich erkennen, daß die Systematologie eng mit den anderen Unterdisziplinen verknüpft ist, insbesondere mit jenen, die sich ebenfalls mit Solidität, Ausdehnung, Kraft und Einheit befassen. Ausdrücklich markiert wird von Lambert die Beziehung der Systematologie zur "Static" und zur allgemeinen Hydrostatik: "Mit den Begriffen der *Solidität, Kraft* und *Einheit* verbunden, ..., giebt der Begriff der *Ausdehnung* die *allgemeine Static* oder *Theorie des Ruhe und Beharrungsstandes bey Systemen* an, wovon verschiedenes auch auf die Intellectualwelt ausgedehnt werden kann" (*Architectonic*, § 65). Die "allgemeine Hydrostatik" ist "eine Wissenschaft, welche bestimmt, wie fern in einem *Systeme* die Ungleichheit der Kräfte nicht jede beliebige Anordnung zuläßt, sondern das willkührlich angeordnete *System* so ändert, daß es in den Ruhe= oder Beharrungsstand komme" (*Architectonic*, § 66). – *Zum dritten:* Lambert verwendet den Terminus 'Systematologie' bereits in dem frühen Entwurf *Methode* (Abschn. 8). Im § 87 dieser Schrift findet sich zunächst eine Aufzählung der "Wissenschaften a priori". An fünfter Stelle wird genannt: "Die Lehre von zusammengesetzten Dingen oder Cosmol. transcendentalis." Der folgende § 88 dient der Erläuterung der aufgezählten Fächer. Es heißt dort: "Die *Cosmol.* oder *Systematologie* [ist] die Lehre entium compositorum et connexorum ratione temporis et spatii." 'Systematologie' ist demnach Synonym zu 'Cosmologie'. Diese Verwendung von 'Systematologie' ist von der späteren nicht vollständig verschieden, sondern nur bedeutend enger. In *Methode* wird – in den Worten der *Architectonic* – lediglich der nicht "transcendente Theil dieser Theorie" angezielt. Die Systematologie der *Methode* umfaßt weder die Willenssysteme noch die Systeme der Intellectualwelt. Umgekehrt sind im Verständnis der *Architectonic* die raumzeitlichen Systeme nur ein Unterbereich des Gesamtgegenstandsbereichs der Systematologie. – In ausdrucksgeschicht-

Einleitung

licher Absicht ist zu ergänzen, daß der Ausdruck 'Systematologie' keine Verbreitung im weiteren Gang der philosophischen Wissenschaften gefunden hat[41].

15. Das Fragment als "Entwurf einer Systematologie"

Nachdem zumindest im Ansatz dargetan ist, daß und in welcher Weise die Systematologie eine Disziplin der Grundlehre ist, kann zu der am Ende des obigen Abschnittes 13 aufgeworfenen Identifizierungsfrage zurückgekehrt werden: Welcher Text ist jener Entwurf der Systematologie, den Lambert in den oben zitierten Briefen an Holland (vgl. oben Abschn. 13) erwähnt? – Aus dem bislang vorliegenden Werk Lamberts kommen nur zwei Arbeiten in Betracht: zum einen das "Fragment einer Systematologie", zum andern die "Theorie des Systems". Hinsichtlich des zuletzt genannten Kandidaten ist freilich sogleich eine Einschränkung vorzunehmen: Sollte die "Theorie des Systems" der in Rede stehende Entwurf sein, dann meint Lambert selbstredend den von ihm selbst verfertigten Text und nicht das uns vorliegende Resultat der Müllerschen Redaktionsarbeit.

Damit ist aus der anfänglich leitenden Welches-Frage zunächst eine Entscheidungsfrage geworden. Der erste Beantwortungsschritt ist negativer Art: die "Theorie des Systems" ist auszuschalten. Das macht einige globale Anmerkungen zum Inhalt dieses Textes notwendig. Gleich zu Anfang der wenig mehr als sieben Seiten umfassenden Ausführungen wird der Rahmen abgesteckt: "Jede Wissenschaft und jeder Theil derselben, kann als

---

[41] Eine Ausnahme bildet diesbezüglich das Werk von Franz Kröner, das ganz der Aufklärung des Skandalons der Philosophie gewidmet ist. Kröner verwendet allerdings 'Systematologie' in einem sehr viel engeren Sinn als Lambert: "Die Systematologie hat... zu behandeln die einzelnen, uns historisch bekannten Systeme der Philosophie" (Kröner, F.: Die Anarchie der philosophischen Systeme; (vermehrter und verbesserter Nachdruck der 1929 in Leipzig erschienenen Ausgabe) Graz 1970, S. 63).

ein System angesehen werden, in so ferne ein System der Inbegriff von Ideen und Sätzen ist, die zusammengenommen als ein Ganzes betrachtet werden können" (Schriften 6, S. 510). Diese Passage enthält zwei direkte Systemsätze. Der Einführungssatz hält fest, daß Systeme zu Ganzen zusammengefaßte Inbegriffe von Ideen und Sätzen sind. Der (dem Einführungssatz vorangehende) Systemverwendungssatz gelangt auf der Basis dieser Systembestimmung zu der Einsicht, daß Wissenschaften und Wissenschaftsteile als Systeme angesehen werden können. Alle weiteren Ausführungen beziehen sich auf Systeme der "Intellectualwelt", d. h. in diesem Kontext, auf Systeme, deren Elemente Ideen und Sätze sind. Berührt werden Fragen der Errichtung von Systemen sowie der Ordnung von Systemen; vorgelegt werden Erklärungen und darauf gründende Behebungsstrategien für die Streitigkeiten zwischen philosophischen Systemen; diskutiert werden endlich Fragen des Vortrags wissenschaftlicher Erkenntnisse. Alle diese sich ausschließlich auf kognitive Systeme beziehenden Ausführungen werden in einer vergleichsweise ungeordneten Form angeboten. – Um die "Theorie des Systems" auszuschalten, ist folgende Einsicht zugrunde zu legen: Wenn Lambert die systematologischen Auslassungen der *Architectonic* und des Entwurfs in einem Atemzuge erwähnt, und zwar in einem derart engen Konnex, daß man den Entwurf als Fortführung der Systematologie der *Architectonic* ansehen darf, dann muß davon ausgegangen werden, daß beide Arbeiten hinsichtlich der Allgemeinheit der leitenden Systemauffassung übereinstimmen. Nun wird, wie gesehen, 'System' in der *Architectonic* in ganz allgemeiner Weise bestimmt, dergestalt, daß keineswegs nur kognitive Gebilde als Systemelemente auftreten können; eben diese Einschränkung möglicher Systemelemente auf Kognitives ist jedoch in der "Theorie des Systems" leitend. Mithin kann dieser Text nicht mit der "Theorie des Systems" identisch sein.

Angezogen erstens, daß der Entwurf mit dem *Fragment* oder mit der "Theorie des Systems" identisch ist, angezogen zweitens, daß der zweite Fall nicht eintritt, folgt unmittelbar: der Entwurf ist mit dem *Fragment* identisch. – Diese via negativa gewonnene Konsequenz ist nun positiv zu bestätigen[42]: Das *Fragment* behandelt das Systemthema genau auf jener allgemeinen Ebene und in jeder Umfassendheit, wie dies auch in der *Architectonic* der Fall ist. Der enge Zusammenhang zwischen *Architectonic* und *Fragment* wird sich in den weiteren Überlegungen noch deutlicher herausstellen. – Ist die angestellte Identifizierungsüberlegung korrekt, stellt man ferner in Rechnung, daß Lambert den Entwurf in einem Brief vom 1. September 1767 erwähnt, so hat man eine obere Grenze für die Datierung des *Fragments* gewonnen.

16. Fazit: Vom fragmentfixierten zum gesamtwerklichen Umgang mit Lamberts Systematologie

Im Blick auf den editorischen und interpretatorischen Umgang mit Lamberts Texten zum Systemthema sind die Ausführungen der vorstehenden Abschnitte auf zwei einfache Einsichten zu bringen, die ein zielführendes von einem nicht sachgerechten Vorgehen unterscheidbar werden lassen. *Erstens:* Die zentralen systematologischen Darlegungen Lamberts finden sich in der *Architectonic* und im *Fragment*. Will man demzufolge Lamberts Systematologie zugänglich machen, dann ist die Edition des *Fragments* und der einschlägigen Texte aus der *Architectonic* ziel-

---

42 Die erste Prämisse des Identifizierungsarguments könnte mit Hinweis darauf bestritten werden, daß die bislang nicht an die Öffentlichkeit gelangten Nachlaßstücke Lamberts von vornherein nicht ins Kalkül gezogen wurden. Daher ist die unabhängige positive Bestätigung nicht überflüssig. In der Tat sind Übereinstimmung und Zusammenhang zwischen *Architectonic* und *Fragment* – obwohl keine expliziten Verweise vorliegen – so groß, daß realistischerweise nicht zu erwarten ist, daß die Durchsicht der unpublizierten Nachlaßstücke einen seriösen Konkurrenten für das *Fragment* ans Licht bringt. – Gleichwohl ist einzuräumen, daß im Sinne einer Vervollständigung des Lambertschen Beitrags zum Systemthema eine diesbezügliche Durchsicht des Nachlasses wünschenswert wäre; zumindest zufolge ihres Titels einschlägig sind die Stücke 744 B/1c und 744 C/1o (vgl. Universitätsbibliothek Basel (1977), S. 66 und 70).

führend. Nicht sachgerecht ist hingegen die faktisch geübte Editionspraxis, die unter Ausblendung der *Architectonic* die drei oben (vgl. oben Abschn. 13) vorgestellten Fragmente anbietet. Der Umstand, daß einer dieser Texte sachlich völlig unergiebig ist, daß ferner der zweite Text, die "Theorie des Systems", allen Hinweisen nach nicht aus Lamberts Feder stammt, schlägt zusätzlich negativ zu Buche. *Zweitens:* Lamberts Systematologie ist ein mit den übrigen Subdisziplinen seiner Grundlehre engstens vermaschtes Lehrstück. Will man demzufolge die Systematologie interpretatorisch aufschlüsseln und so eine Basis für ihre Beurteilung und denkgeschichtliche Einordnung schaffen, dann ist ein Vorgehen zielführend, das dieses Lehrstück aus dem Gesamtansatz der Philosophie Lamberts, insbesondere aber aus seiner Stellung in der *Architectonic,* zu verstehen sucht. Nicht sachgerecht ist hingegen die faktisch geübte Interpretationspraxis, die sich auf die drei Fragmente beschränkt. – *Insgesamt* ist demnach ein Übergang von der faktisch geübten *fragmentfixierten* Editions- und Interpretationspraxis[43] zu einem *gesamtwerklichen* Umgang mit Lamberts Systematologie zu fordern. – Nicht verbunden mit der kritischen Distanzierung der fragmentfixierten Interpretation ist die Auffassung, daß die dort erzielten Resultate keine Berücksichtigung verdienen.

C. Das "Fragment einer Systematologie"

Das "Fragment einer Systematologie" stellt trotz seines entwurfhaften und unvollendeten Zustands die ausführlichste und geschlossenste systematologische Leistung Lamberts dar. Daher ist dieser dritte im vorliegenden Band abgedruckte Text einer näheren Betrachtung zu unterziehen. Dabei werden einerseits erste Schritte im Sinne der geforderten gesamtwerklichen Interpretation vollzogen; andererseits soll eben dadurch nochmals

---

43 Die in Anm. 39 genannten Arbeiten repräsentieren die fragmentfixierte Edition; in Anm. 40 sind Beispiele für die fragmentfixierte Interpretation genannt.

Einleitung LVII

vor Augen geführt werden, wie eng ein umfassendes Verständnis der Systematologie an die Kenntnis der *Architectonic* geknüpft ist. – Der Gesamttext gliedert sich in drei Hauptstücke, die in der vorgegebenen Reihenfolge nach ausgewählten Aspekten zu untersuchen sind[44].

17. "Das System überhaupt betrachtet"

Das erste Hauptstück ist mit "Das System überhaupt betrachtet" betitelt; es läßt sich zwanglos in zwei Abschnitte zerlegen. Im ersten Abschnitt (§§ 1–6) umreißt Lambert auf der Grundlage und unter Berücksichtigung systemhistoriographischer Einsichten sein Systemverständnis. Der zweite Abschnitt (§§ 7–10) befaßt sich mit dem Verhältnis von Systematologie und einzelnen Systemen und diskutiert den methodischen Status sowie den praktischen Nutzen der Systematologie.

a) Lamberts Systemverständnis

In § 1 trifft Lambert eine Reihe von im einzelnen sehr informativen Feststellungen systemhistoriographischer Art; dabei bezieht er sich ausdrücklich auf den "Gebrauch des Worts *System*". Zweierlei verdient besondere Hervorhebung. *Erstens:* Die Tatsache, daß die Verwendung von 'System' sich immer weiter ausgedehnt hat, gewinnt für Lambert insofern verbindliche Kraft, als "es nicht wohl angeht, dem Begriffe sehr bestimmte Schranken zu setzen" (§ 1). Insbesondere will Lambert "unter System nicht blos ein Lehrgebäude" (§ 1) verstehen. Diese Distanzierung von der offenbar zu Lamberts Zeit weit verbreiteten Gleichsetzung von Systemen mit Lehrgebäuden findet sich auch in dem früher

---

44 Die in Klammern gesetzten Paragraphenangaben beziehen sich ausschließlich auf das *Fragment*. Lambert hat die Paragraphennummer '10' zweimal vergeben, und zwar für den letzten Paragraphen des ersten und den ersten Paragraphen des zweiten Hauptstücks. Der letzterwähnte Paragraph wird i. f. mit '§ 10a' angeführt. – Es empfiehlt sich, der Durchsicht der folgenden Ausführungen die Lektüre des Originaltextes vorzuschalten.

bereits herangezogenen Brief vom 31. Mai 1777 an Havichorst. Wie durch die Aufzählung der verschiedenen Systemarten im zweiten Hauptstück deutlich wird, müssen die Elemente bzw. Teile eines Systems keineswegs kognitiver Natur sein. Im Gegenteil: Gebilde beliebiger Art können zu Systemelementen werden. Lambert – so soll kurz formuliert werden – vertritt eine *elemental unbeschränkte* Systemauffassung. – *Zweitens:* Hinsichtlich der Austauschbarkeit von 'Ganzes' und 'System' geht Lambert davon aus, daß dies im Rahmen des üblichen Sprachgebrauchs nicht durchgehend möglich ist. Für die Objektebene formuliert: es gibt Ganze, die keine Systeme sind; umgekehrt sind jedoch alle Systeme Ganze. Dieser in der Redepraxis vorgegebenen Unterscheidung von Ganzen und Systemen sucht Lambert in seiner "Namenerklärung" Rechnung zu tragen: "Wer solche [sc. eine Namenerklärung] verlangt, kann immerhin durch *System* ein zweckmässig zusammengesetztes Ganzes verstehen" (§ 4). Nicht alle, sondern genau die zweckmäßig zusammengesetzten Ganzen sind Systeme. – Es soll an dieser Stelle jedoch nicht verschwiegen werden, daß Lambert anläßlich anderer Beiträge zum Systemthema der mit dem eben zitierten Systemeinführungssatz verbundenen Beschränkung *nicht* folgt. So heißt es im § 583 der *Architectonic*: "Jedes Ganze [kann] als ein System angesehen werden"; und in der den Abschluß der Arbeit "De *Topicis* Schediasma" bildenden Tabelle findet sich in der mit "Res" überschriebenen vierten Spalte auf der elften Zeile das Ausdruckspaar "Systema, Totum" (Schriften 7, ad pag. 294). Das läßt die Deutung zu, daß Lambert 'Systema' und 'Totum' schlicht als Synonyme auffaßt.

Legt man dem weiteren Vorgehen die als Definition ansetzbare Namenerklärung zugrunde, so kann man "wiederum erklären, was Zwecke, und zweckmässig, was zusammengesetzt, und was ein Ganzes ist. Kommen sodann in diesen Erklärungen wiederum Wörter vor, die erklärt werden müssen; so kann man auch mit dem Erklären fortfahren. Wenn damit alles richtig geht, so muß der Erfolg dieser seyn, daß man alle Bestandtheile des Begriffes System, oder welches gleich viel ist, alles das finde, was zu einem System erfordert wird" (§ 4). Da dieser Weg umständlich und damit irrtumsanfällig ist, zieht Lambert eine Abkürzung vor: "Es wird immer genug seyn, daß wir ein *System* überhaupt uns recht in Gedanken vorstellen, dasselbe so zu reden recht ansehen, und alles, was wir dabey verschiedenes bemerken, aufzeichnen" (§ 5). Solche Betrachtungen gestatten Lambert, das "herzusetzen, was ich theils bei einem System überhaupt, theils bei Anlaß besonderer Systeme gefunden, das sich allenfalls, mit geringer Veränderung des Namens, auf ein System überhaupt beziehen läßt" (§ 6). Man kann Lamberts Vorgehen, übersetzt man das gedankenmäßige Vorstellen in allgemein zugängliche Erkenntnistätigkeiten, so deuten: Nachdem die Definition vorliegt, werden Theoreme hergeleitet. Bestimmend dabei sind die Informationen, die sich aus der Definition und der Gesamttheorie, der die Definition angehört, ergeben. Zwei Beispiele für derartige Theoreme: (i) Systeme besitzen mehrere Teile. Eine (denkbare) Begründung könnte so aussehen: Sei eine Gegebenheit ein System, also definitionsgemäß ein zusammengesetztes Ganzes. Jede Zusammensetzung erfordert mehrere Teile, da ein Teil nicht zusammensetzbar ist. Also besitzt ein jedes zweckmäßig zusammengesetztes Ganzes mehrere Teile. Wiederum nach der Definition folgt dann, daß jedes System mehrere Teile besitzt. – (ii) Jedes System dient einer möglichen Absicht. Begründung: Sei eine Gegebenheit ein System, damit aber ein zweckmäßig zusammengesetztes Ganzes; dann gibt es einen Zweck, dem das Ganze dient. Zwecke sind Absichten. Demzufolge dient die Gegebenheit einer Absicht. Also dient insgesamt jedes System einer Absicht. – Ausdrücklich weist Lambert am Ende des § 6 auf die *zwischensystematischen Verhältnisse* hin, indem er ein System "in Beziehung auf ein anderes" in den Blick faßt.

Der eben en passant gegebene Hinweis, daß die Theoreme sich aus der Definition und der *Gesamttheorie,* der die Definition angehört, gewinnen lassen, führt auf die Einsicht zurück, daß die systematologischen Resultate sich allein im Rahmen der in der *Architectonic* niedergelegten Grundlehre bzw. Metaphysik ergeben. Einige Beispiele: Die im § 6 erwähnte Lehre vom Fortdauernkönnen von Systemen führt unmittelbar auf das sechste Hauptstück der *Architectonic,* "Das Veränderliche und Fortdauernde". Hinsichtlich der verbindenden Kräfte zwischen den Systemteilen hat man auf das dreizehnte Hauptstück der *Architectonic*, "Die Kraft", zu rekurrieren. Die Tätigkeit des Zusammensetzens wird ebendort im siebzehnten Hauptstück, "Das Zusammensetzen", thematisch. Die Reihe der Beispiele könnte beliebig verlängert werden. Bereits durch die genannten Zusammenhänge dürfte jedoch neuerlich erhärtet worden sein, daß die Systematologie allein im Rahmen der Grundlehre Bestand hat; diesen vorgegebenen Abhängigkeiten sucht die gesamtwerkliche Interpretation zu folgen.

b) Die Konzeption der Systematologie

Nachdem Lambert sein Systemverständnis dargetan und eine Reihe allgemeiner systembezüglicher Einsichten in Tabellenform aufgelistet hat, faßt er das Verhältnis zwischen allgemeiner Systematologie und einzelnen System(exemplar)en in den Blick (§ 7). Die Letztgenannten, obwohl eben alle Systeme, "sind ungemein verschieden und ungleichartig" (§ 7). Gleichwohl sind es diese "speciellen *Systeme,* auf die doch endlich die Theorie muß angewandt werden" (§ 7). Um darzutun, wie schwierig es im Einzelfall ist, ein Charakteristikum herauszufinden, das zufolge eines allgemeinen systematologischen Theorems jedem System zukommt, weist Lambert auf, worin bei verschiedenen Systemen die *Grundlage* oder das *Fundament* besteht. Ausgangspunkt ist also das Theorem: Jedes System besitzt ein Fundament[45]. Anzugeben ist "bey besondern Arten von Systemen..., welches eigentlich ihre Grundlage sey. Der Name, Grundlage, ist von Gebäuden hergenommen, und aus diesem Grunde bey denselben am kenntlichsten. In andern Systemen soll etwas ähnliches statt finden. Es ist aber dieses ähnliche meistens eben so ungleichartig als die Systeme selbst, und eben so verschieden ist

---

45 Wie oben betont, ist Lamberts Systemkonzeption elemental unbeschränkt. In Anbetracht der Auffassung, daß jedes System nach dem Muster Fundament/Fundiertes aufgebaut sein soll, ergibt sich die Frage, ob Lambert nicht ein *struktural beschränktes,* nämlich ein fundamentalistisches, Systemverständnis verficht (vgl. Abschn. 23).

auch die Art, wie das System auf seiner Grundlage beruht" (§ 8). Lambert zeigt dann für Musikstücke, Gemälde, Traktate, Maschinen, Schiffe und Sprachen, worin jeweils die Grundlage zu sehen ist. Die Aufzählung dieser Systemarten macht im übrigen neuerlich die Allgemeinheit der Lambertschen Systemauffassung deutlich.

Aus der Beispielbetrachtung zieht Lambert die Konsequenz, "daß was man überhaupt von einem System weiß, in der Anwendung auf besondere Arten gleichsam wie von neuem aufgesucht und kenntlich gemacht werden muß" (§ 9). Dem Vortrag der allgemeinen systematologischen Sätze soll, so sein Rat, zur Erleichterung der Anwendbarkeit ein Zusatz angefügt werden, der klarlegt, was dieser Satz für die einzelnen Systemarten besagt. Diese Vorgehensweise empfiehlt Lambert für die meisten Begriffe, "die eine metaphysische Allgemeinheit haben" (§ 10). – Abschließend hält er bez. des Ausarbeitungsstatus und des Nutzens der Systematologie fest: "Wenn auch die allgemeine *Systematologie* in besondern Fällen noch viel zu bestimmen läßt, so erleichtert sie doch das Ueberdenken besonderer Systeme, sie beugt der Verwirrung vor, führt zur Ordnung, giebt Anleitung sich Ideale zu bilden, deckt Lücken auf, und leitet in Untersuchung, Erfindung, Anlage, Errichtung, Erhaltung und Verbesserung besonders vorkommender Systeme" (§ 10). Der Systematologe treibt seine Wissenschaft nicht als Selbstzweck, sondern sucht Erkenntnisse zu gewinnen, die bei der "Errichtung" neuer und beim vielfältigen Umgang mit schon vorliegenden Systemen von Nutzen sein sollen. In Ansehung der Vielfalt und Verschiedenheit möglicher und wirklicher Systeme ist es ein umfassendes Spektrum von Handlungen, die systematologisch anzuleiten sind. So gesehen fügt sich die Systematologie in das *instrumentalistische* Wissenschaftskonzept Lamberts umstandslos ein[46]. Die Errichtung von und der Umgang mit Systemen aus dem Erkenntnisbereich, und noch spezieller die Herstellung und Untersuchung philosophischer Systeme, profitieren zwar von

---

46 Vgl. zur Darstellung des instrumentalistischen Charakters der Lambertschen Wissenschaftsauffassung Wolters (1985), S. 136–138.

den allgemeinen systematologischen Befunden, bilden aber nur einen Bruchteil des umfassenden Kontingents systematologisch anleitbaren Handelns.

18. "*Die Verschiedenheit der Systeme*"

Unter dem Titel "Die Verschiedenheit der Systeme" behandelt Lambert im zweiten Hauptstück des *Fragments* Fragen der Systemklassifikation. Im Anschluß an die Nachzeichnung und Repräsentation der klassifikatorischen Schlüsselschritte wird auf der Grundlage eines Paragraphen der *Architectonic* das Verhältnis der "Intellectualsysteme" zu allen übrigen Systemen (unter Einschluß eben der "Intellectualsysteme") beleuchtet. Bemerkungen Lamberts im letzten Paragraphen des zweiten Hauptstücks veranlassen eine Konjektur hinsichtlich des Fortgangs des erörterten Fragments.

a) Systemtypologie

Der Nutzen von Klassifikationen besteht u. a. in der von ihnen herbeigeführten Überschaubarkeit des Einzuteilenden. Diese ist – angewandt auf das vorliegende Einteilungsganze – "wegen der unendlich mannigfaltigen Unterschiede der Systeme" (§ 10 a) ganz besonders erwünscht. Die Durchführung von Klassifikationen erfordert Einteilungsrücksichten. Kandidaten für Einteilungsrücksichten sind prinzipiell alle im § 6 namhaft gemachten Systembestandteile. Da beispielsweise alle Systeme Fundamente besitzen, können sie etwa nach Art des Fundaments eingeteilt werden. Unter den möglichen Klassifikationsrücksichten ist mithin "eine Auswahl zu treffen, wobey die Anzahl der Hauptclassen, die zu bestimmen sind, nicht nur nicht übermäßig groß, sondern so geringe werde, als es immer angehen mag" (§ 10 a). Dieser Leitfaden führt zur Eliminierung der meisten Kandidaten. Legt man jedoch "die *verbindenden Kräften* bey der Abtheilung zum Grunde", so ergeben sich nach den drei Arten der Kräfte drei Hauptklassen von Systemen: "1.° Systeme, die schlechthin nur durch die Kräften des Verstandes ihre Verbindung erhalten. ... 2? Systeme, die durch die Kräften des Willens ihre Verbindung erhalten. ... 3? Systeme, die durch die mechanischen Kräfte ihre Verbindung erhalten" (§ 13). Lambert resümiert: "Es fordert demnach jede Art der verbindenden Kräfte eine derselben eigene Art von Systemen: Und diese können demnach füglich in *Intellectualsysteme, moralische* oder auch *politische Systeme,* und *körperliche* oder *physische Systeme* getheilt werden" (§ 16). Lambert liefert für jede der gewonnenen Hauptklassen Beispiele, wobei er teils Systemklassen, teils Systemexemplare angibt (§ 13). Alle Systeme, die durch (genau) eine Kraft zusammengehalten werden, "haben ... auch in ihren Theilen eine *durchgängige Gleichartigkeit*" (§ 17).

Die Rolle der Theorie der Kräfte bei der Systemklassifikation führt neuerlich vor Augen, wie unauflösbar die Systematologie mit den übrigen Disziplinen der in der *Architectonic* entwickelten Grundlehre verbunden ist. Im § 221 der *Architectonic* unterteilt Lambert die physischen Kräfte "aus besondern und unserer Erkenntniß eigenen Gründen in mechanische und chymische". Läßt man dieser Differenzierung in den Kräften eine Unterscheidung in den Systemen folgen, so sind die physischen Systeme (als neues Einteilungsganzes) in mechanische und "chymische" Systeme zu unterteilen[47].

Bereits im § 14 kündigt sich jedoch eine Einteilung an, die der soeben referierten und auf der Linie Lamberts spezifizierten Klassifikation *voranliegt.* Bislang wurden Systeme betrachtet "nur insofern sie sich auf eine Art der verbindenden Kräfte allein beziehen, ohne noch darauf zu sehen, wiefern diese Kräfte zugleich bey einem System vorkommen können" (§ 14). Der Gedanke, daß in Systemen "mehr als eine Art der verbindenden Kräfte vorkömmt" (§ 19), wird im § 19 neuerlich aufgegriffen und im weiteren entwickelt. Ausschlaggebend ist dabei der im § 20 skizzierte Zusammenhang der Kräfte, der im § 21 auf folgende Konsequenz gebracht wird: "Aus diesen Sätzen ergibt sich nun, daß gewöhnlich bey einem zusammengesetzten System alle

---

[47] Zu der angeführten Einteilung der Kräfte ist auch der § 535 der Dianoiologie des *Organon* heranzuziehen.

drei Arten von Kräften vorkommen, und daß solche Systeme immer als *Systeme von Mittel und Absichten* betrachtet werden können, so oft die Entschliessungen des Willens mit in Erwägung kommen". Die weiteren Überlegungen Lamberts bieten Beispiele sowie Klassifikationsvorschläge für zusammengesetzte Systeme. – Insgesamt zerfällt die Klasse der Systeme in solche, in denen mehrere Arten verbindender Kräfte wirken, und in solche, die nur von einer verbindenden Kraft zusammengehalten werden: *zusammengesetzte* – so soll der Kürze halber gesprochen werden – Systeme stehen *einfachen* Systemen gegenüber. Die einfachen Systeme sind in der oben beschriebenen Weise aufzuteilen. Folgender Klassifikationsbaum repräsentiert das Ergebnis der besprochenen Einteilungen[48]:

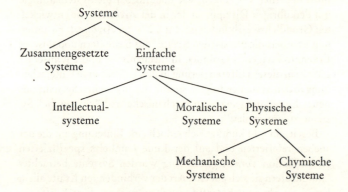

[48] Es ist zu vermuten, daß Lambert die nachgezeichneten Klassifikationen als Partitionen, d.h. als vollständige und disjunkte Einteilungen, verstanden wissen will. Die präzise Nachzeichnung dieser Einteilungen unter Einschluß der Spezifizierung der einteilenden Relation, d.h. der Einteilungsrücksicht, muß einer weniger pauschalen Interpretation des *Fragments* vorbehalten werden.

b) "Intellectualsysteme"

Unter Anziehung der §§ 578–583 der *Architectonic* ist nachfolgend auf den besonderen Status der "Intellectualsysteme" einzugehen. In den genannten Paragraphen handelt Lambert in allgemeiner Weise von Ganzen und ihren Teilen. Im § 580 legt er eine Einteilung der Ganzen vor, die der oben dargelegten Klassifikation der einfachen Systeme analog ist. Alle Ganze werden – wiederum nach Art der am Werk befindlichen Kräfte – in drei Klassen eingeteilt: logische, physische und moralische Ganze. Wenn Lambert gegen Ende des § 583 auch noch bemerkt: "Die ausführlichere Betrachtung davon gehört in die Systematologie, weil jedes Ganzes als ein System betrachtet werden kann", dann ist es zulässig, in dem folgenden Schlüsselzitat 'Ganzes' schlicht durch 'System' ersetzt zu denken: "Von diesen drei Classen hat nun die erste entweder sich selbst oder ein Ganzes aus den zwo andern Classen zum Objecte. Im ersten Fall gehöret die Theorie davon in die Psychologie und Vernunftlehre, und zwar so fern diese die *Logica pura* genennet werden kann" (*Architectonic* § 581). Damit gilt: Psychologie und Vernunftlehre sind solche "Intellectualsysteme", die – anders etwa als Chemie, Wetterkunde oder Astronomie – ihrerseits "Intellectualsysteme" zum Betrachtungsgegenstand haben. Bei diesen Verhältnissen ist z. B. ein *Selbstbezug* in dem Sinne nicht ausgeschlossen, daß in der Vernunftlehre Regeln für die Errichtung von "Intellectualsystemen" erarbeitet werden, welche Erarbeitung ihrerseits qua "Intellectualsystem" den eruierten Regeln untersteht bzw. zu unterstehen hat.

c) Mutmaßung über den Fortgang des *Fragments*

Der letzte Paragraph des ersten Hauptstücks verdient insofern gesonderte Aufmerksamkeit, als er Anhaltspunkte zu Mutmaßungen über den weiteren Fortgang des *Fragments* bietet. Bei jedem Systemtyp und jedem Systemexemplar müssen sich die im § 6 notierten Merkmale auffinden lassen. "Da nun hiebey viel allgemeines vorkömmt; so wird es immer besser seyn, wenn wir die im §.6. angemerkten Stücke fürerst jedes an und für sich, und ohne Rücksicht auf besondere Arten von Systemen betrachten, oder wenigstens diese nur in so fern in Erwägung ziehen, als sie zu mehrerer Erläuterung des allgemeinen Vortrages Beyspiele darbieten" (§ 31). Aufgrund dieser Äußerung, die im übrigen zumindest teilweise der im § 9 genannten Forderung, die allgemeinen systematologischen Sätze stets im Blick auf einzelne Systemarten vorzutragen, entgegenzulaufen scheint, läßt sich mit einiger Bestimmtheit vermuten, wie Lambert den Text, wäre er nicht Fragment geblieben, fortgesetzt hätte: Die weiteren Hauptstücke hätten auf allgemeiner Ebene alle im § 6 tabellarisch vermerkten Bestandteile von Systemen im Detail erörtert. Übertragen in die hier verwendete Interpretationsterminologie besagt das: Es sind z. B. aus dem Umstand, daß alle Systeme ein Fundament besitzen oder daß alle Systeme von Kräften zusammengehalten werden, weitere Theoreme abzuleiten; deren Beweis rekurriert wesentlich auf schon vorliegende Erkenntnisse aus der Fundament- oder der Kraftlehre, ganz im Sinne der Verflechtung der Systematologie mit den übrigen Disziplinen der Grundlehre. Dieses mit dem § 6 umrissene systematologische Programm führt Lambert jedoch nur noch für den Bestandteil Mittel und Absichten durch.

19. "Die Absicht bey Systemen"

Eben dies leistet Lambert im dritten Hauptstück "Die Absicht bey Systemen". Angezielt ist die Ausarbeitung folgender Leiteinsicht aus dem § 6: "Bey einem Systeme befinden sich... 4. *Eine allgemeine,* und etwan auch mehrere besondere *Absichten,* zu denen das System und seine Theile gewiedmet, gestaltet, geordnet, zusammengefügt und verbunden sind." Diese Auffassung wird zu Beginn des dritten Hauptstücks reformuliert: "Ein System, überhaupt betrachtet, soll irgend zu etwas dienen, das ist, einen bestimmten Zweck haben, und demselben gemäß eingerichtet seyn" (§ 32). Berücksichtigt man ferner die Namenerklärung des Systems, so muß man Lambert eine *teleologische Systemauffassung* zuschreiben: Systeme sind stets zu einem (oder mehreren) Zweck(en) zusammengesetzte Ganze. Ein tieferes Verständnis von Lamberts Systematologie erfordert demnach das Eindringen in seine Teleologie[49].

Vor allem im Blick auf Systeme, "die bereits vorhanden sind" (§ 33), sind mögliche, gesollte und faktische Zwecke auseinanderzuhalten. Mit Hilfe der Theorie der Absichten lassen sich dann zwei Aufgaben herleiten: bei Vorgegebenheit eines Systems die möglichen Zwecke zu bestimmen und bei Vorgegebenheit einer Absicht "das dazu überhaupt, oder in vorgegebenen Umständen dienlichste System zu finden" (§ 34). Die erste Aufgabe ist synthetisch, die zweite analytisch (§ 34f.); denn: betrachtet man das System als Ursache bzw. als Mittel und die Absicht als Wirkung, so muß man bei der Lösung der zweiten Aufgabe "von der Wirkung auf die Ursache... schließen..., gleichsam rückwärts..., und dieses geht ohne analytische Kunstgriffe selten oder nie an" (§ 35). Die §§ 36–39 erörtern Fragen der Erkenntnis von Ursache-Wirkungs-Zusammenhängen. Der § 40 unterscheidet die Absicht(en), denen das System als Ganzes dient, von jenen, die durch passenden Zuschnitt der einzelnen Systemteile

---

[49] Hinsichtlich der physischen Systeme, z. B. hinsichtlich des gesamten Weltbaus, führt die Absichtenbetrachtung zu Gott als dem beabsichtigenden bzw. absichtenrealisierenden Subjekt, geht also die Teleologie in die Theologie über. Gerade in diesem Kontext stellt Lambert in höchstem Maße interpretationswürdige und -bedürftige Überlegungen an. Im § 231 der Phänomenologie seines *Organon* unterscheidet er *zwei Sprachen*: "Die erste stellt uns die Dinge der Welt, ihre Veränderungen, Verbindungen und Verhältnisse nebst den Gesetzen, so, wie sie die Erfahrung angiebt, mit eigenen Worten vor. Wir reden darinn von Ursachen, Kräften und Wirkungen. Die andere Sprache macht aus den Wirkungen Absichten, aus den Ursachen Mittel, aus den Gesetzen Vorschriften des göttlichen Willens, die den göttlichen Vollkommenheiten gemäß sind..." Zwischen beiden Sprachen, der – so soll geredet werden – *kausalistischen* und der *teleologischen,* herrscht Übersetzbarkeit. Erstaunlich ist nun die von Lambert angegebene Zielsetzung der Übersetzung: Die Übersetzung der kausalistischen in die teleologische Sprache "dient... eigentlich nur zur Erbauung" (ebd.). Die umgekehrte Übersetzungsrichtung kann hingegen – einen verbesserten Zustand der teleologischen Sprache unterstellt – für die in der kausalistischen Sprache zu artikulierenden Erkenntnisse von heuristischem Wert sein; vgl. zum Thema auch Wolters (1985), S. 153.

zu erreichen sind. Die Absichten der Teile sind ihrerseits koordiniert (§ 40). Die Absicht des ganzen Systems mag wiederum weiteren Absichten dienen, "indessen läßt sie sich immer in Beziehung auf das System selbst als die letzte ansehen" (§ 41). – Die verbleibenden Paragraphen des dritten Hauptstücks haben die Zweck- bzw. Absicht-Mittel-Zusammenhänge *in* Systemen zum Gegenstand.

D. Lamberts Systematologie in der Geschichte des Systemdenkens

Nachdem der Systematologie in entschiedenem Gegenzug zum fragmentfixierten Umgang ihr Ort in Lamberts Werk angewiesen worden ist, nachdem Absicht, Anlage und Eigentümlichkeit dieses Lehrstücks anhand einer kursorischen Interpretation des *Fragment*s wenigstens in den Konturen deutlich geworden sind, ist es an der Zeit, die programmatische Ausgangsvermutung neuerlich aufzugreifen: *Kein Theoretiker, sei er Philosoph oder Einzelwissenschaftler, hat vor (oder außerhalb) der Entwicklung der Allgemeinen Systemtheorie in diesem Jahrhundert das Systemthema auf einer so allgemeinen Ebene und in einer auch nur annähernd gleichermaßen ausführlichen Weise behandelt wie Johann Heinrich Lambert dies in seiner Systematologie getan hat.* Die Vermutung eint zwei Gedanken: *Erstens* soll Lamberts Systematologie unter all jenen Beiträgen zum Systemthema, die nicht der Allgemeinen System*t*heorie (=ASt) zuzuschlagen sind, durch Allgemeinheit des Systemverständnisses und durch Ausführlichkeit der erbrachten Einsichten hervorragen. *Zweitens* soll zwischen Systematologie und *ASt* eine Ähnlichkeit dergestalt vorliegen, daß die Leistungen der Systematologie durch die *ASt* abgedeckt sind. Die erste Teilvermutung ist bis auf weiteres durch kontrastive Beispielbetrachtungen zu stützen (Abschn. 21). Die zweite Teilvermutung kann mittels eines Vergleichs von Systematologie und *ASt* plausibel gemacht werden (Abschn. 23); diesem Vergleich ist ein Steckbrief der *ASt* voranzustellen (Abschn. 22). Um den Zugriff auf die wesentlichsten Eigenarten der

Systematologie zu erleichtern, ist zunächst zusammenfassend das Profil dieses Lehrstücks zu erstellen (Abschn. 20).

20. Lamberts Systematologie: ein Profil

Die in den vorangehenden Paragraphen angestellten Untersuchungen werden in *fünf Thesen* zu einem für die Kontrastierung und den Vergleich benötigten *Profil der Systematologie* zusammengeführt. *These 1:* Lambert ist Proponent eines allgemeinen, d. h. elemental unbeschränkten, Systemverständnisses. Das einfache Systemprädikat wird so eingeführt, daß als Systemelemente Gebilde aller Bereiche auftreten können, vorausgesetzt nur, die Forderungen für Systemhaftigkeit sind erfüllt. Nicht ausgeschlossen durch die Allgemeinheit der Systemauffassung ist natürlich die Etablierung spezieller Systemprädikate in der weiteren Entfaltung der Systematologie. – *These 2:* Lambert installiert, geleitet von dem soeben beschriebenen allgemeinen Systemverständnis, eine Disziplin sui generis: die Systematologie. Objekt der Systematologie sind alle Gebilde, denen Systemcharakter zugesprochen werden kann, unbeschadet ihrer Bereichszugehörigkeit oder sonstiger Eigenarten. – *These 3:* Die Systematologie ist eingebettet in den umfassenden theoretischen Rahmen der Grundlehre bzw. der Metaphysik. Das besagt konkret: die Etablierung systematologischer Terme, der Beweis systematologischer Theoreme, das Aufwerfen systematologischer Probleme erfolgt u. a. im Rückgriff auf bereits etablierte Terme der Grundlehre, auf bereits verfügbare Theoreme, auf schon bereitstehende Präsuppositionen der vorausgesetzten Rahmendisziplin. Gegenüber anderen Subdisziplinen kann auch die Systematologie in die Lieferantenrolle treten; dabei ist freilich stets die rechte Ordnung der wissenschaftlichen Darstellung zu wahren. – *These 4:* Lambert legt die Systematologie so an, daß wenigstens folgende Aufgaben bearbeitet werden: (i) Das allgemeine Systemprädikat ist einzuführen. (ii) Mit Hilfe der Einführung und unter Rückgriff auf die umgebende Gesamttheorie sind systematologische Theoreme zu artikulieren und zu beweisen.

Diese Theoreme besitzen Geltung für alle als System identifizierten Gebilde. (iii) Die zwischensystematischen Verhältnisse sind in den Blick zu fassen. (iv) Eine bzw. mehrere Systemklassifikation sind vorzunehmen. – *These 5:* Lamberts Systematologie hat instrumentalistischen Charakter: sie dient der Errichtung von und dem Umgang mit Systemen. – In Ergänzung der Lambertschen Terminologie soll von 'speziellen Systematologien' dann die Rede sein, wenn es sich um die Errichtung von oder den (analysierenden, kritisierenden, ausbauenden, korrigierenden usf.) Umgang mit speziellen Systemen handelt. Die Erarbeitung spezieller Systematologien bildet jedoch nur eine Form der Anwendung systematologischer Einsichten.

21. *Die Systematologie in der Geschichte des Systemdenkens außerhalb der Allgemeinen Systemtheorie*

Zur Stützung der oben formulierten Vermutung sind exemplarisch drei Beiträge zum Systemthema gegen Lamberts Systematologie zu halten. – *Beispiel 1:* Der französische Aufklärer Etienne Bonnot de Condillac führt in seinem 1749 erschienenen "Traité des Systèmes" ein einfaches substantivisches Systemprädikat so ein: "Un système n'est autre chose que la disposition de differentes parties d'un art ou d'une science dans un ordre où elles se soutiennent mutuellement et où les dernières s'expliquent par les premières."[50] Systeme sind für Condillac also Gebilde, die Teile einer Kunst oder einer Wissenschaft zum Element haben; zwischen den Elementen bestehen zwei Relationen, nämlich die Relation der wechselseitigen Stützung und die linear aufgefaßte Explikationsrelation. Durch den zitierten Einführungssatz wird ein sehr spezielles Systemprädikat etabliert. Gebilde, deren Elemente keine Kunst- oder Wissenschaftsteile sind, können nicht als Systeme identifiziert werden. Unzweifelhaft liegt ein elemental beschränktes Systemverständnis vor. Von

---

50 Condillac, E. B. de: Œuvres philosophiques. Bd. I (ed. par G. le Roy), S. 121 (hier zitiert nach Kambartel, op. cit., S. 40, Anm. 29).

der Lambertschen Systematologie her sind Systeme im Sinne Condillacs sehr spezielle Systeme, während umgekehrt viele Gebilde, die im Sinne Lamberts Systeme sind, bei Annahme der Condillacschen Einführung nicht als solche identifiziert werden können. – Die von Condillac vorgelegte Systemklassifikation sowie die darauf aufbauende Bewertung der Mitglieder der einzelnen Klassen, legt als Einteilungsganzes konsequenterweise die Menge der Systeme im dargelegten Sinn zugrunde. Aus Lamberts Sicht muß dieser Beitrag zum Systemthema in die Klasse der speziellen Systematologien eingeordnet werden.

Beispiel 2: Jene Passagen aus der Vorrede zu den "Metaphysische[n] Anfangsgründe[n] der Naturwissenschaft" sowie das dritte Hauptstück aus der "Transzendentale[n] Methodenlehre" der "Kritik der reinen Vernunft" unter dem Titel "Die Architektonik der reinen Vernunft" dürften so geläufig sein, daß man sich auf die wesentliche Feststellung beschränken kann: Kants Beitrag zum Systemthema (in den hier erwähnten Texten) ist ausschließlich wissenschaftsphilosophischer Art, wäre also in Lamberts Sicht als spezielle Systematologie einzustufen. Entsprechend fällt auch Kants Einführung des einfachen substantivischen Systemprädikats aus, wie sie sich in den früher notierten ausgezeichneten Zeilen (2) und (3) findet. Das Systemverständnis ist elemental beschränkt: nur Erkenntnisse, also kognitive Gegebenheiten, können als Systemelemente auftreten. Damit können z. B. politische oder soziale Gebilde nicht als Systeme klassifiziert werden. – Nicht behauptet ist damit, daß sich im Kantschen Werk ausschließlich diese auf Kognitives eingeschränkte Systemauffassung findet[51]; doch lassen sich hinsicht-

---

51 Vgl. zum Systemthema bei Kant v. a. Lehmann, G.: System und Geschichte in Kants Philosophie; in: ders.: Beiträge zur Geschichte und Interpretation der Philosophie Kants; Berlin 1969, S. 152–170. – An dieser Stelle sei hingewiesen auf die Aufgabe eines Vergleichs des teleologischen Aspekts in der Systemauffassung Kants und im Systemverständnis Lamberts. Bei Lambert findet sich das teleologische Moment unmittelbar in der "Namenerklärung" von System. Kant kommt auf diesen Aspekt in den ersten Konsequenzen aus der Definition von 'System' zu sprechen (vgl. KrV A832/B860).

lich der Ausführungen Kants, in denen ein vom oben skizzierten abweichendes Systemverständnis leitend wird, ganz analoge Überlegungen anstellen.

Beispiel 3: Ist es Kant unmittelbar um die Bestimmung der Wissenschaften und mittelbar damit auch um die Charakterisierung der Philosophie zu tun, so bezieht sich der Hegelsche Beitrag zum Systemthema in Ausschließlichkeit auf den zuletzt genannten Gesichtspunkt. In der "Einleitung" zur "Enzyklopädie der philosophischen Wissenschaften" sucht Hegel die Eigenart der Philosophie und des Philosophierens herauszuarbeiten. Seine Überlegungen kulminieren in den §§ 14 und 15. Die Philosophie als Wissenschaft der Idee oder des Absoluten wird so bestimmt: "Die Wissenschaft desselben [der Idee oder des Absoluten] ist wesentlich *System*, weil das Wahre als *konkret* nur als sich in sich entfaltend und zur Einheit zusammennehmend und -haltend, d. i. als *Totalität* ist, und nur durch Unterscheidung und Bestimmung seiner Unterschiede die Notwendigkeit derselben und die Freiheit des Ganzen sein kann" (Enz. § 14). Ergänzend zu den Hauptausführungen heißt es, wie in der ausgezeichneten Zeile (4) schon notiert: "Unter einem *Systeme* wird fälschlich eine Philosophie von einem beschränkten, von andern unterschiedenen *Prinzip* verstanden; es ist im Gegenteil Prinzip wahrhafter Philosophie, alle besondern Prinzipien in sich zu enthalten" (ebd.). Endlich zieht Hegel im § 15 die Kreismetapher zur Bestimmung der Philosophie an: "das Ganze [sc. der Philosophie] stellt sich daher als ein Kreis von Kreisen dar, deren jeder ein notwendiges Moment ist, so daß das System ihrer eigentümlichen Elemente die ganze Idee ausmacht, die ebenso in jedem einzelnen erscheint" (Enz. § 15). Es ist für die hier leitende Zielsetzung nicht erforderlich, ein näheres Verständnis der Hegelschen Philosophiekonzeption zu gewinnen. Entscheidend ist nur zweierlei: Zum ersten dienen die Hegelschen Systemsätze allein metaphilosophischen Zwecken: durch Rekurs auf ein ›richtiges‹ Systemverständnis soll Einsicht in die Natur der Philosophie gewonnen werden. Zum zweiten liegt ein sehr spezielles Systemverständnis vor: als Elemente von Systemen treten wiederum kognitive Gebilde auf, handle es sich dabei um Prinzipien oder um ganze Lehrstücke der Philosophie. – Wiederum wird nicht behauptet, daß sich im Hegelschen Werk ausschließlich dieses auf philosophische Gegebenheiten als Elemente beschränkte Systemverständnis findet[52]; doch werden in anderen Kontexten ähnlich spezielle Systemprädikate verwendet.

Keinem philosophie- und wissenschaftshistorisch Kundigen wird es Mühe bereiten, die mit Condillac, Kant und Hegel begonnene Reihe fortzusetzen, um Belege dafür zu liefern, daß Lamberts Systematologie unter den Beiträgen zum Systemthema durch die Allgemeinheit des Systemverständnisses und die Fülle der auf dieser Allgemeinheitsstufe hervorgebrachten Einsichten herausragt[53]. Mit dieser Auszeichnung Lamberts verbindet sich im übrigen keine Kritik an den speziellen Beiträgen zum Systemthema: spezielle Systemauffassungen mögen für erkenntniskritische, wissenschafts- und metaphilosophische Aufgabenstellungen durchaus zureichend sein. – Wenn abschließend der erste Teil der eingangs formulierten Vermutung als *exemplarisch bestätigt* anzusehen ist, so ist doch hervorzuheben, daß damit die der Vermutung entsprechende Behauptung noch keineswegs als be-

---

52 So spricht Hegel z. B. von dem "System der direkten und indirekten Abgabe" (Enz. § 16) oder von dem "System der Bedürfnisse" (Enz. Titel für die §§ 524 ff.).

53 Hilfreich beim Auffinden und Auswerten weiterer Belege sind neben den in den Anmerkungen 35 und 51 genannten Arbeiten auch folgende Texte: (i) Zu Leibniz: Rescher, N.: Leibniz and the Concept of a System; in: Studia Leibnitiana XIII/1 (1981), S. 114–122. – (ii) Zu Reinhold und Fichte: Schrader, W. H.: Einführung zu: Karl Leonhard Reinhold: Über das Fundament des Wissens; Hamburg 1978, S. VII–XVII; ders.: Philosophie als System – Reinhold und Fichte; in: Hammacher, K./Mues, A. (Hrsg.): Erneuerung der Transzendentalphilosophie; Stuttgart-Bad Cannstatt 1979, S. 331–344; ders.: Systemphilosophie als Aufklärung. Zum Philosophiebegriff K. L. Reinholds; in: Studia Leibnitiana XV/1 (1983). – (iii) Zu Frege: Siegwart, G.: Wahrheit bei G. Frege. Eine historisch-kritische Untersuchung; (Magisterarbeit) München 1976, Kap. 5, v. a. 5.1. – (iv) Zum Thema System und Wissenschaft: Stein, A. v. der: System als Wissenschaftskriterium; in: Diemer, A. (Hrsg.): Der Wissenschaftsbegriff. Historische und systematische Untersuchungen; Meisenheim am Glan 1970, S. 99–107.

gründet unterschoben werden darf; hierzu wäre die vollständige Durchsicht sämtlicher Beiträge zum Systemthema außerhalb der *ASt* nötig.

22. Die Allgemeine Systemtheorie

Nach der Bestätigung des ersten Teils der Ausgangsvermutung ist i. f. der zweite Teilgedanke plausibel zu machen: Lamberts Systematologie besitzt Ähnlichkeit mit der *ASt*, und zwar in der Weise, daß die Leistungen der Systematologie von der *ASt* abgedeckt werden. Zur Durchführung des fälligen Vergleichs ist ein Steckbrief der *ASt* zu erstellen.

a) Entwicklungshintergründe

Der Titel '*ASt*' benennt keine einheitliche und wohlorganisierte Disziplin, sondern ist eine *Sammelbezeichnung* für ein Reservoir von Ansätzen sehr verschiedener (wissenschaftsexterner und wissenschaftsinterner) Herkunft, die jedoch untereinander durch die ihnen innewohnende Vereinheitlichungs- und Verallgemeinerungstendenz gewisse Konvergenzen aufweisen. In der Rede von '*der ASt*' ist also der bestimmte Artikel in einem generischen Sinn zu lesen. Die *ASt* entwickelt sich etwa seit den vierziger Jahren auf breiter Front. Der nötige Druck entspringt einerseits militärischem und kommerziellem Bedarf. Andererseits resultiert er aus wissenschaftsinternen Problemvorgaben, die meist dadurch ausgezeichnet sind, daß die methodischen Kapazitäten der etablierten Einzelwissenschaften überschritten werden. Beispielhalber sind die biologische Systemlehre (Bertalanffy), die Kybernetik und Nachrichtentechnik (Wiener, Küpfmüller), die Spieltheorie (Neumann, Morgenstern), die Informationstheorie (Shannon, Weaver) und die sozial- und politikwissenschaftlichen Bemühungen (Parsons, Deutsch) anzuführen[54]. Nicht zuletzt der teilweise wissenschaftsexternen

---

54 Einen ausgezeichneten Überblick zu den verschiedenen Strömungen und Tendenzen der *ASt* (mit Bibliographie) bietet Young, O. R.: A

Herkunft verdankt die *ASt* eine deutlich *instrumentalistische* Ausrichtung.

b) Reine versus spezielle Systemtheorie

Die erwähnte Verallgemeinerungs- und Vereinheitlichungstendenz dokumentiert sich auch in der mathematischen Formulierung großer Teile des begrifflichen Rahmens. Benutzte man in den Anfängen der *ASt* noch das Vokabular der den jeweiligen Problemstellungen tatsächlich oder vermeintlich ›nächsten‹ mathematischen Einzeldisziplinen, so rekurriert man heute in der Regel auf die Mengensprache(n), um auch benötigte Hilfsmittel aus mathematischen Einzeldisziplinen gegebenenfalls mengensprachlich nachzuzeichnen. Die Entwicklung der Mengensprache als Artikulationsmedium der *ASt* wurde ermöglicht durch die intensive Bearbeitung dieser Sprachgruppe. Begünstigend wirkte sich überdies die Propagierung und Durchsetzung des Bourbaki-Programms aus.

Die durch die intensive Verwendung von Mengensprache(n) geschaffene Situation führte naturgemäß zur Unterscheidung zwischen der *reinen ASt* und den *speziellen* oder *angewandten* Systemtheorien. Die reine *ASt* ist eine rein mathematische, mengensprachliche Theorie (vgl. c) u. d)). Die speziellen Systemtheorien erweitern die reine *ASt* bzw. den jeweils benötigten Teil um das für das spezielle Anwendungsgebiet spezifische Vokabular. – Im konkreten systemtheoretischen Betrieb bestehen zwischen reiner und speziellen Systemtheorien freilich zahlreiche Abhängigkeiten, die nicht auf das Verhältnis purer Anwendung reduzierbar sind. So sind es nicht selten erst die von den speziel-

---

Survey of General Systems Theory; in: General Systems IX (1964), S. 61-80. Youngs Analysen werden – zumindest im Grundsätzlichen – durch die weitere Entwicklung seit den sechziger Jahren nicht überholt. – Allgemein ist zu bemerken, daß sich die Debatte in der *ASt* sehr gut anhand der Zeitschrift "General Systems" verfolgen läßt. Zur Programmatik der *ASt* ist insbesondere der Band I (1956) einzusehen. – H. Lenk bietet in seinem in Anmerkung 35 angeführten Artikel eine sehr ausgewogene Darstellung der Chancen, Grenzen und des faktischen Zustands der *ASt*.

len Systemtheorien vorgegebenen Fragestellungen, die eine ganz bestimmte Entwicklung des reinen systemtheoretischen Bestands an Termen und Theoremen veranlassen[55].

c) Systemkonzeptionen

Zufolge der Pluralität der systemtheoretischen Ansätze wird auch das (einfache substantivische) Systemprädikat in unterschiedlicher Weise eingeführt. Fernab von jedem Vollständigkeitsanspruch sollen einige Auffassungen, die weitere Verbreitung gefunden haben, zur Illustration angeführt werden. (i) Einige Autoren fassen 'System' schlicht als Synonym zu 'Menge' oder 'Gesamtheit'. Eine formelle Einführung liegt in diesen Fällen nur dann vor, falls '... ist eine Menge' nicht kommentarsprachlicher Hilfsausdruck, sondern Eigenprädikat der unterlegten Mengensprache ist[56]. – (ii) Andere Autoren definieren Systeme als Mengen, die nicht leer sind. – (iii) Wieder andere Theoretiker verstehen unter Systemen Mengenfamilien. Dabei sind Mengenfamilien solche nichtleeren Mengen, deren Elemente wiederum nur Mengen, aber keine Individuen sind. Dieses Verständnis unterstellt eine Mengensprache, die zwischen Mengen und Individuen bzw. Urelementen zu unterscheiden in der Lage ist. – (iv) Zahlreiche Systemdenker identifizieren Systeme mit Relationen, d. h. mit Mengen geordneter Paare. Diese Auffassung wird vor

---

55 Vgl. für eine Typologie der verschiedenen Problemsituationen, die sich aus dem Zusammenspiel von spezieller Problemvorgabe und allgemeiner mathematischer Problemartikulation ergeben, z. B. Pichler, F.: Mathematische Systemtheorie; Berlin, New York 1975, S. 13–19.

56 Eine gut lesbare Einführung in die verschiedenen Mengensprachen bietet Felscher, W.: Naive Mengen und abstrakte Zahlen I; Mannheim, Wien, Zürich 1978, §§ 2–7. – Die verwendete Mengenterminologie findet sich – mit den üblichen autorspezifischen Varianten – in jedem Lehrbuch der Mengenlehre; vgl. z. B. Halmos, P.: Naive Mengenlehre; Göttingen 1968, oder Suppes, P.: Axiomatic Set Theory; Princeton 1960. – Eine knappe Skizzierung des nachfolgend häufig und an zentraler Stelle verwendeten Relationenkonzepts und der damit verbundenen Begrifflichkeit findet sich bei Siegwart, G.: "Relation"; in: Ricken, F. (Hrsg.): Lexikon der Erkenntnistheorie und Metaphysik; München 1984, S. 162–165.

allem dann vertreten, wenn eine Orientierung am Input-Output-Schema vorgegeben ist, wie das bei vielen Autoren aus dem kybernetisch-technischen Gebiet der Fall ist. Dabei wird der Vorbereich der Relation zum Input des Systems, während der Nachbereich der Relation mit dem Systemoutput identifiziert wird. – (v) Systeme werden aufgefaßt als Dreitupel: Das erste Glied ist eine beliebige nichtleere Menge: das Universum des Systems. Das zweite Glied ist eine nichtleere Menge, deren sämtliche Elemente Relationen sind: die Struktur des Systems. Das dritte Glied ist eine möglicherweise leere Menge: die Umgebung des Systems. Zusätzlich ist gefordert, daß die Relationen zwischen Elementen aus der Vereinigung von Universum und Umgebung bestehen, d.h. – technisch ausgedrückt – daß das Feld der jeweiligen Relationen eine Teilmenge der Vereinigung von Universum und Umgebung ist. Endlich sollen Universum und Umgebung kein Element gemeinsam haben. – (vi) Schließlich werden Systeme konzipiert als Zweitupel: das erste Glied ist eine nichtleere Menge, das Universum des Systems; das zweite Glied, die Struktur des Systems, ist eine nichtleere Menge von Relationen, deren Feld jeweils eine Teilmenge des Universums ist. – Wie verschieden die (angeführten und viele anführbaren) Konzeptionen der *ASt* auch sein mögen: sie kommen jedenfalls darin überein, daß keinerlei Beschränkung hinsichtlich der möglichen Elemente eines Systems gefordert ist. In diesem Sinne ist das Systemverständnis der *ASt* als *elemental unbeschränkt* auszuzeichnen.

d) Ein Stück Systemtheorie

Um Vertrautheit mit der Praxis der *ASt* zu gewinnen, soll die zuletzt angeführte Systemkonzeption und die mit ihr verknüpfbare Begrifflichkeit *in den Anfängen*, jedoch *begrifflich detailliert* entwickelt werden. Die Wahl dieser Auffassung ist zweifach motivierbar. Einerseits dürfte sie die weiteste Verbreitung aufweisen[57], unbeschadet des zutreffenden Einwandes, daß sie zur

---

57 In diesem Kontext ist hinzuweisen auf Marchal, J.H.: On the Concept of a System; in: Philosophy of Science 42 (1975), S. 448–468.

Vermehrung der Redundanz der Mengensprache beiträgt; denn nicht selten werden auch die Prädikate '...ist (eine) Struktur', '...ist (eine) strukturierte Menge', '...ist (ein) Relativ' und '...ist (ein) Relationengebilde' mit Hilfe des unter (9) notierten Definiens eingeführt. Andererseits war gerade diese Auffassung in den Ausführungen zum Systemthema stillschweigend als In-

Marchal vertritt in dieser häufig zitierten Arbeit die These, "that there is a unique and interesting concept of a system that underlies the expressed interests of general systems researchers and that it can be given a satisfactory explication" (S. 448). Die von Marchal vorgelegte Explikation trifft sich der *Intention* nach mit dem unter 22.c) (vi) angedeuteten und nachfolgend detailliert darzulegenden Systemverständnis. Marchal schlägt folgende formale Explikation vor: "S is a system only if S = ⟨E, R⟩, where (i) S is a element set and (ii) R = ⟨R_1, ..., R_n⟩ is a relation set, i.e. R_1, ..., R_n are relations holding among the elements of E" (S. 462f.). Sieht man – wegen der leichten Behebbarkeit – vom definitionstheoretisch nicht ganz korrekten Status der Definition ab, so sind drei kritische Bemerkungen am Platze: *Erstens* wird der Definiensteil (ii) durch Wahl eines n-Tupels als Relationenmenge unnötig kompliziert. *Zweitens* führt die Wahl eines n-Tupels als Relationenmenge dazu, daß die von Marchal unter '(S1)', '(S2)', '(S3)', '(S5)', '(S6)' und '(S7)' (S. 463–465) angebotenen Beispiele eben keine Beispiele für ein System in dem von ihm definierten Sinne sind. So ist, um bei (S1) zu bleiben, ⟨Re, {+}⟩ verschieden von ⟨Re, ⟨+⟩⟩. Allgemein gilt nämlich: Ist eine beliebige Menge y verschieden von 1, so ist das Zweitupel aus x und der Einermenge von y verschieden von dem Zweitupel aus x und dem Eintupel von y: ⟨x, {y}⟩ ≠ ⟨x, ⟨y⟩⟩. Da +, d.h. die Additionsrelation, von 1 verschieden ist, liegt auch zwischen den betrachteten Zweitupeln Verschiedenheit vor. Nun wäre zwar ⟨Re, ⟨+⟩⟩, geeignete Konstruktion von Re und + unterstellt, ein System im Sinne Marchals, aufgrund der aufgezeigten Verschiedenheit jedoch nicht ⟨Re, {+}⟩. Analoges gilt für die anderen genannten Beispiele. *Drittens* ist nicht einzusehen, warum die informelle Phrase "holding among the elements of E" nicht ersetzt wird durch die formelle Rede, daß das Feld der jeweiligen Relationen Teilmenge der Elementmenge ist. Die einzige greifbare begriffliche Schwierigkeit – will man nicht Marchals Vermutung folgen, Relationen in Systemen seien irgendwie von gewöhnlichen Relationen verschieden (S. 466) – könnte darin bestehen, daß man bei n-argumentigen Relationen, also Relationen, deren Nachglieder n-Tupel sind, die Elementmenge entsprechend komplex ansetzen muß.

terpretationsmittel unterlegt, wenn beispielshalber von den Elementen oder der Struktur von Systemen die Rede war. – Das oben informal formulierte Verständnis läßt sich durch folgende formale Definition repräsentieren[58]:

(9) S ist System gdw
$\exists U \exists T (S = \langle U, T\rangle \;\&\; U, T \neq 0 \;\&\; \forall R (R \in T \Rightarrow R$ ist Relation $\&\; fd(R) \subseteq U))$

Das *Universum* bzw. die *Struktur* eines Systems wird mit dessen erstem bzw. zweitem Glied identifiziert. Manche Autoren verwenden statt 'Universum' auch 'Grundmenge', 'Elementmenge', 'Basis'; für 'Struktur' ist auch 'Organisation', 'Ordnung', 'Relationenmenge' gebräuchlich. *Systemelemente* sollen die Mitglieder des Universums sein; die Elemente der Struktur sind die *Systemrelationen*. Universum und Struktur bilden die *Systemkonstituenten*. Die nachfolgende bedingte Definition gibt formal die soeben vollzogenen Einführungen wieder:

(10) S ist System $\Rightarrow$
  $\Rightarrow$ a) $univ(S) = S'1$
  b) $struct(S) = S'2$
  c) x ist Systemelement von S gdw $x \in univ(S)$
  d) R ist Systemrelation von S gdw $R \in struct(S)$
  e) K ist Systemkonstituent von S gdw
    $K = univ(S) \vee K = struct(S)$

Unmittelbar aus den Definitionen ergeben sich einige Zusammenhänge, durch deren Vergegenwärtigung man sich der Intentionsgemäßheit der vorgenommenen Einführungen versichern mag. Zunächst sind Systeme Zweitupel aus Universum und

---

58 Die logischen Symbole in den ausgezeichneten Zeilen sind klassisch zu lesen; als Variablen werden große und kleine lateinische Buchstaben verwendet; zur mengentheoretischen Sprechweise sind die in Anmerkung 56 genannten Arbeiten heranzuziehen; 'fd(...)' bedeutet 'das Feld von (...)', 'vb(...)' ist als 'der Vorbereich von (...)' zu lesen; alle weiteren Abkürzungen werden durch Lektüre des Begleittextes unmittelbar verständlich.

Struktur. Das Universum ist die Menge der Systemelemente, die Struktur ist die Menge der Systemrelationen. Universum wie Struktur sind nicht leer. Der Vorbereich eines Systems ist die Menge der Systemkonstituenten, d.h. die Zweiermenge aus Universum und Struktur. Endlich läßt sich als Identitätskriterium festhalten: Systeme sind identisch genau dann, wenn Universen und Strukturen identisch sind:

(11) S, S' ist System $\Rightarrow$
    $\Rightarrow$ a) $S = \langle \text{univ}(S), \text{struct}(S) \rangle$
    b) $\text{univ}(S) = \{x/x \text{ ist Systemelement von } S\}$
    c) $\text{struct}(S) = \{x/x \text{ ist Systemrelation von } S\}$
    d) $\text{univ}(S), \text{struct}(S) \neq 0$
    e) $\text{vb}(S) = \{K/K \text{ ist Systemkonstituent von } S\} =$
       $= \{\text{univ}(S), \text{struct}(S)\}$
    f) $S = S'$ gdw $\text{univ}(S) = \text{univ}(S')$ & $\text{struct}(S) =$
       $= \text{struct}(S')$

Nachdem man instandgesetzt ist, sich auf die verschiedenen Bestandteile von Systemen referentiell und prädikativ zu beziehen, ist das Gebiet des Zwischensystematischen in den Blick zu fassen: Ein System ist [echtes] Subsystem – manche Autoren ziehen die Ausdrücke 'Teilsystem' oder 'Untersystem' vor – eines Systems, falls sein Universum und seine Struktur [echte] Teilmengen des Universums und der Struktur des zweiten Systems sind. Das Prädikat '... ist [echtes] Supersystem...' ist als konverses Prädikat zu etablieren. Die entsprechenden Definitionen lauten:

(12) S, S' ist System $\Rightarrow$
    $\Rightarrow$ a) S ist [echtes] Subsystem von S' gdw
       $\text{univ}(S) \subseteq [\subset] \text{univ}(S')$ & $\text{struct}(S) \subseteq$
       $[\subset] \text{struct}(S')$
    b) S ist [echtes] Supersystem von S' gdw
       S' ist [echtes] Subsystem von S

Aufgrund der vorgenommenen Definitionen und der bekannten Eigenschaften von Teilmengenschaft und echter Teilmengenschaft ergeben sich für [echte] Subsysteme unmittelbar einige

Zusammenhänge, von denen beispielshalber drei notiert werden:

(13) S, S', S'' ist System ⇒
 ⇒ a) S ist Subsystem von S
    b) S ist Subsystem von S' & S' ist Subsystem von S
       gdw S = S'
    c) S ist [echtes] Subsystem von S' & S' ist [echtes] Subsystem von S'' ⇒ S ist [echtes] Subsystem von S''

Selbstredend sind die hier angesprochenen Verhältnisse zwischen Systemen weder die einzig möglichen noch auch nur die interessantesten hinsichtlich beliebiger Zielsetzungen. – Ebenfalls zum Gebiet des Zwischensystematischen gehört die Bereitstellung von Operationen, um aus Systemen neue Systeme zu bilden. Gibt man sich beispielshalber vor, aus zwei Systemen ein ›umfassendes‹ neues System zu bilden dergestalt, daß das Universum ebenso wie die Struktur des neuen Systems das Universum und die Struktur der beiden Ausgangssysteme umfaßt, so mag man den Funktor '... ⊔ ...' (lies: '...systemvereint mit...') wie folgt definieren:

(14) S, S' ist System ⇒
 ⇒ S ⊔ S' = ⟨univ(S) ∪ univ(S'), struct(S) ∪ struct(S')⟩

Das entstehende Gebilde ist wiederum ein System, das die vereinten Systeme als Subsysteme enthält; ferner ist die Systemvereinigung kommutativ und assoziativ:

(15) S, S', S'' ist System ⇒
 ⇒ a) S ⊔ S' ist System & S, S' ist Subsystem von S ⊔ S'
    b) S ⊔ S' = S' ⊔ S
    c) S ⊔ (S' ⊔ S'') = (S ⊔ S') ⊔ S''

Es ist im übrigen nicht zielführend, mit der gewöhnlichen Mengenvereinigung aus zwei Systemen ein ›umfassendes‹ System herstellen zu wollen: die normale Vereinigungsoperation hat keinen systembewahrenden Charakter. – Man mag – je nach Interessenlage – weitere systemherstellende Operationen etablieren oder auch Prädikate einführen, um Theoreme über zwischensystematische Verhältnisse zu gewinnen. Besonderes Interesse wegen ihres bereichsübergreifenden Charakters ziehen seit den Anfängen der *ASt* die *Systemhierarchien* auf sich: Die Systemelemente eines Ausgangssystems sind ihrerseits Systeme, so zwar, daß die Mitglieder des Universums dieser Systeme ihrerseits Systeme sind usf.

Neben der Betrachtung des zwischensystematischen Feldes bildet die *Systemklassifikation* eine weitere wichtige Aufgabe. Das Einteilungsganze, die Klasse aller Systeme, ist in Unterklassen zu zerlegen, die dann gesonderter Analyse zu unterziehen sind. In *formaler Hinsicht* mag man z. B. mit Blick auf das Universum von Systemen zwischen endlichen und unendlichen Systemdifferenzieren, je nachdem, ob das Universum endlich oder (abzählbar oder überabzählbar) unendlich ist. So kann man die Gesamtklasse der Systeme in fundamentalistische und nichtfundamentalistische zerlegen. Fundamentalistisch soll ein System genau dann sein, wenn sein Universum eine induktiv strukturierte Menge ist, wobei die erzeugende Relation Element der Struktur des Systems sein muß. – Unter *materialer Rücksicht* kann man die Klasse aller Systeme zerlegen z. B. nach der Bereichszugehörigkeit der Systemelemente; so werden abstrakte von konkreten, kognitive von nichtkognitiven, technische von nichttechnischen usf. Systemen unterscheidbar, je nachdem, ob die Systemelemente sämtlich abstrakte oder konkrete, kognitive oder nichtkognitive, technische oder nichttechnische Gebilde sind[59]. Materiale und formale Einteilungsrücksichten sind unter-

---

[59] Dem aufmerksamen Leser wird nicht entgangen sein, daß die angedeuteten Klassifikationen nur dann durchführbar sind, wenn Prädikate wie '...ist ein technisches Gebilde', '...ist ein kognitives Gebilde' usf. verfügbar sind; ebenso muß die (hier und schon früher) vorkommende Rede von ›Bereichen‹ durch entsprechende Einführungen allererst ermöglicht werden. Dies scheint eine genuin philosophische Aufgabe zu sein. – Ferner ist anzumerken, daß mit der materialen Klassifikation die reine Systemtheorie insofern verlassen wird, als Vokabular nicht mengensprachlicher Art, z. B. das Prädikat '...ist kognitives Gebilde', verwendet wird.

und miteinander kombinierbar, so daß ganz verschiedene Klassifikationen und Klassifikationshierarchien entstehen können.

Geht man von der reinen Systemtheorie zu den *speziellen* bzw. *angewandten* Systemtheorien über, dann bedeutet dies – von der verwendeten Sprachlichkeit her charakterisiert – eine Anreicherung des bislang ausschließlich mengensprachlichen Vokabulars durch Ausdrücke, die für den jeweils zu bearbeitenden Bereich spezifisch sind. Zur Exemplifikation diene ein Bruchstück aus der philosophischen Systemtheorie. Die Philosophie P^+ sei definiert als Zweitupel $\langle U^+, T^+ \rangle$. Dabei ist U^+ bestimmt als Menge der philosophischen Disziplinen. U^+ ist nicht leer. T^+ sei charakterisiert als Zweiermenge {LIE, FOL}. Dabei ist die Belieferungsrelation LIE definiert als Klasse aller geordneten Paare [D, D'], wobei D, D' philosophische Disziplinen sind und D D' beliefert, d.h. mit Termen, Theoremen oder Regeln versorgt. Beispiel: Die philosophische Disziplin Logik beliefert alle übrigen philosophischen Disziplinen mit Termen, den logischen Konstanten, und den diese Terme regierenden Regeln. Die Relation FOL ist die Menge aller geordneten Paare [D, D'], wobei D in der Darstellung von P^+ auf D' folgt. So mag etwa die Anthropologie der Logik folgen. Die getroffenen Festlegungen auf einen Blick und in der rechten Ordnung:

(16) a) U^+ = {D/D ist philosophische Disziplin}
 b) FOL = {[D, D']/D, D' $\in U^+$ & D folgt auf D'}
 c) LIE = {[D, D']/D, D' $\in U^+$ & D beliefert D'}
 d) T^+ = {FOL, LIE}
 e) P^1 – $\langle U^+, T^+ \rangle$

Die Prädikate '...ist philosophische Disziplin', '...folgt auf...' und '...beliefert...' gehen in diese Sequenz als Definientia ein. Sie sind Eigenterme der Philosophie und entstammen *nicht* der (reinen) *ASt*. Eine solche sprachliche Mischung findet in jeder speziellen Systemtheorie statt. – P^+ ist nun ein (Exempel bzw. Modell eines) System(s) in dem unter (9) dargelegten Sinn. Damit gilt zunächst all das, was im Rahmen der *ASt* von – mit Lambert zu reden – "Systemen überhaupt" erkannt wurde, auch von der Philosophie P^+. Ebenso sind alle für Systeme entwickelten Operationen auf P⁺ anwendbar. Geht man nun weiter davon aus, daß das Universum von P⁺, nämlich U⁺, endlich ist, daß damit P⁺ ein endliches System ist, dann läßt sich das gesamte Wissen der *ASt* über endliche Systeme auf die Philosophie P⁺ übertragen, ohne daß man gesonderte Untersuchungen anstellen muß. Gelte überdies, daß die Systemrelationen FOL und LIE bestimmte mengensprachlich artikulierbare Eigenschaften besitzen, so zwar, daß Systeme, deren Struktur von diesem Typ ist, in der *ASt* eine gesonderte Betrachtung erfahren, dann steht wiederum ohne eigene Analyse eine Reihe von Erkenntnissen bezüglich P⁺ bereit. Auch dieser Wissenstransfer hat statt nicht nur zwischen *ASt* und philosophischer Systemtheorie, sondern zwischen *ASt* und allen angewandten Systemtheorien: Ist eine Gegebenheit – gleich welchen Bereichs – einmal als "System überhaupt" oder als System der und der Art charakterisiert, so gewinnt man unmittelbar die in der *ASt* entwickelten Einsichten vom "System überhaupt" bzw. vom System der und der Art auch hinsichtlich der in den Blick gefaßten Gegebenheit. Es ist gerade dieses Bereitstellen von begrifflichen Mitteln und Erkenntnissen auf einer allgemeinen, und deshalb in speziellen Zusammenhängen anwendbaren, Ebene, die zur Entwicklung der *ASt* motiviert und ihren bereichsübergreifenden Nutzen sichert[60].

23. Systematologie und Allgemeine Systemtheorie

Mit der vorstehenden Skizze stehen die beiden Vergleichsstücke, die Systematologie Lamberts einerseits und die *ASt* andererseits, bereit. Die Hauptabsicht des Vergleichs geht dahin, in Stützung des zweiten Teilgedankens der leitenden Vermutung hinsichtlich Lamberts Stellung in der Geschichte des Systemdenkens Ähn-

---

60 An dieser Stelle muß auf die Frage hingewiesen werden, ob und – gegebenenfalls – inwieweit und in welcher Form die *ASt* nur ein Spezialfall des in vielen Einzelwissenschaften und insbesondere in der Wissenschaftsphilosophie häufig praktizierten strukturtheoretischen Vorgehens ist.

lichkeiten zwischen Systematologie und *ASt* herauszustellen. Der Kontext bietet überdies die Möglichkeit, auch einige Unterschiede namhaft zu machen. Die Reihenfolge der Vergleichsschritte orientiert sich am Verlauf des in Abschnitt 20 gelieferten Profils der Systematologie.

Erstens: Systematologie und *ASt* stimmen hinsichtlich der Systemkonzeption in der Allgemeinheit im Sinne der elementalen Unbeschränktheit überein: Gebilde aller Bereiche können Systeme sein, vorausgesetzt sie erfüllen eben die Bedingungen der Systemhaftigkeit. – Hinsichtlich dieser Bedingungen lassen sich jedoch Unterschiede feststellen. So besitzen Systeme in Lamberts Sicht stets einen teleologischen Charakter; überdies sind sie durchweg nach dem Schema Fundament/Fundiertes aufgebaut. Solchen Beschränkungen unterliegen die (vorgeführten) Auffassungen der *ASt* nicht. Formuliert man die genannten Unterschiede im Ausgang von der im Detail dargelegten Systemkonzeption, so läßt sich festhalten: Lambert favorisiert eine *struktural beschränkte* Systemauffassung, insofern die Struktur des Systems so beschaffen sein muß, daß sich im Systemuniversum eine teleologische Ordnung sowie eine Aufspaltung der Systemelemente in fundierende und fundierte ergibt. Allgemeinheit im Sinne elementaler Unbeschränktheit paart sich in der Systematologie mit mangelnder Allgemeinheit im Sinne strukturaler Beschränktheit[61]. Systeme im Sinne Lamberts können aus der struktural unbeschränkten Sicht der *ASt* als echte Teilklasse der Gesamtmenge der Systeme eingestuft werden. – *Zweitens:* Lambert und die heutigen Systemtheoretiker etablieren mit der Systematologie bzw. mit der *ASt* eine Disziplin, die die dargelegte allgemeine Systemauffassung zum Ausgangspunkt nimmt: un-

---

61 Die Unterscheidung zwischen Allgemeinheit im Sinne elementaler Unbeschränktheit und Allgemeinheit im Sinne strukturaler Unbeschränktheit erlaubt die Beurteilung folgender Feststellung von Stein (1968): "Wir haben es... bei Lambert mit einem derart reflektierten Systembegriff zu tun, der gleichzeitig so weit gefaßt ist, daß er alle späteren 'Spezialanwendungen' des Systembegriffs eigentlich unter sich faßt" (S. 12). Nicht erfaßt werden jedoch Systeme, die den beispielhaft angegebenen strukturalen Beschränkungen nicht genügen.

tersucht werden unerachtet ihrer Bereichszugehörigkeit all jene Gebilde, die sich als Systeme identifizieren lassen. Systematologie und *ASt* sind bereichsübergreifende Disziplinen. – *Drittens:* Eine Ähnlichkeit formeller Art liegt insofern vor, als sowohl Systematologie wie auch *ASt* in Rahmendisziplinen eingebettet sind. Nur formell ist diese Ähnlichkeit insofern, als die Rahmendisziplinen, hier die Grundlehre bzw. Metaphysik, dort die Mathematik im Sinne der Mengentheorie, sehr unterschiedlich ausfallen. – *Viertens:* In der Anlage von Systematologie und *ASt* lassen sich eine Reihe übereinstimmender Züge ausmachen: (i) Systematologie und *ASt* sind bemüht, das unterlegte Systemverständnis ausdrücklich zu machen, sei es im Sinne einer "Namenerklärung", sei es nach dem Verfahren der Explizitdefinition. (ii) Systematologie wie *ASt* suchen unter Ausnutzung der Mittel der Rahmendisziplin Erkenntnisse über alle Systeme im jeweils erklärten Sinn zu gewinnen. (iii) Die theoretische Bearbeitung der zwischensystematischen Verhältnisse bilden für Systematologie und *ASt* ein wichtiges Thema. (iv) Endlich zielen beide Lehrstücke Klassifikationen der Menge der Systeme an. Lamberts oben in Abschn. 18.a) dargelegte Klassifikation geht – aus der Sicht der *ASt* – von materialen Einteilungsgesichtspunkten aus. – *Fünftens:* Systematologie wie *ASt* sind entschieden instrumentell ausgerichtet. Die Errichtung von und der Umgang mit Systemen aller Art soll durch die theoretisch gewonnenen Einsichten ermöglicht, gelenkt und erleichtert werden. Die jeweiligen speziellen Disziplinen, die speziellen Systematologien zum einen, die speziellen bzw. angewandten Systemtheorien zum andern, sind als Anwendung der allgemeinen Erkenntnisse auf spezielle Systeme anzusehen.

Insgesamt dürfte als hinreichend belegt gelten, daß zwischen Systematologie und *ASt* zahlreiche Ähnlichkeiten bestehen. In vielerlei Hinsicht kann man sogar von einer *Vorwegnahme* des Anliegens und verschiedener Züge der Anlage der *ASt* durch die Lambertsche Systematologie sprechen. Umgekehrt darf man jedoch nicht verkennen, daß die *ASt* der Systematologie methodisch überlegen ist und durch die strukturale Unbeschränktheit das allgemeinere Systemverständnis zum Zuge bringt. Überdies sollte die Fortschreibung der hier begonnenen gesamtwerklichen Interpretation der Systematologie auf die *ASt* als Interpretationswerkzeug nicht verzichten. Sollte die Plazierung der Werke einzelner Denker auf den Lektürelisten philosophischer Ausbildungsanstalten auch von der Originalität der jeweiligen Beiträge zu unstrittig bedeutsamen Themen abhängen, sollte ferner – wie oft propagiert – das Systemthema für die wissenschaftliche Arbeit im allgemeinen und die Selbstbestimmung und -organisation der Philosophie im besonderen eine solche Bedeutsamkeit besitzen, sollte endlich die hier angebotene Interpretation und Situierung der Lambertschen Systematologie sich – wenn auch nur im Grundsätzlichen – als haltbar erweisen, dann ist die Abteilung 18. Jahrhundert der oben erwähnten Lektürelisten um einige Lambert-Texte zu erweitern. Im Falle des Eintretens der drei Antezedentia des vorstehenden Konditionals wird sich der in Sachen Lambert Lesepflichtige fürs erste mit der vorliegenden Ausgabe behelfen können.

LITERATURVERZEICHNIS

Vorbemerkung: Das nachfolgende Verzeichnis enthält die Abteilungen A. Bibliographische Hilfsmittel, B. Primärliteratur, C. Sekundärliteratur. – Unter B. sind die philosophischen Schriften Lamberts verzeichnet. Dabei sind fremdsprachige Ausgaben nicht berücksichtigt. Werden Werke im einleitenden Text unter Kürzeln geführt, so finden sich diese jeweils in eckigen Klammern. – Unter C. ist – ohne jeden Vollständigkeitsanspruch – Literatur zur Biographie und zur Philosophie L.s aufgelistet; berücksichtigt sind nicht nur Werke, die sich ausschließlich oder vorwiegend mit L. befassen, sondern auch solche, in denen größere Passagen einschlägig sind.

A. Bibliographische Hilfsmittel

Steck, M. (1970)*: Bibliographia Lambertiana. Ein Führer durch das gedruckte und ungedruckte Schrifttum und den wissenschaftlichen Briefwechsel von Johann Heinrich Lambert. 1728–1777; Hildesheim.

Universitätsbibliothek Basel (Hrsg.) (1977): Der handschriftliche Nachlass von Johann Heinrich Lambert (1728–1777). Standortskatalog auf Grund eines Manuskriptes von Max Steck; (als Typoskript gedruckt) Basel.

Institut de Recherche Mathématique Avancée (1977): Répertoire des œuvres de J. H. Lambert existantes dans les fonds de bibliothèques d'Alsace; (herausgegeben von M. Galeski) Strasbourg.

---

* Steck (1970), S. 61–71, bietet unter dem Titel "Materialien zu einer wissenschaftlichen Biographie von Johann Heinrich Lambert" eine Liste mit Sekundärliteratur für die Jahre 1764–1942. Eine umfangreiche Liste mit Sekundärliteratur findet sich auch in Wolters (1980), S. 182–184. Dort werden insbesondere Arbeiten aufgenommen, die in Steck (1970) nicht angeführt sind.

B. Primärliteratur

Über die Methode die Metaphysik, Theologie und Moral richtiger zu beweisen; (hrsg. von K. Bopp; Kantstudien, Ergänzungshefte Nr. 42) Berlin 1918 [*Methode*].

Johann Heinrich Lamberts Monatsbuch; (hrsg. von K. Bopp; Abh. d. königl. bayer. Akad. d. Wissenschaften, math.-phys. Klasse Bd. 27, Abh. 6) München 1915 (1916) [*Monatsbuch*].

Abhandlung vom Criterium veritatis; (hrsg. von K. Bopp; Kantstudien, Ergänzungshefte Nr. 36) Berlin 1915 [*Criterium*].

Cosmologische Briefe über die Einrichtung des Weltbaues; Augsburg 1761 (Neudruck in G. Jakisch: J. H. Lamberts "Cosmologische Briefe" mit Beiträgen zur Frühgeschichte der Kosmologie; Ostberlin 1979).

Neues Organon oder Gedanken über die Erforschung und Bezeichnung des Wahren und dessen Unterscheidung vom Irrthum und Schein. 2 Bände; Leipzig 1764 (reprografischer Nachdruck von Band 1 = Schriften 1, reprografischer Nachdruck von Band 2 = Schriften 2) [*Organon*].

De universaliori calculi idea una cum annexo specimine; in: Nova Acta Eruditorum (1764) S. 441–473.

In Algebram philosophicam et Richeri breves annotationes; in: Nova Acta Eruditorum (1766), S. 335–344.

De topicis schediasma; in: Nova Acta Eruditorum 1768, S. 12–33 (reprografischer Nachdruck in: Schriften 7, S. 269–295).

Anlage zur Architectonic, oder Theorie des Einfachen und des Ersten in der philosophischen und mathematischen Erkenntniß. 2 Bände; Riga 1771 (reprografischer Nachdruck von Band 1 = Schriften 3, reprografischer Nachdruck von Band 2 = Schriften 4) [*Architectonic*].

Logische und philosophische Abhandlungen Band 1; (zum Druck befördert von J. Bernoulli) Berlin 1782 (reprografischer Nachdruck = Schriften 6).

Logische und philosophische Abhandlungen Band 2; (zum Druck befördert von J. Bernoulli) Berlin, Leipzig 1787 (reprografischer Nachdruck = Schriften 7).

Joh. Heinrich Lamberts deutscher gelehrter Briefwechsel. 5 Bände; (hrsg. von J. Bernoulli); Berlin 1781–1787 (reprografischer Nachdruck von Band 1 = Schriften 9).

Philosophische Schriften. 10 Bände (bisher erschienen: Band 1–4,

Band 6 u. 7, Band 9); (hrsg. von H. W. Arndt) Hildesheim 1965 ff. [Schriften].

Fragment einer Systematologie; in: Schriften 7, S. 385–413 [*Fragment*].

C. Sekundärliteratur

Arndt, H.-W. (1959): Der Möglichkeitsbegriff bei Chr. Wolff und J. H. Lambert; (Dissertation) Göttingen.
- (1965): Einleitung (zu Schriften 1 und 2); in: Schriften 1, S. V–XXXVIII.
- (1965 a): Einleitung (zu Schriften 3 und 4); in: Schriften 3, S. V–XXVI.
- (1967): Einleitung (zu Schriften 6 und 7); in: Schriften 6, S. 1–14.
- (1968): Einleitung (zu Schriften 9); in: Schriften 9, S. 1–15.
- (1971): Methodo scientifica pertractatum. Mos geometricus und Kalkülbegriff in der philosophischen Theorienbildung des 17. und 18. Jahrhunderts; Berlin.
- (1979): J.-H. Lambert et l'esthétique du XVIIIe siècle; in: Université de Haute-Alsace (1979), S. 197–208.
- (1979 a): Semiotik und Sprachtheorie im klassischen Rationalismus der deutschen Aufklärung; in: Zeitschrift für Semiotik 1, S. 305–308.
- (1982): Rezension von Debru (1977); in: Kant-Studien, 73. Jg. Heft 4, S. 476–478.
- (1983): Rezension von Wolters (1980); in: Philosophische Rundschau, 30. Jg. Heft 3/4, S. 292–294.
- (1983 a): Rezension von Jaquel (1977); in: Studia Leibnitiana, Band XV/1, S. 123–125.

Baensch, O. (1902): Johann Heinrich Lamberts Philosophie und seine Stellung zu Kant; (Dissertation) Tübingen.

Barone, F. (1964): Logica formale et transcendentale. I. Da Leibniz a Kant; (2. Auflage) Turin.

Barthel, E. (1928): Elsässische Geistesschicksale. Ein Beitrag zur europäischen Verständigung; Heidelberg.

Beck, L. W. (1969): Lambert und Hume in Kants Entwicklung von 1769–1772; in: Kantstudien Bd. 60, S. 123–130.
- (1969 a): Early German Philosophy. Kant and his Predecessors; Cambridge (Massachusetts).

Biermann, K. R. (1979): J. H. Lambert und die Berliner Akademie der Wissenschaften; in: Université de Haute-Alsace (1979), S. 115–126.

Bochenski, J. M. (1970): Formale Logik; (3. Auflage) Freiburg.

Bourel, D. (1979): Bulletin de L'Aufklärung; in: Archives de Philosophie, vol. 42, v. a. S. 473–476.

Braun, L. (1979): Lambert et Kant; in: Université de Haute-Alsace (1979), S. 129–137.

Cassirer, E. (1907): Das Erkenntnisproblem in der Philosophie und Wissenschaft der neueren Zeit. Bd. 2; Berlin.

– (1910): Substanzbegriff und Funktionsbegriff. Untersuchungen über die Grundfragen der Erkenntniskritik; Berlin.

– (1932): Die Philosophie der Aufklärung; Tübingen.

Cataldi Madonna, L. (1981): Osservazioni sul concetto di tempo in Crusius, Lambert e il Kant precritico; in: Cannocchiale, n. 1–3, S. 51–79.

Ciafardone, R. (1971): Il problema della "mathesis universalis" in Lambert; in: Il Pensiero, Bd. 16, S. 171–208.

– (1975): J. H. Lambert e la fondazione scientifica della filosofia; Urbino.

– (1979): Philosophie et mathématique chez Lambert; in: Université de Haute-Alsace (1979), S. 153–164.

Coseriu, E. (1972): Die Geschichte der Sprachphilosophie von der Antike bis zur Gegenwart. Eine Übersicht. Teil II: Von Leibniz bis Rousseau; (Tübinger Beiträge zur Linguistik 28) Tübingen.

Debru, C. (1977): Analyse et représentation. De la méthodologie à la théorie de l'espace. Kant et Lambert; Paris.

– (1979): Nature et mathématisation des grandeurs intensives; in: Université de Haute-Alsace (1979), S. 187–196.

Dello Preite, M. (1979): L'immagine scientifica del mondo di Johann Heinrich Lambert. Razionalità ed esperienza; Bari.

Dürr, K. (1945): Die Logistik Johann Heinrich Lamberts; in: Festschrift zum 60. Geburtstag von Prof. Dr. Andreas Speiser, S. 47–65, Zürich.

Eberhard, J. A. (1827): Ueber Lamberts Verdienste um die theoretische Philosophie; in: Huber (1829), S. 1–29, Basel (auch abgedruckt in: Schriften 7, S. 333–346).

Eisenring, M. E. (1942): J. H. Lambert und die wissenschaftliche Philosophie der Gegenwart; (Dissertation) Zürich.

Erdmann, J. E. (1932): Versuch einer wissenschaftlichen Darstellung

der Geschichte der neuern Philosophie, Bd. 4; (Neudr.) Stuttgart.
Fischer, K. (1909): Geschichte der neueren Philosophie, Bd. 4; (fünfte Auflage) Heidelberg.
Fuchs, A. (1978): Lambert logicien; in: Fundamenta Scientiae n. 83, S. 1–22, Strasbourg.
Gent, W. (1926): Die Philosophie des Raumes und der Zeit; Bonn.
Gregorian, A. T. (1979): Lambert et l'Académie des sciences de Petersbourg; in: Université de Haute-Alsace (1979), S. 99–103.
Griffing, H. (1893): J. H. Lambert: A Study in the Development of the Critical Philosophy; in: Philosophical Review II, S. 54–62.
Haack, H. (1923): Joh. H. Lamberts Logik; (Dissertationsauszug) Bonn.
Hennuy, G. (1968/69): La prétendue filiation des deux contemporains Lambert et Kant ne résulte que d'une coincidence historique; in: Revue universitaire, S. 231–264, Bruxelles.
Hinske, N. (1979): Zum Wortgebrauch von "Aufklärung" im Neuen Organon; in: Université de Haute-Alsace (1979), S. 139–146 (erweiterte Fassung in: Trierer Beiträge. Aus Forschung und Lehre an der Universität Trier, Heft V, Mai 1978, S. 2–6).
– (1982): Ding und Sache in Johann Heinrich Lamberts Neuem Organon; in: RES, Atti del IIIe Colloquio Internazionale del Lessico Intellettuale Europeo, Roma, 7–9 gennaio 1980 (hrsg. v. Fattori, M. und Bianchi, M.), S. 297–311.
– (1983): Lambert-Index. Band 1: Stellenindex zu Johann Heinrich Lambert "Neues Organon I". Band 2: Stellenindex zu Johann Heinrich Lambert "Neues Organon II"; (erstellt in Zusammenarbeit mit H. P. Delfosse; Forschungen und Materialien zur deutschen Aufklärung, Abteilung III: Indices) Stuttgart-Bad Cannstatt.
– (1983a): Einleitung (zu Hinske (1983)); in: Hinske (1983), S. XIX–XXVII.
– (1987): Lambert-Index. Band 3: Stellenindex zu Johann Heinrich Lambert "Anlage zur Architectonic I". Band 4: Stellenindex zu Johann Heinrich Lambert "Anlage zur Architectonic II"; (erstellt in Zusammenarbeit mit H. P. Delfosse; Forschungen und Materialien zur deutschen Aufklärung, Abteilung III: Indices) Stuttgart–Bad Cannstatt.
– (1987a): Einleitung (zu Hinske (1987)); in: Hinske (1987), S. IX–XV.

Huber, D. (Hrsg.) (1829): Johann Heinrich Lambert nach seinem Leben und Wirken aus Anlaß der zu seinem Andenken begangenen Sekularfeier in drei Abhandlungen dargestellt; Basel.

Humm, F. (1972): J. H. Lambert in Chur. 1748–1763; (Reihe Historica raetica, Band 2) Chur.

– (1979): J.-H. Lambert in Graubünden; in: Université de Haute-Alsace (1979), S. 95–98.

Jaki, S. L. (1979): The cosmological Letters of Lambert and his Cosmology; in: Université de Haute-Alsace (1979), S. 291–300.

Jaquel, R. (1977): Le Savant et Philosophe mulhousien J. H. Lambert; Paris.

– (1979): La jeunesse de Jean-Henri Lambert en Alsace (1728–1746): La famille, la formation, les problèmes; in: Université de Haute-Alsace (1979); S. 43–73.

Keynes, J. N. (1906): Studies and Exercises in Formal Logic; (vierte Auflage) London (Reprint 1928).

Kneale, W./Kneale, M. (1962): The Development of Logic; Oxford.

König, E. (1884): Über den Begriff der Objektivität bei Wolf und Lambert mit Beziehung auf Kant; in: Zeitschrift für Philosophie und philosophische Kritik N.F. Bd. 84, S. 292–313.

König, G. (1968): Vergleich der entwickelten Systemproblematik mit der J. H. Lamberts; in: Diemer, A. (Hrsg.): System und Klassifikation in Wissenschaft und Dokumentation; Meisenheim 1968, S. 178–180.

Königlich Preussische Akademie der Wissenschaften (Hrsg.): Preisschriften über die Frage: Welche Fortschritte hat die Metaphysik seit Leibnitzens und Wolffs' Zeiten in Deutschland gemacht?; Berlin (Reprint 1971).

Kraus, A. (1979): J.-H. Lambert und die Bayerische Akademie der Wissenschaften; in: Université de Haute-Alsace (1979), S. 105–113.

Kretzmann, N. (1967): "History of Semantics"; in: Edwards, P. (Hrsg.): The Encyclopedia of Philosophy; New York 1967, Bd. VII, S. 358–406.

Krienelke, K. (1909): J. H. Lamberts Philosophie der Mathematik; Halle.

Lepsius, J. (1881): J. H. Lambert. Eine Darstellung seiner kosmologischen und philosophischen Leistungen; (Dissertation) München.

Lewis, C. I. (1918): A Survey of Symbolic Logic; Berkeley.
Lichtenberg, G. C. von (1778): Johann Heinrich Lambert. Biographie; in: Steck (1970); S. VII–XIV.
Lowenhaupt, F. (Hrsg.) (1943): Johann Heinrich Lambert. Leistung und Leben; Mülhausen.
Martin, G. (1972): Arithmetik und Kombinatorik bei Kant; Berlin.
Metz, R. (1943): J. H. Lambert als deutscher Philosoph; in: Lowenhaupt (1943), S. 7–27.
Meyer, M. (Hrsg.) (1981): Philosophie in der Schweiz. Eine Bestandsaufnahme. Von Lambert (1728–1777) bis Piaget (1896–1980); Zürich-München.
Modigliani, D. (1984): Lambert, Johann Heinrich 1728–1777; in: Huisman, D. (dir.): Dictionnaire des Philosophes; Paris 1984; S. 1497f.
Müller, C. H. (1787): Bemerkungen über Lamberts Character; in: Schriften 7, S. 349–371.
Neemann, U. (1979): Die Bedeutung der "identischen Sätze" in der Wissenschaftstheorie Johann Heinrich Lamberts; in: Université de Haute-Alsace (1979), S. 181–186.
Nef, F. (1976): La philosophie du langage et la sémiotique de J. H. Lambert à la lumière de son époque; in: Studia Historii Semiotyki, vol. III, hrsg. von J. Sulowski, Polska Akademia Nauk Varsovie 1976.
– (1979): Logique, grammaire et métaphysique dans les essais d'un art de signifier de J. H. Lambert; in: Université de Haute-Alsace (1979), S. 165–180.
Peters, W. S. (1968): I. Kants Verhältnis zu J. H. Lambert; in: Kantstudien, Bd. 59, S. 448–553.
Randall, J. H. (1965): The Career of Philosophy. vol. II. From the German Enlightenment to the Age of Darwin; New York.
Rescher, N. (1979): Cognitive Systematization. A systems-theoretic approach to a coherentist theory of knowledge; Oxford.
Riehl, A. (1876): Der philosophische Kriticismus und seine Bedeutung für die positive Wissenschaft, Bd. 1 (Geschichte und Methode des philosophischen Kriticismus); Leipzig.
Risse, W. (1970): Die Logik der Neuzeit, Bd. 2 (1640–1780); Stuttgart-Bad Cannstatt.
Ritschl, O. (1906): System und systematische Methode in der Geschichte des wissenschaftlichen Sprachgebrauchs und der philosophischen Methodologie; Bonn.

Schneiders, W. (1979): Irrtum, Schein und Vorurteil. Zu Lamberts Theorie der Scheinerkenntnis; in: Université de Haute Alsace (1979), S. 147–152.

Scholz, H. (1967): Abriß der Geschichte der Logik; (dritte Auflage) Freiburg.

Sheynin, O. B. (1970/71): J. H. Lambert's Work on Probability; in: Archive for the History of Exact Sciences, Bd. 7, S. 244–256.

Siegwart, G. (1986): Rezension von Hinske (1983); in: Theologie und Philosophie, 61. Jg. Heft 1, S. 124–126.

Söder, K. (1964): Beiträge J. H. Lamberts zur formalen Logik und Semiotik; (Dissertation) Greifswald.

Stammler, G. (1929): Begriff, Urteil, Schluß. Untersuchungen über Grundlagen und Aufbau der Logik; Halle.

Stein, A. von der (1968): Der Systembegriff in seiner geschichtlichen Entwicklung; in: Diemer, A. (Hrsg.): System und Klassifikation in Wissenschaft und Dokumentation; Meisenheim am Glan 1968, S. 1–14.

Sterkmann, P. (1928): De Plaats van J. H. Lambert in de ontwickeling van het idealisme voor Kant; (Dissertation) S'Gravenhage.

Styazhkin, N. I. (1969): History of Mathematical Logic from Leibniz to Peano; Cambridge (Massachusetts).

Tilling, L. (1973): The Interpretation of Observational Errors in the 18th and Early 19th Centuries; (PhD Thesis): London.

Ueberweg, F. (1924): Grundriß der Geschichte der Philosophie. Bd. 3; (hrsg. von Frischeisen-Köhler, M./Moog, W., 12te Auflage) Berlin.

Ungeheuer, G. (1979): Über das "Hypothetische in der Sprache" bei Lambert; in: Bülow, E./Schmitter, P. (Hrsg.): Integrale Linguistik. Festschrift für Helmut Gipper; Amsterdam 1979, S. 69–98.

– (1980): Lambert in Klopstocks "Gelehrtenrepublik"; in: Studia Leibnitiana Band XII/1, S. 52–87.

Université de Haute-Alsace (Hrsg.) (1979): Colloque international et interdisciplinaire Jean-Henri Lambert. Mulhouse, 26–30 septembre 1977; Paris.

Venn, J. (1894): Symbolic Logic; (2te Auflage) London (Reprint New York 1971).

Wolters, G. (1976): Lamberts theoretische Verdienste um die Seidenraupenzucht während seiner Churer Zeit. Ein Beispiel zur Anwendung der Systematologie; in: ders. (Hrsg.): Jetztzeit und

Verdunkelung. Festschrift für Jürgen Mittelstraß zum 40. Geburtstag; Konstanz 1976, S. 521–525.
- (1980): Basis und Deduktion. Studien zur Entstehung und Bedeutung der Theorie der axiomatischen Methode bei J. H. Lambert (1728–1777); Berlin, New York.
- (1980a): "Theorie" und "Ausübung" in der Methodologie von Johann Heinrich Lambert; in: Theoria cum praxi. Studia Leibnitiana, Suppl. 19, S. 109–114.
- (1984): "Lambert, Johann Heinrich"; in: Mittelstraß, J. (Hrsg.): Enzyklopädie Philosophie und Wissenschaftstheorie. Band 2; Mannheim, Wien, Zürich 1984, S. 530–532.
- (1985): Some pragmatic aspects of the methodology of Johann Heinrich Lambert; in: Pitt, J. C. (Hrsg.): Change and Progress in Modern Science; Dordrecht, Boston, London, S. 133–170.

Wundt, M. (1945): Die deutsche Schulphilosophie im Zeitalter der Aufklärung; Tübingen.

Zawadski, B. von (1910): Fragment aus der Erkenntnislehre Lamberts; (Dissertation) Zürich 1910.

Zeller, E. (1873): Geschichte der deutschen Philosophie seit Leibniz; München (Reprint New York 1965).

Zimmermann, R. (1879): Lambert, der Vorgänger Kant's. Ein Beitrag zur Vorgeschichte der Kritik der reinen Vernunft; (Denkschriften der Kaiserlichen Akademie der Wissenschaften. Philos.-Hist. Classe, Bd. 29) Wien.

ZUR TEXTGESTALTUNG

Für die Textgestaltung wurde die von Hans-Werner Arndt besorgte Ausgabe der "Philosophischen Schriften" Johann Heinrich Lamberts (Hildesheim 1965 ff.) zugrundegelegt, für den zweiten Text ergänzend die Erstausgabe der "Anlage zur Architectonic" (Riga 1771) hinzugezogen. – Der erste Text, "Von der wissenschaftlichen Erkenntnis", gibt das neunte Hauptstück aus dem ersten Buch des "Neuen Organon" (Leipzig 1764; Schriften 1, S. 386–450); der zweite Text, "Allgemeine Anlage zur Grundlehre", umfaßt die Hauptstücke eins bis drei aus dem ersten Band der "Anlage zur Architectonic" (Riga 1771; Schriften 3, S. 1–89); der dritte Text gibt das 1787 postum von J. Bernoulli veröffentlichte "Fragment einer Systematologie" (in: Schriften 7, S. 385–413). Die Gründe für die Auswahl und Zusammenstellung dieser drei Texte werden in der Einleitung des Herausgebers (s. o.) sachlich dargelegt und systematisch hergeleitet, weitere bibliographische Angaben zu den Ausgaben, denen die Texte entnommen wurden, gibt das Literaturverzeichnis dieses Bandes.

In den "Schriften" sind die Werke Lamberts reprographisch wiedergegeben; Zeilenlauf und Seitenumbruch sind daher deckungsgleich mit den entsprechenden Originalausgaben. In der vorliegenden Ausgabe wird der geänderte Seitenumbruch durch Seitentrennstriche im fortlaufenden Text und durch Angabe des Seitenwechsels in der Kolumne nachgewiesen (die innenstehenden Ziffern bezeichnen den Seitenumbruch nach den "Schriften", die außenstehenden die Paginierung dieser Ausgabe). – Die hochgestellten Ziffern im Text weisen hin auf die "Anmerkungen des Herausgebers".

Seitens des Verlags wurden Interpunktion und Orthographie der in die Studienausgabe aufgenommenen Texte den heute gebräuchlichen Regeln angenähert. – Interpunktionszeichen, insbesondere Kommata, wurden dort getilgt oder eingefügt, wo die

Angleichung an die heutige Norm unnötige Hemmungen des Leseflusses beseitigen konnte, ohne die hierarchische Ordnung der syntaktischen Fügungen des Grundtextes zu verändern. Konjugations- und Deklinationsformen wurden ebenfalls stillschweigend angeglichen, soweit der Kontext die Änderungen ohne Bedeutungsverschiebung zuließ und soweit es für ein besseres Verständnis dienlich oder erforderlich war. Veraltete Schreibungen (z. B. 'Theil' statt 'Teil') oder Wortbildungen (z. B. 'Abhänglichkeit' statt 'Abhängigkeit'; 'gedenken' statt 'denken') wurden aufgehoben bzw. ersetzt, veraltete Worte jedoch beibehalten, sofern ein bedeutungsgleiches Synonym nicht verfügbar war (z. B. 'etwann'). Weitergehende, den Text abändernde Eingriffe des Bearbeiters wurden jeweils unter den Seiten nachgewiesen: die Ziffer bezeichnet die Zeile, der anschließende Ausdruck die im Text vorgenommene Konjektur, nach dem Doppelpunkt steht der ursprüngliche Wortlaut; Textänderungen des Bearbeiters stehen stets in eckigen [ ] Klammern. Nachgewiesen werden alle Zusätze, Streichungen und Berichtigungen, die sich vom Kontext her nahelegten, sowie alle Wortersetzungen (z. B. Ersatz der ungebräuchlich gewordenen Bildung des Plurals mit 'jede' durch '[alle]'). – Die (aus heutiger Sicht) vergleichsweise häufig vorkommenden, nicht einheitlich angewendeten und nicht immer nachvollziehbaren Hervorhebungen im Satzbild der Originalausgaben für einzelne Begriffe oder Textstücke (Großfraktur, lateinische Lettern geradstehend, lateinische Lettern schrägstehend) gehen teils auf Lambert zurück (Unterstreichungen in den Manuskripten), teils auf die damals üblichen satztechnischen Gepflogenheiten. Nach anfänglichen Bedenken (sachlich spricht einiges dafür, die Fülle der Hervorhebungen nach der Maßgabe klarer, eindeutig bestimmter Regeln deutlich einzuschränken) wurden auch in der vorliegenden Ausgabe die in den Erstdrucken vorkommenden Hervorhebungen grundsätzlich beibehalten – die Kriterien, die eine wissenschaftlich und philologisch vertretbare redaktionelle Einschränkung der in den hier vorgelegten Texten vorkommenden Hervorhebungen erlauben könnten, liegen noch nicht vor (sie können erst durch den Vergleich aller Druckschriften Lamberts untereinander und mit den zugrundeliegenden Manuskripten gewonnen bzw. festgelegt werden; der Bearbeiter dankt Hans-Werner Arndt, dem Herausgeber der "Schriften", für die freundliche Beratung in dieser Frage). Abweichend vom Grundtext sind in der vorliegenden Studienausgabe jedoch die Hervorhebungen für Namen, heute gängige Fremdworte und Berichte über die Lehrmeinungen anderer Denker entfallen und alle beibehaltenen Hervorhebungen des Grundtextes einheitlich durch Kursive kenntlich gemacht worden.

Offensichtliche Setzfehler wurden stillschweigend berichtigt, die Druckfehlerverzeichnisse des Lambert-Indexes (siehe Literaturverzeichnis) wurden vergleichend herangezogen. Da in den herangezogenen Exemplaren der Schriften 3 (= Architectonic) die Seite 16 durch ein technisches Versehen den Wortlaut von Seite 163 gibt, war hier für die vorliegende Ausgabe die Erstausgabe der "Anlage zur Architectonic" heranzuziehen. – Der Fehldruck findet sich nicht in allen ausgelieferten Exemplaren der Schriften 3.

Das Personenregister erschließt alle Teile dieses Bandes einschließlich den des Literaturverzeichnisses; die Bezeichnung des Seitenumbruchs und des Zeilenlaufs der "Schriften" im fortlaufenden Text erlaubt die Benutzung des Lambert-Indexes, s. Hinske (1983), Band 1, und Hinske (1987), Band 3.

März 1988   *Horst D. Brandt*

NEUES ORGANON

ODER

GEDANKEN ÜBER DIE ERFORSCHUNG UND BEZEICHNUNG DES WAHREN UND DESSEN UNTERSCHEIDUNG VOM IRRTUM UND SCHEIN

Erster Band

Neuntes Hauptstück

Von der wissenschaftlichen Erkenntnis

Neuntes Hauptstück
Von der wissenschaftlichen Erkenntnis

§ 599. Wir haben im vorhergehenden Hauptstücke[1] gesehen, wiefern wir durch die Erfahrung zu Begriffen und Sätzen gelangen können, es sei, daß uns die Natur so laut rede, daß wir sie nicht überhören können, oder daß wir auf das, was sie spricht, genauer achthaben müssen, wenn wir sie hören wollen, oder endlich, daß wir sie befragen müssen, um ihre Antwort zu erhalten. Ersteres sind *gemeine Erfahrungen*, das andre sind *Beobachtungen* und das dritte sind *angestellte Versuche*; und alle dreierlei Arten machen wir entweder selbst, oder wir bekommen sie von anderen, die sie gemacht haben. Auf beide Arten gelangen wir zur Erkennt|nis dessen, was die Natur uns anbietet, wir lernen ihre *Gewohnheit*, die *Regeln*, nach welchen sie handelt, und bereichern uns mit Bildern und Begriffen der Dinge, die sie unseren Sinnen darlegt oder die wir durch Veranstaltungen zum Vorschein bringen. Wir lernen dadurch, daß etwas sei, daß es *so und nicht anders* sei und etwann auch, *was* es sei.

§ 600. Wenn wir hierin nicht weiter gehen, so ist alle Erkenntnis, die wir auf diese Art erlangen, schlechterdings *historisch*, und die Beschreibung alles dessen, was wir auf diese Art erkennen, ist eine bloße *Erzählung* dessen, was in der Natur ist und was mit den Dingen, so uns die Natur vorlegt, geschieht und vorgeht. Bleiben wir dabei nur bei dem, was uns die gemeine Erfahrung lehrt, so erschöpfen wir den Umfang der historischen Erkenntnis nicht, sondern unsere Erkenntnis wird schlechthin das sein, was wir die *gemeine Erkenntnis* nennen, die jeder Mensch, sofern er seiner Sinne nicht beraubt ist, ebenfalls erlangt, weil die Natur in sehr vielen Fällen so vernehmlich redet, daß man sie nicht wohl überhören kann.

§ 601. Auf diese Art gelangen wir zu einer gewissen Anzahl von Begriffen und Sätzen, deren jeder gleichsam für sich allein subsistiert, und wir nehmen ihn an, weil wir es so gesehen oder empfunden oder von anderen gehört haben. Und dieses geht so weit, daß es bei Leuten, die weiter nichts als die gemeine oder überdies auch noch etwas von der ausgesuchteren historischen Erkenntnis haben, zu einem eingewurzelten Vorurteil wird, *man könne nicht weiter hin|ausdenken, als die Sinnen reichen, und was man nicht unmittelbar erfahren, folglich ohne Rücksicht auf andere Erkenntnis sehen oder empfinden könne, das sei über den Gesichtskreis der menschlichen Erkenntnis hinausgerückt und uns zu wissen unmöglich etc.*

§ 602. Diese Vorurteile führen uns auf den Unterschied der *historischen* und *wissenschaftlichen Erkenntnis* und zugleich auch auf das, *was letztere voraus hat und wozu sie uns eigentlich dienen soll*. Wir wollen damit anfangen, daß wir den Unterschied in augenscheinlichen Beispielen zeigen, die wir aus den mathematischen Wissenschaften nehmen wollen, weil diese auch dermalen noch Muster von Wissenschaften bleiben und in Erfindung und Bestimmung dessen, was man nicht erfahren kann, am weitesten und zugleich am sichersten gehen.

§ 603. Die *Größe einer Sache finden*, heißt nach der gemeinen Erkenntnis nicht mehr, als dieselbe wirklich ausmessen, und daher urteilen die meisten Menschen, was man nicht wirklich ausmessen kann, dessen Größe könne auch nicht gefunden werden, und sie bleiben ungläubig, wenn man von der Entfernung des Mondes, der Planeten, von der Größe der Erde etc. spricht. Letzteres fängt nach und nach an ein Stück der gemeinen oder historischen Erkenntnis zu werden, weil man *Nachrichten* hat, daß man die Erde umschiffen kann. Denn nach der gemeinen Erkenntnis räumt man endlich ein, daß man messen könne, so weit man kommen kann, und daher sei es eben kein Wunder, wenn man wisse, wie lang der Weg um die Erde ist. Hingegen aber ist | man dreist genug zu fragen, wer denn den Weg nach dem Monde zurückgelegt habe, um uns das Maß seiner Entfer-

22 Menschen, was : Menschen, daß, was

nung und seiner Größe zurückzubringen, und man verlacht einen Geometer, wenn man ihn im Begriffe sieht, die Höhe eines Turms zu messen, ohne darauf zu gehen und eine Senkschnur herunter zu lassen.

§ 604. Solche Schlüsse würden nun allerdings angehen, wenn wir keine anderen Mittel hätten als die wirkliche Ausmessung. Man sieht aber auch, daß diese Mittel über die gemeine Erkenntnis hinaus sind und daß etwas mehr dazu erfordert werde. Dieses Mehrere ist nun eben das, was die Geometrie *wissenschaftlich* macht und welches wir hier genauer bestimmen wollen. Es ist klar, daß es, wenigstens zum Teil, darauf ankomme: *daß man aus anderem finde, was an sich nicht kann gefunden werden*, und daß man sich allenfalls, wenn letzteres zu mühsam aber doch an sich möglich wäre, die Mühe sparen könne. Beides wird durch einerlei Mittel erhalten. Denn läßt sich *A* aus *B* finden, so ist es gleichviel, ob man *A* für sich mühsam oder gar nicht finden könne.

§ 605. Die wissenschaftliche Erkenntnis gründet sich demnach auf die *Abhängigkeit* einer Erkenntnis von der anderen und untersucht, wie eine durch die andere bestimmen lasse. Darin ist sie demnach der gemeinen Erkenntnis entgegengesetzt, weil diese jeden Satz, jeden Begriff als für sich subsistierend und ohne allen Zusammenhang ansieht, oder höchstens nur durch einzelne Schlüsse und Vergleichungen der gemeinen Erfahrungen dieselben harmonierend findet, | hingegen sich bei widersinnigen Dingen nicht aushelfen und Einwürfe nicht anders als durch ein bloßes und öfters trotziges Behaupten von sich stoßen kann. So pochen *Empirici*, das ist, Leute, die alle ihre Erkenntnis den Sinnen zu danken und höchstens anderen etwas abgelernt haben, auf die Erfahrung und auf die Satzungen ihrer Lehrmeister.

§ 606. Hingegen in der wissenschaftlichen Erkenntnis macht man aus diesem *Stückwerk* ein *Ganzes*, die Wahrheiten werden in derselben voneinander abhängig, man reicht dadurch über den Gesichtskreis der Sinne hinaus und erhält, was Cicero von der

Meßkunst sagt: *In geometria si dederis, omnia danda sunt*, und man kann beifügen: *et ultra quam, quod credideris*. Es ist dies kein übertriebener Lobspruch der wissenschaftlichen Erkenntnis. Denn z. B. daß uns die Meßkunst finden lehre, was durch keine Erfahrung oder wirkliche Ausmessung gefunden werden kann, daß sie uns unzählige Ausmessungen und unter diesen die unmöglichen und die mühsamsten erspare und uns mehr entdecke, als wir finden zu können glauben konnten, erhellt aus unzähligen Beispielen. Der eine Satz, daß man aus zwei Winkeln eines geradlinigen Triangels den dritten finde und daß, wenn noch eine Seite dazu gegeben, die beiden andern Seiten so gut bekannt seien, als wenn sie wären ausgemessen worden, erspart uns von sechs Ausmessungen die Hälfte. Nach der gemeinen Erkenntnis aber würden alle sechs gleich notwendig und jede für sich vorgenommen werden müssen. Hierbei ist klar, daß, wenn die wirkliche Ausmessung aller sechs Stücke an sich auch tunlich ist, die Geometrie uns dennoch die Hälfte der Mühe erspare; wo aber | die Ausmessung der zwei andern Linien und des dritten Winkels gar nicht wirklich vorgenommen werden kann, da zeigt sie uns, wie man es aus den ausmeßbaren Stücken finden könne. Und auf diese Art läßt sich etwas am Himmel ausmessen, weil sich etwas auf Erden ausmessen läßt. Denn die Geometrie zeigt uns den Zusammenhang und das Verhältnis zwischen beiden an.

§ 607. Die wissenschaftliche Erkenntnis deckt uns demnach den Reichtum unsres Wissens auf, indem sie uns zeigt, wie eines von dem andern abhängt, wie es dadurch gefunden werden könne und was mit dem Gegebenen zugleich gegeben ist und folglich nicht erst für sich gefunden werden müsse. Auf diese Art blieb Newton in seinem Zimmer und bestimmte aus einigen ihm bekannten Wahrheiten die Figur der Erde, die mechanischen Gesetze der himmlischen Bewegungen etc. Entdeckungen, die man für Offenbarungen halten würde, wenn Newtons Geist und die Wege der Meßkunst unbekannt wären.

§ 608. Es zeigt uns aber die wissenschaftliche Erkenntnis nicht nur an, daß sich einige Wahrheiten aus andern finden lassen, sondern sie bestimmt auch bei jedem *Quaefito* die geringste Anzahl gegebener Stücke, und zeigt, welche und wie vielerlei Abwechslungen dabei möglich sind. Dieses ist nicht nur ein bloßer *Vorzug* der Meßkunst, sondern diese Wissenschaft macht es sich zu einem *Gesetze*, die geringste Anzahl von *Datis* zu bestimmen, und zeigt, wie man, wenn mehrere *Data* da sind, dieselben besser anwenden und noch mehr finden könne. |

§ 609. Diese Betrachtungen zeigen nun den Unterschied der gemeinen und wissenschaftlichen Erkenntnis augenscheinlich, und die dabei angeführten Beispiele erweisen, daß der Begriff der wissenschaftlichen Erkenntnis allerdings ein realer und gar nicht unmöglicher Begriff ist. Sie zeigen auch, daß die angerühmten Vorzüge derselben beisammen sein können und folglich, wenn man sie zusammennimmt, nichts Widersprechendes haben. Den wahren Umfang des Begriffes der *wissenschaftlichen Erkenntnis* werden wir noch nicht bestimmen, sondern die bisher angemerkten Eigenschaften derselben, so wie wir sie gefunden haben, vornehmen und teils sehen, was sie auf sich haben, teils auch, was wir mit denselben, ohne es jetzt noch deutlich einzusehen, zugleich wissen.

§ 610. Die wissenschaftliche Erkenntnis ist erstlich von der gemeinen Erkenntnis darin verschieden, *daß, da diese jeden Begriff oder jeden Satz als für sich subsistierend betrachtet, jene hingegen bestimmt, wie sie voneinander abhängen* (§ 605). Da die gemeine Erkenntnis ihre Begriffe und Sätze nur den Sinnen zu verdanken hat, und folglich beide aus der gemeinen Erfahrung sind, so wollen wir auch anfangs nicht weiter gehen, und folglich der wissenschaftlichen Erkenntnis noch dermalen nur so viel einräumen, daß sie sich beschäftige, *Erfahrungsbegriffe und Erfahrungssätze miteinander zu vergleichen und sich etwann umzusehen, wie sie voneinander abhängen*, das will sagen, wie, wenn man einige weiß oder als bekannt annimmt, die übrigen daraus könnten gefunden werden. Z. B. Der erste Erfinder der Geometrie nahm etwann drei | Linien, und suchte sie in Form eines Triangels zusammenzulegen. Der Versuch gelingt, die Linien schließen sich, und er bemerkt, daß nun die Winkel schon da sind und daß, wenn er einen derselben oder zwei oder alle drei ändern will, sogleich auch an der Länge der Seiten etwas geändert werden müsse. Die Sache macht ihn aufmerksam. Er nimmt andere Linien, und findet, daß es Fälle gibt, wo sie sich nicht schließen wollen, und daß er eine der kürzeren verlängern müsse etc. Man sieht leicht, daß ein kleiner Versuch von dieser Art zu ferneren Betrachtungen führt und daß man unvermerkt verleitet wird, Gründe zu suchen.

§ 611. So weit wollen wir aber hier noch nicht gehen, sondern nur unseren eingeräumten Satz etwas näher betrachten. Er bestand darin, daß die wissenschaftliche Erkenntnis sich beschäftige, Erfahrungen mit Erfahrungen zu vergleichen. Schon dieser erste Schritt entfernt sie von der gemeinen Erfahrung, weil das bloße Bewußtsein dieser Erfahrungen in ein genaueres *Beobachten* und öfters in wirkliche *Versuche* (§ 557)[2] verwandelt wird. Denn da die gemeine Erkenntnis solche Erfahrungen nur als abgebrochene Stücke oder einzelne Fragmente dargibt, so ist klar, daß man sie mit mehrerem Bewußtsein ansehen müsse, wenn man finden will, was sie in sich halten, wodurch etwann die eine sich mit der andern vergleichen oder sich durch dieselbe bestimmen lasse. Man untersucht nämlich, wiefern sie einander ähnlich oder voneinander verschieden sind, oder in welchen Verhältnissen sie gegeneinander stehen. Um aber dieses zu finden, muß man sich allerdings *den Begriff einer jeden für sich netter aufzuklären suchen*. So z. B. verglich Archimedes die Schwere der Kör|per im Wasser, als er die ersten Grundsätze der Hydrostatik fand, Kepler den gemessenen Abstand der Planeten von der Sonne und die besonderen Anomalien in der Bewegung des Mars, als er seine zwei Gesetze der himmlischen Bewegung fand, Newton die Schwere des Monds gegen die Erde und die Schwere der Körper auf Erden, um zu finden, ob Attraktion und Schwere einerlei sei, Galilei den Schwung der Pendel von verschiedener Länge, um die Gesetze der Oszillation zu finden, Huygens und

Wrenn den Stoß verschiedener und ungleich großer Körper, um die Gesetze der Perkussion zu finden etc. So vergleicht man noch dermalen die magnetischen und elektrischen Versuche und Wirkungen mit den Wirkungen des Blitzes und Donners. Alle diese Vergleichungen waren Anfänge, die gemeine oder bloß historische Erkenntnis in eine wissenschaftliche zu verwandeln, und die Naturlehre wird mit Beispielen von dieser Art je länger je vollständiger gemacht.

§ 612. Da man ferner solche einzelnen Fragmente der historischen Erkenntnis deswegen näher betrachtet und unter sich vergleicht, damit man sehen könne, *wiefern eines aus dem andern könnte gefunden werden, ohne daß man es vor sich aus Erfahrungen hernehmen müsse:* so macht man dadurch die einen dieser Stücke zu Vordersätzen, die andern zu Schlußsätzen, die aus jenen sollen können gezogen werden. Und da ist klar, daß man sehen müsse, wie die Vordersätze können angeordnet werden und was für welche man noch dazu nehmen müsse, um diese Schlußsätze ziehen zu können. |

§ 613. Hierüber läßt sich nun leicht anmerken, daß zwar in einem Schlusse einer der Vordersätze partikular sein könne, und dieses findet sich gemeiniglich bei solchen Fragmenten. Da aber hingegen der andre Vordersatz allgemein sein muß (§ 205)[3], so ist klar, daß man sich um solche umsehen müsse, die in die Schlußrede passen, das will sagen, die endlich den verlangten Schlußsatz herausbringen. Was nun hierbei zu tun ist, dazu haben wir in den vorhergehenden Hauptstücken großenteils schon Stoff bereitet, den wir hier, so weit er reicht, anzeigen und das übrige sodann nachholen wollen.

§ 614. Einmal, wenn der Schluß nur einfach ist, so ist klar, daß, wenn von beiden Fragmenten in der Tat eines der Schlußsatz, das andre ein Vordersatz soll werden können, der andre Vordersatz sich dadurch leicht finden lasse, weil in dem gegebenen Vordersatz das Mittelglied bereits gegeben ist. Da man aber vor der vorausgesetzten Bedingung noch nicht versichert ist, ob nämlich die beiden Fragmente in eine solche Schlußrede dienen, so ist klar, daß man sich von der Wahrheit des angenommenen Vordersatzes versichern müsse. Wäre es nun ein Grundsatz, so hätte die Sache sogleich ihre Richtigkeit, und das eine Fragment würde durch das andre bestimmt. Widrigenfalls müßte man ihn durch die Erfahrung oder aus andern Gründen zu prüfen suchen. Wir merken hierbei an, daß es auch in der gemeinen Erkenntnis allgemeine und handgreifliche Sätze gibt, und Euklid hat solche, aber nicht unüberlegt, sondern nach genauerer Prüfung und Auswahl zu seinem | geometrischen Lehrgebäude als Grundsätze angenommen.

§ 615. Kann man sich aber von der Wahrheit des angenommenen Vordersatzes nicht versichern, so geht auch diese Art zu verfahren nicht an und die Sache bleibt dahingestellt. Man kehrt sie daher um, und anstatt die beiden Fragmente oder Erfahrungen auseinander herzuleiten oder voneinander abhängig finden zu wollen, sucht man, *wiefern sie selbst allgemein gemacht werden können*. Denn bisher haben wir dieses unbestimmt gelassen. Was nun hierbei zu tun ist, haben wir bereits im vorhergehenden Hauptstücke (§ 591 ff.)[4] angezeigt. Gelingt es damit, so erlangt man allerdings Erfahrungssätze, die allgemein sind und die sich folglich sodann in unzählig vielen Schlußreden als Vordersätze gebrauchen und bei jedem vorkommenden Fall anwenden lassen. Die vorhin (§ 611) häufig angeführten Beispiele mögen auch hier zur Erläuterung dienen. Wir merken nur noch an, daß, wenn solche allgemeinen Erfahrungssätze *Gesetze der Natur* sind, nach welchen sie sich in ihren Wirkungen richtet, ihr Gebrauch ungleich wichtiger ist, weil dadurch ein Zustand durch den vorhergehenden bestimmt wird (§ 95)[5]. Auf diese Art ist das von Locke angegebene Gesetz der Einbildungskraft in der Psychologie von ausgedehntem Gebrauche; und seitdem Torricelli, Guericke und Mariotte das Maß und die Gesetze der Schwere und der Federkraft der Luft entdeckt haben, lassen sich ungemein viele Wirkungen und Veränderungen in der Natur ohne weitere Erfahrung vorausbestimmen. |

§ 616. Hat man aber einen Erfahrungssatz allgemein gemacht, so ist es nicht nur, daß man ihn etwann als einen Vordersatz in Schlußreden gebrauchen und vermittelst desselben andere Erfahrungen vorausbestimmen könne; sondern es ist an sich auch möglich, daß er sich selbst hätte vorausbestimmen lassen. Die besondere analytische Methode hierzu haben wir bereits oben (§ 404–422)[6] angezeigt, und ihre Bedingungen angegeben. So weit man damit reichen mag, so weit gelangt man auch zu einer allgemeineren und ausgebreiteteren Theorie und rückt dadurch die wissenschaftliche Erkenntnis höher hinauf. Auf diese Art hat Newton die beiden Keplerschen Gesetze (§ 611), ingleichem Richers Erfahrung von dem Pendel bei dem Äquator (§ 562)[7] mit den allgemeinen mechanischen Grundsätzen und allgemeineren Erfahrungssätzen in Zusammenhang gebracht.

§ 617. Die genauere Betrachtung der Fragmente, so uns die historische Erkenntnis darbietet und welche wir in eine wissenschaftliche Erkenntnis verwandeln wollen (§ 611), zieht als eine an sich auch notwendige Folge nach sich, *daß wir das, so in diesen Fragmenten noch etwann verwirrt ist, sorgfältig auseinanderlesen,* und diese Sorgfalt wird in den meisten Fällen notwendig. Denn da die gemeine Erkenntnis die Dinge nimmt, wie sie in die Sinne fallen (§ 600), so ist [für] sich klar, daß sie dunkle, klare, konfuse, verwirrte und deutliche Begriffe ohne weiteren Unterschied annimmt (§ 8, 9)[8], folglich die Teile der Sache, ihre verschiedenen Arten und die Vieldeutigkeit der Wörter nicht weiter unterscheidet, als insofern die Teile fast notwendig in | die Sinne fallen, die Arten augenscheinlich verschieden sind (§ 599) und die verschiedenen Bedeutungen des Wortes etwann in den Wörterbüchern einer Sprache angemerkt werden. Auf diese Art ist die gemeine Erkenntnis ein trübe Quelle, die vorerst muß klar gemacht werden, ehe sich der Grund sehen läßt. Und die sogenannten Wortstreite oder Logomachien würden ganz wegfallen, wenn man sich diese Mühe nicht verdrießen ließe. Denn man mag ein Wort für ein andres nehmen, oder die Arten einer Gat-

22 [für] : vor

tung, oder gar die von verschiednen Gattungen konfundieren, oder einen Teil der Sache für die ganze Sache oder für einen andern Teil, oder die ganze Sache für einen Teil ansehen; so ist die Verwirrung in der Erkenntnis da, so wissenschaftlich sie auch scheinen mag, und wenn wir es dabei bewenden lassen, so kommt bei dem Gebrauch unserer Sätze sehr oft, und öfters wider Vermuten, der oben (§ 379)[9] betrachtete Fall vor.

§ 619. Dieses allerdings gegründete Mißtrauen auf die gemeine Erkenntnis fordert demnach, daß wir bei der genaueren Betrachtung der vorgenommenen Fragmente das Verwirrte darin zu entdecken und auseinanderzulesen suchen. Dazu gehört nun, *daß man alles, was man in der Sache Verschiedenes bemerkt, voneinander absondere, daß man beurteile, wiefern eines ohne das andere [für] sich betrachtet werden kann, daß man sehe, ob einige Stücke ganz wegbleiben können, ob die übrigen ein Ganzes ausmachen, oder ob man damit noch nicht ausreiche und folglich noch mehrere aufsuchen müsse, wo man füglich anfangen und fortfahren könne und wie | demnach eines auf das andere folge, wiefern jedes für sich möglich sei, ob Mißverstand und Vieldeutigkeit in den Worten liege, ob noch unbemerkte Arten, Fälle, Klassen etc. zu unterscheiden sind, deren Vermengung, Unbestimmtheit und teilweise Irriges von den Ausdrücken, Sätzen oder Begriffen verursache, ob die Stücke zusammengehören etc.*

§ 620. Hierzu wird unstreitig erfordert, daß man *von den Teilen einer noch verwirrten Vorstellung insofern zureichend klare Begriffe habe, daß man sie bei gehöriger Aufmerksamkeit erkennen und finden möge* (§ 547 ff.)[10]. Besonders wird auch eine Übung dazu erfordert, die sich durch aufmerksamere Betrachtung guter Beispiele und Muster erlangen läßt und die wir durch zwei ähnliche Fälle, die das Auge und das Ohr betreffen, erläutern können. Die Harmonie in einem Konzert wird von einem geübten Tonkünstler viel vollständiger empfunden als von ungeübten,

14 [für] : vor

und wenn ein Mißton mit unterläuft, so wird er die Person, die Note, die Dauer, die Art, wie sie gespielt worden und wie sie hätte sollen gespielt werden, umständlich angeben können. Und dieses wird ihm möglich und leicht, weil er das Ohr zu jeden Harmonien, zu ihren Teilen, Abwechslungen etc. gewöhnt hat, weil er jeden Teil mit seinem Namen benennen und dadurch, was er auf einmal hört, sich entwickelt und deutlich vorstellen oder empfinden kann. Die Harmonie in einem Konzert ist ein sehr schwacher Schattenriß von der Harmonie in den Wahrheiten, die nicht das Ohr, sondern der *Sensus internus*, oder die Seele in ihrem innern Bewußtsein empfindet. *Gute Muster*, | und diese sind noch immer in der Meßkunst am feinsten und richtigsten, *geben der Seele die Grundlage zur Empfindung dieser Harmonie. Die Vernunftlehre entwickelt und benennt ihre Teile, und je netter man sich diese vorstellen lernt, desto fertiger wird man auch in der hier angezeigten Übung.* Was nach der oben (§ 379)[11] angezeigten Methode nur durch eine langsamere Vergleichung in Absicht auf die Dissonanzen unsrer oder andrer Gedanken entdeckt wird, das verwandelt sich durch eine solche Übung in ein unmittelbares Empfinden und zugleich in eine entwickeltere Aufklärung dieser Empfindung. Zu der wirklichen Harmonie aber gehört ein *Vorrat von netten Begriffen*, deren Umfang und Ausdehnung und Verhältnisse zu andern wir genau empfinden. So gewöhnt und übt sich ein Tonkünstler sein Instrument zu stimmen, seine Noten nett, von gehöriger Dauer und in völliger Harmonie mit den andern fertig zu spielen. Man sehe übrigens § 531 ff.[12]

§ 621. Die Maler gebrauchen ähnliche Übungen und Fertigkeiten für das Augenmaß, für die Auswahl und Mischung der Farben, für die Proportion der Teile, für das Leben in dem Gemälde etc. Was gute Muster beitragen können, die Harmonie in allem diesen vollständiger zu empfinden und sich nach und nach anzugewöhnen, die noch rückständigen Lücken und Dissonanzen zu verbessern und original zu werden, empfinden die am besten, die wenigstens in der Betrachtung und Beurteilung der Gemälde durch diese Stufen gegangen. Die Empfindung des Unterschiedes zwischen Originalstücken und Kopien, zwischen Portraits und Stücken, die bloße Erfin|dungen sind, fordert, daß man Muster von allen Arten gesehen und sich die Kunstwörter der Maler wohl bekannt gemacht habe, deren Vorrat auch dermalen noch vermehrt werden könnte. Die Nettigkeit der Bilder der Dinge, die wir uns in Gedanken vorstellen, die Empfindung, ob und wiefern sie noch nicht komplett sind den Dingen selbst genau zu entsprechen, besonders auch die Empfindung, wiefern wir sie nett und komplett mit Worten ausdrücken, fordert ähnliche Übungen, und die Auswahl und Kentnis der Gesichtspunkte (§ 572)[13], aus welchen die Dinge am deutlichsten in die Sinne fallen, wird kürzer durch Beispiele erlernt, weil uns vielleicht lebenslänglich nicht einfallen würde, daß eine Sache oder eine ganze Klasse von Sachen sich auch von dieser oder jener Seite betrachten lasse, und weil die Worte zu abstrakt sind, um jede Individualien auszudrücken.

§ 622. Diese Betrachtungen dienen eigentlich nur, um gewissermaßen anzuzeigen, welche Geschicklichkeiten und Fertigkeiten man erlangen könne, den Vorschriften des § 619 leichter und glücklicher Genüge zu leisten. Wir werden nun zu diesen Vorschriften zurückkehren, und uns erinnern, daß die Absicht dabei ist, aus dem verwirrten Chaos eines Stückes der gemeinen oder historischen Erkenntnis eine wissenschaftliche Erkenntnis her auszubringen, das will sagen zu sehen, wiefern die entwickelten oder auseinandergelesenen Teile dieses Chaos uns bestimmte Begriffe und allgemeine Sätze angeben, und wiefern sie voneinander abhängig sind und diese Abhängigkeit gefunden werden könne. In dieser Absicht lassen sich nun die gegebenen Regeln (§ 619) | einzeln betrachten. So z. B.: [Für] die Bemerkung des Unterschiedes in den Teilen und ihren Verhältnissen kommt [es] auf Vergleichungen und Schlüsse der zweiten Figur, und bei zusammengesetzteren Vergleichungen auf Schlüsse in *Diprepe* und *Perdipe* an (§ 226, 232, 284, 289)[14]. Und das Mittelglied zeigt zugleich, worin der Unterschied bestehe, ob er erheblich genug

29 [Für] (ergänzt)   30 [es] (ergänzt)

sei, beide Sachen jede besonders zu betrachten, oder ob dessen unerachtet die mit der einen vorgenommene Veränderung auch eine Veränderung in der andern nach sich ziehe, oder ob des Unterschieds unerachtet beide auf einerlei traktiert werden können. So z. B. um den Widerstand zu finden, den ein im Wasser bewegter Körper leidet, läßt sich unterscheiden, ob das Wasser sich selbst auch bewege oder nicht. Dieser Umstand aber hat hierbei nichts zu sagen, weil einerlei Stoß erfolgt, sobald die relative Geschwindigkeit bleibt, es mag sich nun das Wasser oder der Körper oder beide bewegen. Ebenso, wo es nur um die ganze Summe zu tun ist, da hat die Größe eines jeden Teils derselben an sich betrachtet nichts zu sagen, genug, daß man sie alle habe. Auf eine ähnliche Art, da in dem luftleeren Raum Flaumfedern und Gold gleichgeschwind fallen, findet sich, daß der Unterschied in freier Luft nur von derselben Widerstand herrühre, folglich nicht der Schwere an sich zugeschrieben werden könne.

§ 623. Hat man [alle] Teile, Arten, Klassen, Fälle, so viel man deren hat finden können, auseinandergelesen, so sieht man nach, *bei welchen man anfangen könne*. Und dieses sind ordentlich diejenigen, | *von welchen die übrigen abhängen, deren Veränderung eine Veränderung in den anderen nach sich zieht, die als einfachere Teile bei den anderen oder bei dem Ganzen vorkommen, die sich ceteris paribus, das ist mit Beibehaltung aller übrigens gleicher Umstände, für sich als gewisser Veränderungen und Bestimmungen fähig betrachten lassen etc.* Z. B.: Bei Versuchen über den Stoß der Körper nimmt man gleiche Direktion, gleiche Geschwindigkeit und ungleiche Massen, oder gleiche Direktion, gleiche Masse aber ungleiche Geschwindigkeit etc., und auf diese Art findet man, was jedem Umstande besonders zuzuschreiben und nach welchen Gesetzen er sich richte. Alle chemischen Versuche, wo man durch Vermischung mehrerer Materien einen gewissen Effekt hervorbringen will, können durch die Abänderung in der Quantität einer jeden auf diese Art untersucht

17 [alle] : jede   27 Massen : Maaßen   28 Masse : Maaße

werden. In der Geometrie fängt man bei den Linien oder Winkeln und Triangeln an und sucht ihre einfachsten Verhältnisse, um sie sodann bei einer zusammengesetzteren Figur anwenden zu können. In der Astronomie verfährt man nicht anders, weil man bei den einfachsten Beobachtungen anfängt, und überdies noch da, wo in den Bewegungen Ungleichheiten vorkommen, [damit] anfängt, die mittlere Bewegung festzusetzen und sodann die Anomalien zu bestimmen. Man sehe auch § 584, 585.[15]

§ 624. Nach solchen ersten Anfängen, wodurch man die Teile [für] sich betrachtet hat, läßt sich sodann sehen, *wiefern sie zusammengenommen werden können und wie weit man damit ausreiche.* Wir | können hierbei anmerken, daß man sich leicht einbilden könnte, eine Sache durchaus erschöpft zu haben, da man doch bei genauerer Untersuchung findet, daß man sie nur in einer gewissen Absicht und unter solchen Bestimmungen betrachtet hatte, die entweder ganz wegbleiben, oder mit andern eben so gültigen verwechselt werden können. Man kann im ersten Hauptstücke (§ 59–64)[16] ein Beispiel hiervon finden. Es ist öfters vorteilhaft bei einem besonderen Fall anzufangen, aber man muß wissen und es anmerken, daß es nur ein besondrer Fall ist und daher noch mehrere zurückbleiben. Wir haben in dem zweiten Hauptstücke angezeigt, wiefern sich eine vollständige Abzählung und Einteilung der Gattungen in Arten und der Klassen in besondre Fälle vornehmen lasse, und was für Umstände und Schwierigkeiten sich dabei finden. Wir merken hier nur an, daß die Bestimmungen, die man öfters weglassen kann, nicht immer sogleich in die Augen fallen und daß sie zuweilen auch da vorkommen, wo man anstehen könnte, ob es nicht die einzig möglichen sind. Auf diese Art finden sich öfters ganze Teile von Wissenschaften, daran bis dahin noch niemand gedacht hatte. Z. B. *Die Vernunftlehre des Wahrscheinlichen,* oder wenigstens der Begriff davon, wurde dadurch herausgebracht, daß man bemerkte, es seien bis dahin nur die Gründe des Wahren und Gewissen in der Vernunftlehre abgehandelt worden, und die Be-

7 [damit] (ergänzt)   10 [für] : vor

merkung, daß unsre Wörter nur willkürliche Zeichen der Gedanken sind, hat den Begriff veranlaßt, es möchten vielleicht statt derselben schicklichere, wesentlichere und zum Erfinden dienlichere gefunden werden können, die unsrer ganzen Erkenntnis eine andre Gestalt geben würden.|

§ 625. Die einzelnen auseinandergelesenen Stücke sind nun entweder Begriffe oder Sätze, und daher löst sich die Frage sie zusammenzufassen, in zwei besondre auf. Wiefern aus den Begriffen andere zusammengesetzt werden können und wie sie bewiesen werden müssen, haben wir bereits in dem ersten Hauptstücke (§ 65 ff.)[17] angezeigt. Die Sätze aber werden als Vordersätze von Schlußreden betrachtet, es sei, daß sie an sich schon dazu hinreichend sind oder daß man noch andere Sätze dazunehmen müsse, um Schlußsätze herauszubringen, und besonders, um zu sehen, ob nicht die einen durch die anderen herausgebracht werden können, weil sie dadurch voneinander abhängig werden oder, besser zu sagen, weil man dadurch findet, daß und wiefern sie es sind. Die Art hierbei zu verfahren haben wir bereits vorhin (§ 612 ff.) angezeigt.

§ 626. Endlich kommt die Frage, *wie weit man mit solchem Zusammenhängen ausreiche*, darauf an, wiefern die herausgebrachten Begriffe und Sätze allgemein und anwendbar sind. Über das erstere haben wir bereits die benötigten Vorsichtigkeiten angegeben (§ 624), und in Ansehung des letzteren oben (§ 615) kurz angemerkt, daß allgemeine Gesetze oder reale Verhältnisse (§ 95)[18] etwas Vorzügliches haben, weil man dadurch instandgesetzt wird, Veränderungen und Wirkungen vorauszusehen. Überhaupt aber fordert das *Anwendbare* in Sätzen, daß sie sich häufig als Vordersätze gebrauchen lassen und daher ein kenntliches Subjekt und ein reiches und erhebliches Prädikat haben.|

§ 627. Insbesondere ist hierbei zu bemerken, daß, wenn das Subjekt gewisse Umstände und Bedingungen voraussetzt, es gemeiniglich zu noch mehreren gehöre, die zusammengenommen eine Klasse ausmachen. Und da ist für sich klar, daß man diese Klasse komplett zu machen suchen müsse, damit man alle Fälle habe. Die Trigonometrie gibt hiervon ein Beispiel, weil alle Fälle in derselben abgezählt sind, wie man aus drei Stücken eines Triangels die drei übrigen finden könne. Man sehe auch § 450[19].

§ 628. Hinwiederum, da das Prädikat dem Subjekt öfters nur wegen gewisser Bestimmungen, und zwar nur wegen einiger von denen, die es hat, zukommt, so ist klar, daß man ebenfalls suchen müsse, was das Subjekt wegen anderer Bestimmungen für Prädikate habe, und werden die Bestimmungen abgezählt und kombiniert, so wird die wissenschaftliche Erkenntnis des Subjektes auch in dieser Absicht vollständiger. Dieses reicht besonders weit, wenn man Prädikate zu einem Subjekt sucht, die ihm wegen Verhältnissen zukommen, in denen es mit andern Dingen steht. Man hat dabei ein weites Feld, alle diese Dinge und Verhältnisse aufzusuchen und die daher rührenden Prädikate und Sätze auszufinden. Wir können noch anmerken, daß, weil wir das innere Wesen der Dinge in der Natur wenig oder gar nicht kennen, unsre meisten Begriffe und Sätze, die wir davon wissen und finden, sich auf solche Verhältnisse gründen. Z. B.: Wir kennen die Materie und innere Natur der Sonne nicht, aber sie leuchtet, sie wärmt, sie lenkt die Planeten im Kreise, sie ist ein Kugel, sie hat eine determinierte Größe und Abstand von | der Erde und den andern Weltkörpern, sie ist ein Fixstern etc. Alle diese Sätze sind teils Empfindungen, teils durch Schlüsse herausgebrachte Wirkungen und Verhältnisse, und erschöpfen das, was wir von der Sonne wissen können, noch lange nicht.

§ 629. Die in beiden letzten §§ gemachten Anmerkungen zeigen zugleich an, *wo man bei der Verwandlung eines Stückes der gemeinen Erkenntnis in eine wissenschaftliche noch zurückbleibe und was noch ferner dazugenommen werden müsse.* Wir haben ein solches Stück der gemeinen Erkenntnis ein Chaos genannt, und müssen es als ein solches ansehen, weil man [vor] der ge-

33 [vor] : von

naueren Untersuchung und Beobachtung desselben (§ 611) nicht versichert ist, ob nicht viel verwirrtes Zeug darin sei, und weil sich eher ja als nein vermuten läßt (§ 618). Wenn wir nun ein solches Chaos genauer zu durchgehen und es auseinanderzulesen vornehmen, so stellen wir es uns, so undeutlich wir es noch empfinden, an sich schon als ein Ganzes vor, das einer Entwicklung, Zerlegung und netteren Anordnung seiner Teile fähig ist. Ob wir aber gleich anfangs alles, was zu diesem Ganzen gehört, mitnehmen, dieses gibt die gemeine Erkenntnis nicht an, weil sie die Sache nicht so genau nimmt (§ 618). Dieses muß demnach erst bei der genaueren Untersuchung erwogen und ausgemacht werden, und man erspart sich dabei eine Mühe, wenn man ungefähr überhaupt bestimmen kann, welche Stücke der gemeinen Erkenntnis zusammengenommen werden müssen, daß man entweder das Vorgesetzte oder auch das darin liegende Ganze, zwar noch in rohen und unausgearbeiteten Materialien, beisammen habe. Dies ist besonders not|wendig und nützlich, wo solche Materialien erst noch durch Beobachtungen und Versuche müssen gesammelt werden, wie man etwann dergleichen noch dermalen zu der wissenschaftlichen Erkenntnis der Witterung zu sammeln beschäftigt ist. Die Auswahl der Beobachtungen und die Einrichtung der Versuche hängt davon ab, und werden einige vergessen, so ist es zwar möglich, aus den übrigen einige Regeln, Sätze, Verhältnisse etc. herauszubringen; sie machen aber kein Ganzes aus, und in diesem bleiben Lücken, deren Größe und Erheblichkeit noch unbestimmt ist. So z. B. bleibt die wissenschaftliche Meteorologie notwendig zurück, wenn man sich nicht Mühe gibt, die Abwechslungen aller Umstände und Ursachen, die in die Witterung einen Einfluß haben können, zu beobachten und sich etwann begnügt, die Schwere, Wärme oder Feuchtigkeit der Luft in dem Observierzimmer aufzuzeichnen. Aus solchen Differentialgrößen das Integral zu finden, dazu haben wir die Kunstgriffe noch nicht.

§ 630. Nimmt man aber nicht so weitläufige Ganze vor sich, so gebrauchet es auch nicht so viele Materialien und man kann sich begnügen, die zusammenzunehmen, die eine nähere Ähnlichkeit und Verwandtschaft mit einander haben. Die nähere Betrachtung eines jeden (§ 611) und ihre Vergleichung gibt sodann eine gewisse Anzahl von Kombinationen an, wodurch ihre *Ähnlichkeiten, Unterschiede* und *Verhältnisse* bestimmt und die etwann zurückbleibenden Lücken entdeckt werden können. Eine solche Untersuchung der Ähnlichkeiten, Unterschiede und Verhältnisse zwischen *verwandten Begriffen* ist überdies auf eine vorzügliche Art dienlich, Licht und | Ordnung in die erste Grundlage der vorgenommenen Theorie zu bringen und teils die Vieldeutigkeit der Wörter, teils die Vermengung der Sachen und Begriffe und überhaupt die Verwirrung in denselben (§ 618) und ihre Dissonanzen (§ 620) zu vermeiden.

§ 631. Die hier angegebene Zusammennehmung *verwandter* Begriffe hat mit dem oben (§ 617ff.) erforderten *Auslesen* dessen, was sich in einer Vorstellung oder [einem] Stück der gemeinen Erkenntnis befindet, eine große Ähnlichkeit, und ist gewissermaßen nur *verhältnisweise* davon verschieden. Denn finden sich in einer noch konfusen Vorstellung wirklich verwandte Begriffe, so ist möglich, daß andre sie sich auf eine ganz verschiedne Art vermengt vorstellen und daß noch andre mehr oder minder den Unterschied davon einsehen. Insofern es demnach für uns besonders nützlich und zur wissenschaftlichen Erkenntnis notwendig ist, das Vermengte in solchen Vorstellungen auseinanderzulesen, insofern wird es für andre nützlich und notwendig, die sämtlichen verwandten Begriffe gegen einander zu halten, die leicht konfundiert werden könnten, es sei, daß die Sachen selbst einen nicht sogleich in die Sinne fallenden Unterschied haben oder daß in den Wörtern eine nur scheinbare Synonymie stattfinde.

§ 632. Durch eine solche Gegeneinanderhaltung der Wörter und ihrer ähnlichen und verschiednen Bedeutungen erhält man auch in dem Vortrage einer Theorie den Vorteil, daß man mehrern Lesern verständlich wird, weil jeder finden kann, *wo er nach*

---

15 [einem] (ergänzt)

seinen Begriffen solche Bedeutungen vermengt | *hätte*. Man vermeidet demnach unnötige *Wortstreite*, die ohne diese Sorgfalt leicht würden veranlaßt werden, *weil nicht jeder jedes Wort in gleicher Bedeutung noch jeden Begriff in gleichem Umfange nimmt*, sondern beide nach seiner bis dahin gehabten Erfahrung richtet (§ 28)[20]. Bilfinger[21], der eine besondre Geschicklichkeit hatte, Licht und Ordnung und Genauigkeit in seine Begriffe zu bringen, hat diesen Weg in seinen *Dilucidationen* genommen und dadurch der damals noch neuen und heftig bestrittenen Wolffischen Weltweisheit in vielen Stücken bessere Dienste getan als Wolff selbst. Denn in der Tat ist es für uns und andre nützlicher, wenn wir anstatt sogleich zu Definitionen zu eilen und diese nach unseren öfters noch vermengten Begriffen einzurichten, *vorerst etwas genauer nachsehen, woher wir diese Begriffe haben, ob nichts darin sorgfältiger auseinanderzulesen sei und ob andre in dem Begriffe, den sie sich von der Sache und von den Worten machen, nichts auszulesen haben, ehe sie mit uns einswerden können*. Versäumt man dieses, so ist es gar leicht möglich, daß man entweder selbst mehr oder minder in einer Verwirrung der Begriffe bleibt oder daß man andre darin läßt, oder daß beides zugleich geschieht. Zum Beispiel des letztern mögen diejenigen Streitigkeiten dienen, wo keine Partei weiß, wovon die Rede ist oder worüber sie eigentlich streitet (§ 426 ff.)[22].

§ 633. Wir haben bisher die (§ 619) angegebenen *Requisita* des Auseinanderlesens der Stücke einer historischen Erkenntnis ausführlicher betrachtet, und zu | gleich die Ordnung angezeigt, nach welcher man solche Stücke in Zusammenhang bringen kann, damit eines aus dem andern folge und sich dadurch bestimmen lasse. Auf diese Art wird die Erkenntnis eines solchen Fragmentes *wissenschaftlich*, weil man nun jeden Teil genauer kennt und seine Verhältnisse zu den übrigen deutlicher einsieht. Da ferner eine Hauptabsicht der wissenschaftlichen Erkenntnis diese sein soll, daß man dadurch instandgesetzt werde, Erfahrungen überflüssig zu machen oder gar auch solche Sätze und Begriffe daraus herzuleiten, die man sonst durch *Versuche* finden müßte oder [die sonst] nicht einmal gefunden werden können (§ 604), so haben wir auch bereits schon angezeigt, was dieses auf sich hat und was dazu erfordert wird (§ 612 ff.), und man kann ebenfalls hierher rechnen, was wir im ersten Hauptstücke (§ 64–78)[23] von Zusammensetzung und Erfindung neuer Begriffe gesagt haben, wo wir insbesondre die Absicht hatten zu zeigen, wie sich solche Begriffe finden lassen, ohne daß man bei den Sachen selbst anfange (§ 64)[24] und daher ohne darauf zu sehen, ob diese Sachen schon existieren oder erst noch gemacht werden müßten. Dieses heißt nun im eigentlichsten Verstande die Erfahrung insofern überflüssig machen, daß, wenn man sie dennoch anstellen will, sie nur zur Probe dienen (§ 573)[25], oder wenn es eine Sache ist, die man gebrauchen kann, dieses Gebrauches halber vorgenommen werde. Wiefern dieses auch in Absicht auf fremde Erfahrungen angeht, haben wir im vorhergehenden Hauptstücke (§ 561 ff.)[26] angezeigt.

§ 634. Sofern sich nun aus dem, was man bereits weiß, Sätze, Eigenschaften, Verhältnisse, Begriffe etc. | finden lassen, ohne daß man erst nötig habe, diese unmittelbar aus der Erfahrung zu nehmen; sofern sagen wir, daß wir solche Sätze, Eigenschaften etc. *a priori* oder *von vorne her* finden. Müssen wir aber die unmittelbare Erfahrung gebrauchen, um einen Satz, Eigenschaft etc. zu wissen, so finden wir es *a posteriori* oder *von hinten her*. Was dieser Unterschied, [der] bei unserer Erkenntnis sehr oft erwähnt wird, sagen will, müssen wir etwas genauer entwickeln und hierzu teils die Wörter, teils die Sache selbst zu Hilfe nehmen.

§ 635. Einmal zeigen die Wörter *a priori*, *a posteriori* überhaupt eine gewisse Ordnung an, nach welcher in einer Reihe ein Ding *vor* oder *nach* dem andern ist. Und hier besonders beziehen sie sich auf den Unterschied, bei welchem wir anfangen, und ob wir von den letzten gegen die ersten, oder umgekehrt von diesen zu jenen fortschreiten. Solche Ordnungen sind nun in den Dingen

1 [die sonst] (ergänzt)   24 [der] : dessen

der Welt, insofern sie aufeinander folgen, und wenn wir wissen, daß etwas geschehen *wird*, so sagen wir allerdings, daß wir es *vorauswissen*, zumal wenn wir es aus dem vorhergehenden schließen können. Hingegen erfahren wir erst *nachher*, was geschehen ist, so fällt das *Vorauswissen* weg, und man sagt etwann höchstens nur, *daß man es hätte vorauswissen können*. Dieses erst *nachher* oder *post factum* Erfahren ist daher dem *Vorauswissen* oder *Vorhersehen* entgegengesetzt, und zwar so, daß die Zeit, wenn die Sache geschieht, das eine von dem andern trennt. Wenn man erst nachgehend sieht, daß man die Sache hätte vorauswissen *können*, so zeigt dieses nur an, daß man nicht darauf gedacht oder sich nicht alles dessen gleich erinnert ha|be, woraus man es hätte finden können. Da nun dieses nicht geschehen, so hat man es müssen auf die Erfahrung ankommen lassen. Und dieses wird notwendig, so oft man die Sache wirklich oder *ipso facto* nicht vorausweiß, man hätte sie nun mögen können vorauswissen oder nicht. Denn auf dieser Art wird erst nachher entschieden, ob es uns möglich gewesen wäre. Man sehe das Beispiel § 3[27], welches in dieser Absicht bald zum Sprichwort geworden.

§ 636. In solchen besonderen Fällen gebrauchen wir eben die Redensarten *a priori*, *a posteriori* nicht, teils weil sie in dem gemeinen Leben unbekannter sind, teils auch weil sie sich überhaupt auf die Ordnung in dem Zusammenhang unserer Erkenntnis beziehen. Denn da wir die Vordersätze haben müssen, ehe wir den Schlußsatz ziehen können, so gehen die Vordersätze dem Schlußsatz voraus, und dieses heißt demnach allerdings *a priori-gehen*. Hingegen, wenn wir die Vordersätze nicht haben oder uns derselben nicht zugleich bewußt sind, um den Schlußsatz ziehen zu können, so haben wir kein anderes Mittel als die *Erfahrung*, welche uns jeden Satz gleichsam als für sich subsistierend vorstellt (§ 605), und wir müssen es, um den Satz zu wissen, auf die Erfahrung ankommen lassen. Da nun dieses nicht

---

27 voraus : vor

a priori ist, so hat man es *a posteriori* genannt und dadurch aus diesem letzteren Begriffe einen *Terminum infinitum* (§ 89)[28] gemacht.

§ 637. Man sieht aber leicht, daß diese beiden Begriffe müssen *verhältnisweise* genommen werden. Denn wollte man schließen, daß nicht nur die unmittelbaren Erfahrungen, sondern auch alles, was wir daraus finden können, *a posteriori* seien; so würde sich der Be|griff *a priori* bei wenigen von den Fällen gebrauchen lassen, wo wir etwas durch Schlüsse vorausbestimmen können, weil wir in solchem Fall keine von den Vordersätzen der Erfahrung müßten zu danken haben. Und so wäre in unsrer ganzen Erkenntnis soviel als gar nichts *a priori*.

§ 638. Nun mag man es endlich gar wohl angehen lassen, diese Wörter in einer so strengen und absoluten Bedeutung zu nehmen. Denn da sie nur Titel und Überschriften unsrer Erkenntnis sind, so ändern sie an der Sache nichts, weil diese an sich das ist, was sie ist. Die Hauptsache kommt hierbei nur darauf an, daß Wort und Begriffe durchgehend miteinander übereinkommen und daß man nicht in besonderen Fällen *a priori* nenne, was nach der angenommenen Bedeutung des Worts *a posteriori* genannt werden müßte.

§ 639. Wir wollen es demnach gelten lassen, daß man *absolute* und *im strengsten Verstande* nur das *a priori* heißen könne, wobei wir der Erfahrung vollends nichts zu danken haben. Ob sodann in unserer Erkenntnis etwas dergleichen sich finde, das ist eine ganz andre und zum Teil wirklich unnötige Frage. Hingegen werden wir ohne Schwierigkeit *im weitläufigsten Verstande* alles das *a priori* nennen können, was wir können *vorauswissen*, ohne es erst auf die Erfahrung ankommen zu lassen.

§ 640. Nach dieser Bestimmung der beiden äußersten Bedeutungen läßt sich nun leicht ausmachen, daß etwas mehr oder minder *a priori* sei, je nachdem wir es aus entfernteren Erfahrungen herleiten können, und | daß hingegen etwas vollends nicht *a priori* und folglich unmittelbar *a posteriori* sei, wenn wir es, um es zu wissen, unmittelbar erfahren müssen.

§ 641. Indessen läßt sich hierbei ein gewisses Mittel finden, welches beide Extreme näher zusammenrückt. Denn man kann zwischen dem, so wir der Erfahrung zu danken haben, den Unterschied machen, ob es nur *Begriffe* oder ob es *Sätze* sind. Auf diese Art nennt man *a priori*, was aus dem Begriff der Sache kann hergeleitet werden, und hingegen *a posteriori*, wo man den Begriff der Sache entweder nicht dazu gebrauchen kann oder wo man zu dem, was er uns angibt, noch einige Sätze aus der Erfahrung mitnehmen muß, um den Schluß machen zu können, oder endlich, wo man damit gar nicht fortkommt, sondern den Satz selbst unmittelbar aus der Erfahrung nehmen muß.

§ 642. Aus diesem folgt nun selbst, daß unsre gemeine und historische Erkenntnis in Absicht auf uns *a posteriori* ist, insofern wir dieselbe durch den Gebrauch der Sinne erlangen. Ferner, daß die wissenschaftliche Erkenntnis *a posteriori* ist, insofern wir Erfahrungssätze dazu gebrauchen, und hingegen kann man sie *a priori* nennen, insofern wir sie aus den Begriffen der Sachen und ohne Zuziehung einiger Erfahrungssätze herleiten.

§ 643. Wir führen diesen Unterschied deswegen an, weil eine Erkenntnis *a priori* vorzüglicher ist als die *a posteriori*. Denn je weniger man darf auf die Erfahrung ankommen lassen, desto weiter reicht man mit der Erkenntnis, weil das, woraus etwas anderes | hergeleitet wird, immer höher und allgemeiner ist, oder wenigstens nicht niedriger noch eingeschränkter sein kann.

§ 644. Hier kommt uns nun vornehmlich zu untersuchen vor, ob und wiefern sich eine Erkenntis bloß aus dem Begriff der Sache und daher *a priori* wissenschaftlich machen lasse. Findet sich dieses, so erweitern wir dadurch den Begriff der wissenschaftlichen Erkenntnis, den wir oben (§ 610) nur noch insofern angenommen haben, als sie sich beschäftigt, Erfahrungen in Zusammenhang zu bringen und eine aus der anderen herzuleiten.

§ 645. Um demnach die hier vorkommende Untersuchung vorzunehmen, werden wir [damit] anfangen müssen, die Begriffe in dieser Absicht auseinanderzulesen und in gehörige Klassen zu bringen. Und dieser Unterschied derselben kommt vornehmlich auf die Art an, *wie wir zu den Begriffen gelangen oder gelangen können*. Denn es ist klar, daß je mehr wir selbst Begriffe ohne Rücksicht auf die Erfahrung haben können, um desto mehr unsre Erkenntnis *a priori* werde. Hierdurch verfallen wir auf den oben (§ 185)[29] angezeigten Unterschied der Begriffe, den wir nun genauer entwickeln wollen.

§ 646. Einmal, daß wir die Begriffe aus der Erfahrung haben und haben können, bedarf keines ferneren Beweises, weil die gemeine Erkenntnis, insofern sie nur auf Empfindungen beruht, keine andre hat. Es sind demnach *Erfahrungsbegriffe* an sich mögliche Begriffe, und zwar solche, die wir der unmittelbaren Empfindung zu danken haben. Das Bewußtsein dieser Empfindung, die Aufmerksamkeit auf die Teile, die sich in der Sache empfinden lassen, das Bewußtsein des Unterschieds in der Empfindung dieser Teile etc., alles dieses trägt dazu bei, den Erfahrungsbegriff klarer, deutlicher und vollständiger, und das Bild der empfundenen Sache und ihrer Teile netter zu machen. Wenn man eine Sache das erstemal sieht und Zeit dazu nimmt oder hat, sie recht zu betrachten, so sind die Eindrücke lebhafter, und man kann leichter darauf achthaben und [darauf,] was man tut, um sich bei solcher Gelegenheit einen Begriff von der Sache zu machen, wie der Begriff durch die Empfindung entstehe, und was wir tun um zu sehen, ob einige Lücken darin zurückbleiben. Diese Sorgfalt haben wir bei den Dingen nicht, die uns täglich vor Augen sind. Sie wäre aber in vielen Fällen nützlich (§ 564 ff.)[30], und die Mängel der gemeinen Erkenntnis (§ 617) würden dadurch bei uns vermindert (§ 549)[31].

§ 647. Unmittelbare Erfahrungsbegriffe sind individuell, sowohl in Absicht auf die Sache, die wir empfinden, als in Absicht

2 [damit] : dabey   24 [darauf,] (ergänzt)

auf das Bewußtsein [aller] einzelnen Eindrücke, die die Sache in den Sinnen macht. Ungeachtet wir uns nun dieses Individuelle nicht ausführlich mit Worten ausdrücken können, zumal wo die Sache gar zu sehr zusammengesetzt; so bleibt immer in dem Bilde davon so viel zurück, daß wir mehrenteils die Sache selbst wieder erkennen, wenn sie nochmals vorkommt, und zwar desto leichter, je öfter und je genauer wir sie empfunden haben, und daß wir sie mit solchen, die mehr oder minder ähnliche Empfindungen in uns erwecken, vergleichen können. Dieses macht, daß wir in vielen Stücken mit der ge|meinen Erkenntnis ausreichen, die Dinge, so uns in die Sinne fallen, in Arten und Gattungen einzuteilen und jedes Individuum in seine Klasse zu setzen. Auf diese Art gibt uns auch die gemeine Erkenntnis allgemeine und abstrakte Begriffe, teils von den Dingen, die die Natur selbst in Arten und Gattung unterschieden hat, dergleichen die Tiere, Pflanzen, Metalle, Steine etc. sind, teils von allgemeineren Verhältnisbegriffen, z. B. Ursache, Wirkung, Veränderung, Größe etc.

§ 648. Hingegen aber läßt die gemeine Erkenntnis den Umfang der Begriffe, und besonders der abstrakeren, mehrenteils unbestimmt, weil hierzu ein genaueres Beobachten und Auseinandersetzen (§ 611, 617) erfordert wird. Und man wird bei näherer Untersuchung leicht finden, daß wenn man die Begriffe, Worte und Sachen miteinander zusammenreimen will, dieser Umfang durch den Gebrauch zu reden öfters sehr willkürlich angenommen worden. Man kann hierüber nachsehen, was wir bereits in dem zweiten Hauptstück von der Zulässigkeit und den Folgen des willkürlich bestimmten Umfanges eines Begriffes (§ 103)[32] und im ersten Hauptstücke (§ 34)[33] von der Beibehaltung, Abschaffung und Änderung in der Bedeutung der Wörter angemerkt haben.

§ 649. Die Bestimmung des Umfanges eines Begriffes, wobei Sache und Wort gegeben sind und wo folglich der Begriff selbst

1 [aller] : jeder   18 Größe etc. : Größe etc. sind.

ein *Erfahrungsbegriff* ist, haben wir bereits oben (§ 35–64) ausführlich angezeigt und werden uns daher nicht länger damit aufhalten, sondern die übrigen Arten von Begriffen aufsuchen. |

§ 650. Zu diesem Ende haben wir ebenfalls (§ 64)[34] angemerkt, daß auch die Zusammensetzung einzelner Merkmale ein Mittel sei zu Begriffen zu gelangen, und daß man dabei insofern willkürlich verfahren könne, als nachgehend die Möglichkeit eines solchen Begriffes sich beweisen lasse (§ 65 ff)[35]. Solange nun die Möglichkeit noch nicht bewiesen ist, bleibt der Begriff *hypothetisch*, und wir haben zugleich (§ 68) angemerkt, daß die physischen Hypothesen solche Begriffe sind. Übrigens ist das Willkürliche in dieser Art von Begriffen von dem vorhin (§ 648) Erwähnten zu unterscheiden.

§ 651. Da die hypothetischen Begriffe müssen erwiesen werden, so geschieht dieses entweder aus der Erfahrung (§ 65, 66), und da verwandelt sich derselbe in einen Erfahrungsbegriff, weil es hierbei in der Tat nichts zu sagen hat, ob wir bei dem willkürlichen Zusammensetzen oder bei der Erfahrung anfangen, ohne welche der Begriff noch nicht als möglich angesehen werden kann (§ 645).

§ 652. Wird aber die Möglichkeit eines hypothetischen Begriffes aus Gründen erwiesen, ohne daß man es müsse auf die Erfahrung ankommen lassen, so kann man ihn einen *Lehrbegriff* nennen, ebenso wie man Sätze, die bewiesen werden, *Lehrsätze* nennt (§ 148, 154)[36]. Und hierbei hat es wiederum nichts zu sagen, ob man bei dem Zusammensetzen oder bei dem Beweise anfange, weil dennoch der Beweis erst den Begriff zum *Lehrbegriffe* machen muß. Die verschiedenen Arten zu Lehrbegriffen zu gelangen, haben wir im ersten Hauptstücke (§ 67–78)[37] ange|zeigt und werden sie daher hier nicht wiederholen, sondern nur anmerken, daß Lehrbegriffe und Erfahrungsbegriffe ineinander verwandelt werden können, wenn man nämlich zu den letzten den *Beweis* findet, erstere aber durch die Erfahrung gleichsam auf die *Probe* setzt.

§ 653. Da sich zusammengesetzte Begriffe in einfachere als in ihre Merkmale auflösen lassen, so lassen sich ganz einfache Begriffe denken, die nicht weiter aufgelöst, wohl aber durch Verhältnisse zu anderen Begriffen bestimmt oder angezeigt werden können. Solche einfachen Begriffe machen die Grundlage der ganzen Erkenntnis aus, und man kann sie füglich und im eigentlichsten Verstande *Grundbegriffe* nennen, um sie den Lehrbegriffen entgegenzusetzen. Da sie keine Teile haben, so läßt sich in denselben nichts unterscheiden, und daher bleibt ihre Vorstellung und Empfindung schlechterdings klar. Ob die Begriffe der *Farben*, der *Töne*, des *Raums*, der *Zeit*, der *Existenz* etc. solche einfachen Begriffe seien, werden wir hier nicht entscheiden. So viel ist gewiß, daß wir sie höchstens nur durch Verhältnisse definieren können, weil die Vorstellung oder Empfindung derselben durchaus einförmig ist. Da wir also, ihren Unterschied zu empfinden, nicht nötig haben, viele Vergleichungen ihrer Merkmale anzustellen, weil sie selbst ihr Merkmal sind; so dienen sie hingegen, uns den Unterschied zusammengesetzter Begriffe anzuzeigen, weil diese sich in jene auflösen lassen und aus einer gewissen Anzahl und Modifikation derselben bestehen.|

§ 654. Da zum Widersprechen wenigstens zwei Stücke erfordert werden, weil eines das andre umstoßen muß, so haben Grundbegriffe notwendig nichts Widersprechendes. Denn da sie nicht zusammengesetzt sind, so ist nichts in denselben, das einander umstoßen könnte. Demnach macht die bloße Vorstellung eines einfachen Begriffes seine Möglichkeit aus, und diese dringt sich uns mit der Vorstellung zugleich mit auf.

§ 655. Hieraus folgt, daß ein unmöglicher Begriff nicht einfach sein könne. Denn er ist deswegen unmöglich, weil er *A* und *nicht A* in sich enthält und daher aus Vorstellungen *zusammengesetzt* ist, die nicht beieinander sein können, weil eine die andre aufhebt. Z. B. hölzernes Eisen, rundes Viereck etc.

§ 656. Da wir in der Zergliederung zusammengesetzter Begriffe den einfachen oder Grundbegriffen näher kommen, wenn wir sie in ihre inneren Merkmale auflösen: so ist klar, daß wir in der wissenschaftlichen Erkenntnis desto mehr *a priori* gehen können, je weiter wir in dieser Auflösung kommen, und daß unsere wissenschaftliche Erkenntnis ganz und im strengsten Verstande (§ 639) *a priori* sein würde, wenn wir die Grundbegriffe sämtlich [erkannt] und mit Worten ausgedrückt hätten und die erste Grundlage zu der Möglichkeit ihrer Zusammensetzung wüßten. Denn da sich die Möglichkeit eines Grundbegriffes zugleich mit der Vorstellung aufdringt (§ 654), so wird er von der Erfahrung dadurch ganz unabhängig, so daß, wenn wir ihn auch schon der Erfahrung zu danken haben, diese uns gleichsam nur den Anlaß zu | dem Bewußtsein desselben gibt. Sind wir uns aber einmal desselben bewußt, so haben wir nicht nötig, den Grund seiner Möglichkeit von der Erfahrung herzuholen, weil die Möglichkeit mit der bloßen Vorstellung schon da ist. Demnach wird sie von der Erfahrung unabhängig. Und dieses ist ein *Requisitum* der Erkenntis *a priori* im strengsten Verstande (§ 639). Sind wir uns nun eines jeden einfachen Begriffes für sich bewußt, so sind die Worte nur *Benennungen* desselben, wodurch wir jeden von den übrigen unterscheiden und die *anschauende* Erkenntnis mit der *figürlichen* verbinden. Endlich, wenn uns die Grundlage der Möglichkeit ihrer Zusammensetzung bekannt ist, so sind wir auch im Stande, aus diesen einfachen Begriffen zusammengesetzte zu bilden, ohne sie von der Erfahrung herzuholen. Demnach wird unsre Erkenntnis auch hiermit im strengsten Verstande *a priori* (§ 639).

§ 657. Wir können Umstände anführen, welche zeigen, daß wir uns von der Wahrheit und Wirklichkeit dessen, so wir erst unter vorausgesetzten Bedingungen erwiesen haben, wenigstens auf eine noch konfuse Art bewußt sind, weil wir öfters und unvermerkt sehr viele allgemeine Sätze und Begriffe als von der gegenwärtigen Welt ganz unabhängig ansehen. Dahin gehören alle

---

8 [erkannt] : kenneten

Sätze, die an sich notwendig wahr sind und die wir unter die *ewigen* und *unveränderlichen* Wahrheiten rechnen, die niemals anders sein können. Z. B. daß zweimal zwei vier sei; daß, wer denkt, ist; daß ein Schlußsatz in *Barbara* notwendig folge; daß ein Zirkel rund sei; daß vor nicht nach sei etc. sind alles Sätze, zu deren Wahrheit keine Existenz der Welt nötig ist. Wir mögen die Be | griffe dazu der Erfahrung zu danken haben, so ist es nur als ein Anlaß, weil wir nachgehend davon ganz abstrahieren.

§ 658. Wenn wir den Begriff der *Ausdehnung* sowohl dem *Raum* als der *Zeit* nach, oder unmittelbar die Begriffe des *Raums* und der *Zeit* als ganz einfache Begriffe ansehen, so haben wir drei Wissenschaften, die im strengsten Verstande *a priori* sind: nämlich die *Geometrie*, die *Chronometrie* und die *Phoronomie*. Und hinwiederum wenn man zugibt, daß diese drei Wissenschaften im strengsten Verstande *a priori* sind, so sind die Begriffe von *Raum* und *Zeit* einfache Begriffe. Denn die Geometrie fordert keine andre Möglichkeit als die von einer geraden Linie und ihrer Lage um einen Punkt herum, so konstruiert sie sogleich Winkel, Zirkel, Sphären und mit diesen alle Figuren und Körper. Die Chronometrie fordert nichts als den einförmigen Lauf der Zeit, und damit errichtet sie *Cyclos*, *Periodos* etc. Die Phoronomie nimmt Zeit und Raum zusammen, und errichtet dadurch die Theorie der Bewegung, Geschwindigkeit und Translation bewegter Punkte etc. Demnach, wenn man annimmt, daß die Begriffe von Zeit und Raum einfach sind, so sind sie von der Erfahrung unabhängig (§ 656) und folglich, da diese drei Wissenschaften weiter nichts als diese Begriffe gebrauchen: so sind sie im strengsten Verstande *a priori*. Nimmt man aber hinwiederum an, daß diese Wissenschaften durchaus *a priori* sind, so folgt ebenfalls, daß die Begriffe von Raum und Zeit einfache Begriffe sein müssen, weil sie in diesen Wissenschaften ohne weitere Entwicklung zum Grunde gelegt werden. Übrigens ist wohl anzumerken, daß wir die | Dynamik hier nicht unter die Phoronomie, und so auch die Chronologie der gegenwärtigen Welt oder die historische Chronologie nicht zu der hier genannten Chronometrie rechnen, weil wir diese drei Wissenschaften hier nicht weiter ausdehnen, als insofern sie notwendig und ohne alle Widerrede unter die *ewigen und unveränderlichen Wahrheiten* (§ 657) gehören.

§ 659. Die einfachen Begriffe lassen sich weiter nicht anders als zur Vergleichung und Zusammensetzung gebrauchen. Ersteres gibt Verhältnisbegriffe, letzteres aber Lehrbegriffe. Denn da die einfachen Begriffe keine inneren Merkmale haben, sondern sich selbst ihr eigenes Merkmal sind (§ 653), so haben sie kein anderes inneres Prädikat als sich selbst, z. B. *was ist, das ist; Existieren ist existieren* etc. Hingegen können sie allerdings zu Prädikaten werden, weil sie in jedem andern Begriffe entweder vorkommen oder nicht. Ferner macht ihre Vergleichung einen gewissen Eindruck in die Seele, und dieser Eindruck gibt einen Verhältnisbegriff an (§ 59)[38], der gleichsam als eine Brücke dient, von dem einen auf den anderen zu kommen. So sind die Verhältnisse in der Geometrie, und so werden auch in der Phoronomie die Verhältnisse zwischen Zeit und Raum durch die Begriffe der *Bewegung* und *Geschwindigkeit* bestimmt.

§ 660. Da die Erfahrung uns Anlässe zu Begriffen gibt, so ist klar, daß wenn wir nur bei der bloßen Möglichkeit dieser Begriffe bleiben, die Bestimmung der Existenz, welche der Erfahrung eigen ist, daraus wegbleibt. Und insofern nehmen wir den Begriff | als für sich subsistierend, und er wird als *a priori* können angesehen werden, sobald wir von seiner Möglichkeit ohne die Erfahrung die Versicherung haben können (§ 656).

§ 661. Ungeachtet nun diese Versicherung noch dermalen so allgemein nicht angeht, und besonders bei zusammengesetzteren Lehrbegriffen noch zurückbleibt: so können wir uns doch der *a posteriori* gefundenen Möglichkeit auf eine andre Art bedienen. Denn einmal können wir von seinen Merkmalen [einige]30 nach Belieben weglassen, doch so, daß wir untersuchen, ob mit den

---

30 [einige] (ergänzt)

weggelassenen nicht noch andere mit wegbleiben müssen. Und hinwiederum, wenn wir auch alle beibehalten, so bleibt zu untersuchen, ob diese nicht noch einige andere, deren wir uns eben nicht bewußt sind, erfordern. Auf diese Art gelangen wir endlich dazu, daß wir bestimmen können, wie weit der Begriff reiche, was er auf sich habe, was mit demselben zugleich gesetzt werde etc. So z. B. haben wir zu Anfang des gegenwärtigen Hauptstükkes verschiedene Vorzüge der Meßkunst in Beispielen angezeigt. Es war die Frage, wiefern sie der wissenschaftlichen Erkenntnis überhaupt zukommen können und wie weit sie auch außer der Meßkunst reichen. Diese Untersuchung zog viele *Requisita* nach sich, die in *Criteria*[39] zu verwandeln sind, und die Arbeit ist hier noch nicht zu Ende, weil sie durch das gegenwärtige Hauptstück ganz durchgehen und überdies noch allerdings mehrere Spezialien fordern wird. Denn man sieht leicht, daß hier die Frage ist, den Begriff und die Mittel zur wissenschaftlichen Erkenntnis weiter zu treiben als noch dermalen unsre Erfahrung reicht, um demselben seine wahre Allgemeinheit zu geben. |

§ 662. Wir können ferner noch anmerken, daß es Begriffe gibt, deren Vorstellung immer mit der Erfahrung zu Paaren geht, und dieses sind die, so von dem *Sensu interno* herrühren, wenn wir nämlich an unsre Gedanken denken. So z. B. wenn wir einen Schluß machen mit dem Bewußtsein, daß es ein Schluß ist, so ist auch die Empfindung der Folge des Schlußsatzes aus den Prämissen zugleich mit da. Man kann hierin den Grund finden, warum unter den philosophischen Wissenschaften die Vernunftlehre, welche uns dieses Zurückdenken auf unsere Begriffe, Sätze, Schlüsse etc. angibt, der geometrischen Gewißheit nichts nachgibt. Denn wenn ja zu beiden sollten Erfahrungen erfordert werden, so würden die für die Vernunftlehre noch viel unmittelbarer sein als die für die Geometrie. Nun kann bei den Begriffen und Sätzen der Vernunftlehre, sofern darin nur die Gesetze des Denkens betrachtet werden, die innere Empfindung allezeit mit dabei sein, wenn wir gehörig darauf Achtung haben wollen. Da aber diese Empfindung nur ein denkendes Wesen voraussetzt, so hindert dieses nicht, daß wir nicht auch die Vernunftlehre insofern sollten unter die Wissenschaften rechnen, die im engsten Verstande *a priori* sind.

§ 663. Der Begriff der logischen Wahrheit, welche in Absicht auf uns in der Übereinstimmung unsrer Vorstellung mit den Sachen, in Absicht auf die Sache selbst aber darin besteht, daß sich das Prädikat durch den Begriff des Subjektes bestimmen lasse, ist ebenfalls ein Begriff, den wir als *a priori* ansehen können (§ 662), da er weiter nichts als ein denkendes Wesen voraussetzt und die Vorstellung mit der | Empfindung zu Paaren geht. Demnach kann auch die Aletheologie unter die Wissenschaften gerechnet werden, die im strengsten Verstande *a priori* sind. Sie geht notwendig allen anderen Wissenschaften voraus. Denn diese sind gleichsam nur besondere Anwendungen derselben.

§ 664. Sodann läßt sich auch die Theorie des *Möglichen und Notwendigen* unter die Wissenschaften *a priori* rechnen, jedoch insofern wir in diesen Begriffen das, was das *Existierende* oder *Wirkliche* besonders angehen kann, nicht mitnehmen. Denn es ist an sich klar, daß wir hier die Wissenschaften in Absicht auf uns betrachten und daher die Untersuchung dahin richten, daß wir sehen, wiefern wir zu einer Erkenntnis *a priori* gelangen können. Und insofern ist diese Untersuchung für uns erheblich, weil es ein Vorzug der wissenschaftlichen Erkenntnis ist, wenn sie von der Erfahrung immer mehr unabhängig gemacht werden kann (§ 604).

§ 665. Wir werden nun diese Untersuchung hier nicht weiter fortsetzen. Denn wenn man wenigstens einige Wissenschaften *a priori* hat, so geben diese schon eine gute Menge Begriffe und Sätze, besonders aber viele allgemeine Verhältnisbegriffe an, wodurch zur Entwicklung und Aufdeckung mehrerer einfacher Begriffe der Weg gebahnt wird. Mit mehreren einfachen Begriffen aber läßt sich auch noch weiter *a priori* gehen.

---

12 voraus : vor

§ 666. Dieses ist nun eben, was wir noch genauer zu betrachten haben. Wir werden daher nun einen Begriff vornehmen, dessen Umfang bestimmt worden. | Es sei derselbe nun ein Lehrbegriff (§ 652) oder ein Erfahrungsbegriff (§ 649), so haben wir zu sehen, was aus demselben gefolgert werden könne.

§ 667. Das erste, so sich hierbei anbietet, sind die *unmittelbaren Folgen* (§ 255 ff.)[40], die sich aus Definitionen so gut als aus andern Sätzen ziehen lassen und bei den Definitionen noch Verschiedenes voraus haben. Denn sie sind von den Sätzen darin verschieden und bestimmter, daß das Subjekt und das Prädikat von gleichem Umfange ist, weil die Definition den Umfang des *Definiti* entweder durch seine inneren gemeinsamen und eigenen Merkmale oder wenigstens durch Verhältnisbegriffe bestimmt (§ 51–64)[41]. Hieraus folgt nun, daß eine Definition ein identischer Satz sei und sich demnach allgemein umkehren lasse (§ 124)[42]. Was dieses auf sich hat, haben wir im sechsten Hauptstücke in mehreren Absichten angezeigt.

§ 668. Wenn in der Definition ein oder mehrere eigene Merkmale ausdrücklich angezeigt vorkommen, so kann man die gemeinsamen weglassen, und der Satz wird immer noch identisch bleiben (§ 124). Kehrt man ihn demnach um, so hat das Subjekt weniger Bestimmungen, und das Prädikat, als das *Definitum*, bleibt dennoch. Der umgekehrte Satz wird auf diese Art noch vorzüglicher (§ 421, 626)[43].

§ 669. Die weggelassenen gemeinsamen Merkmale werden aber deswegen nicht weggeworfen, sondern man kann sie, wenn [es] mehrere sind, zusammen oder jedes einzeln von dem *Definito* allgemein bejahen. Letzteres geschieht vornehmlich, wenn man die Theorie des *De | finiti* noch mehr entwickeln will. Denn es ist klar, daß man dadurch mehrere Vordersätze zu Schlußreden erhält. Da aber diese Merkmale gemeinsam sind, folglich außer dem *Definito* noch mehreren Dingen zukommen, so ist klar, daß

26 [es] (ergänzt)

diese Sätze nicht identisch sind und sich folglich auch nicht allgemein umkehren lassen. Hingegen sind die Begriffe dieser anderen Dinge mit dem Begriff des *Definiti* mehr oder minder *verwandt*. Daher läßt sich hierbei das anwenden, was wir vorhin (§ 630 ff.) angemerkt haben. Daß man ferner aus allen diesen Sätzen unmittelbare Folgen (§ 255 ff.)[44] ziehen könne, ist unnötig hier nochmals anzuzeigen.

§ 670. Ist der vorgenommene Begriff an sich schon ein Lehrbegriff, so hat man nicht nur seine Merkmale, sondern auch bereits schon den Beweis seiner Möglichkeit (§ 652). Und daher auch von den bisher angezeigten Sätzen (§ 667 ff.) schon bereits mehrere voraus. Denn um zu beweisen, daß sich seine Merkmale zusammensetzen lassen, muß man dieselben allerdings schon vorauswissen und in der Theorie vorgenommen haben. Indessen ist dieses doch nicht immer notwendig, weil ein solcher Beweis öfters weiter nichts als die bloße Möglichkeit des Begriffes oder der Sache angibt, wie dieses nach der (§ 78)[45] angezeigten Methode geschieht und wie es auch stattfindet, wenn man die Möglichkeit oder den Begriff einer Aufgabe nur durch die Anwendung der allgemeinen Formeln von Aufgaben (§ 161)[46] herausbringt. In diesen Fällen muß allerdings der Begriff besser entwickelt und die etwann noch konfuse Vorstellung desselben auseinandergelesen werden (§ 617–632, 649, 652). Es kommen aber dabei gewöhnlich ebenfalls | solche Sätze vor, die den Grund des Umfanges des Begriffes angeben und die folglich der Definition vorgehen und nicht erst nachher daraus hergeleitet werden müssen, wenn anders die Definition nicht als ganz willkürlich aussehen soll.

§ 671. In diesen Fällen und überhaupt wenn der Begriff ein Erfahrungsbegriff ist, kann man in der Entwicklung seiner Merkmale weiter fortgehen, und die Sätze, die man herausbringt, werden gleichsam als Materialien gesammelt, weil sie als Vordersätze zu Schlußreden dienen können. Wir nehmen hierbei wiederum nur die Schlußart in *Barbara* (§ 325, 405)[47] und aus ähnlichen Gründen bei zusammengesetzten Schlüssen die in

Caspida, *Saccapa* und *Dispaca*[48] (§ 284) an, und da haben wir folgende vier Fälle.

§ 672. Die nicht identischen Sätze (§ 669) behalten das *Definitum* zum Subjekt. Werden sie demnach als Untersätze gebraucht, so bleibt im Schlußsatz eben das Subjekt, und man findet demnach zu dem *Definito* mehrere Eigenschaften (§ 327). Hingegen, wenn man sie als Obersätze gebraucht, so fällt das *Definitum* aus dem Schlußsatze weg, man verfällt auf andre Subjekte (§ 326)[49], und dieses sind mit dem *Definito* verwandte Begriffe, die bei der Theorie desselben ihren Nutzen haben (§ 630 ff.).

§ 673. Die identischen Sätze (§ 667, 668) haben eben diese zwei Fälle, solange man das *Definitum* zum Subjekt läßt. Kehrt man sie hingegen um, so wird das *Definitum* zum Prädikat. Und dieses bleibt daher in dem Schlußsatz als Prädikat, wenn der umgekehrte Satz zum Obersatz gemacht wird. Was dieses aber auf sich hat, kann man aus § 404–422[50], ingleichen, wenn das Subjekt des umgekehrten Satzes kopulativ ist, aus den Schlußarten *Caspida* und *Saccapa* und aus mehreren der Formeln § 306, 307, 310, 311, 313[51] ersehen. Wird aber der umgekehrte Satz zum Untersatz gemacht, so fällt das *Definitum* aus dem Schlußsatze weg und der Schlußsatz selbst bejaht oder verneint nur von dem eigenen Merkmale oder von der ganzen Definition des *Definiti*, was man in den dazugenommenen Obersätzen von dem *Definito* selbst bejaht oder verneint hatt. Da nun dieses eben nicht viel auf sich hat, so ist klar, daß solche umgekehrten Sätze bessere Dienste tun, wenn man sie als Obersätze gebraucht.

§ 674. Die Sätze, so man auf diese Art herausbringt, sind von verschiedener Form und Gebrauch, und sie lassen sich in Absicht auf das *Definitum* in drei Klassen teilen:
1. Aus einigen fällt das *Definitum* weg (§ 672), und diese enthalten Begriffe, die mit dem *Definito* einige Verwandtschaft haben und folglich Verhältnisse angeben, die man aufsuchen und dadurch die Theorie ausgebreiteter machen kann.

2. In anderen wird das *Definitum* zum Prädikat (§ 673), und diese haben den Nutzen, daß man sie in Vorrat sammelt, um bei vorkommenden Fällen das *Definitum* zu erkennen. Sie dienen demnach zu der analytischen Methode (§ 404 ff.)[52], weil sie sich vornehmlich als Obersätze gebrauchen lassen.
3. Endlich gibt es auch [Sätze], in welchen das *Definitum* als Subjekt bleibt (§ 672, 673), und | diese dienen direkt zur Theorie desselben, weil sie als Untersätze gebraucht und mit Zuziehung [weiterer] Obersätze neue Prädikate des *Definiti* gefunden werden können.

§ 675. Auf diese Art erhellt nun deutlich, wohin jeder Weg führt und wann man ihn gebrauchen soll. Wie weit man aber mit allen oder mit der ganzen Theorie reiche, das haben wir bereits (§ 626–632) auf umständlichere Fragen reduziert, die man sich vorlegen und leichter erörtern kann, und sofern man in einer Theorie synthetisch vorgeht, läßt sich anmerken, was wir oben (§ 329–346), ingleichen (§ 456, 541)[53] gesagt haben, wenn man dabei Umwege vermeiden und gerader zum vorgesetzten Ziele kommen will.

§ 676. Wenn man in einer Theorie Sätze herausbringen will, die nicht trockene noch unerhebliche Prädikate haben, so hilft bei der Entwicklung der Eigenschaften und Merkmale der Sache sehr viel dazu, wenn man bei jeden sich umsieht, ob sie nicht einzeln oder etliche zusammengenommen eigene Merkmale von reicheren Begriffen oder bereits bekannten Dingen sind. Wir haben dieses bereits schon oben (§ 421)[54] erinnert, und können noch anmerken, daß, da wir in den Wissenschaften noch nicht so viele umgekehrte Sätze haben als zu wünschen wären, es bei dem Erfinder viel darauf ankomme, wiefern er nette Begriffe hat und wiefern ihm bei Erblickung eines eigenen Merkmals sogleich der ganze Begriff zu Sinne komme. Wir haben solche Begriffe *zureichend klar* genannt, und sie bei Erfindungen, wenn diese anders sollen leichter und möglicher gemacht wer-

6 [Sätze] (ergänzt)   9 [weiterer]: mehrerer

den, unter die | nächsten Folgen der logischen Postulate gerechnet (§ 547 ff.)[55].

§ 677. Wir können noch beifügen, daß, wenn man auch nicht sogleich weiß, ob ein Merkmal einer Sache ein *eigenes* Merkmal einer anderen Sache ist, sondern nur, daß es dieser letzteren zukomme, man dadurch veranlaßt werden könne, beide etwas näher zu betrachten und miteinander zu vergleichen, zumal, wenn das Merkmal etwas Spezielles anzuzeigen scheint und folglich *vermuten* macht, daß es nicht so häufig vorkomme. In solchen Vermutungen ist man öfteres glücklicher, als man es vorhersehen kann, weil nicht selten Dinge einander näher angehen, als man es vorauswissen könnte. Man ist daher in der Naturlehre schon auf die Behutsamkeit gefallen, eben nicht sogleich zu jeder neuen Wirkung eine neue Materie anzunehmen, weil man aus Beispielen weiß, daß einerlei Materie unzählige Modifikationen haben und sich in unzähligen Gestalten zeigen kann. In vielen Fällen ist es uns vollends unmöglich, die Sache vorauszuwissen, und da kommt es schlechterdings auf das *Versuchen* an. Scaliger[56] befand sich in dem Fall. Er konnte leicht finden, daß die Zusammensetzung des Sonnen- und Mondzirkels und der Römer Zinszahl eine Periode von 7980 Jahren geben würde. Daß aber der Anfang dieser Periode in eine so entfernte Zeit fiel, die allen Anfängen der nützlichsten Epochen vorging und die Periode selbst [dennoch] sobald nicht zum Schluß bringen würde, dieses hat glücklich zugetroffen; allein, es ließ sich nicht voraussehen, weil die Erfinder der Zyklen, die Scaliger gebrauchte und [die] just die bekanntesten und | gebräuchlichsten sind, an nichts weniger als an die Julianische Periode gedacht hatten.

§ 678. Die wissenschaftliche Erkenntnis soll dienen, Erfahrungen überflüssig zu machen, und folglich das, was man noch erst erfahren müßte, vorauszubestimmen (§ 604). Dieses muß demnach aus dem, was man weiß und voraussetzt, *folgen*, das Vorausgesetzte mag nun entweder im strengern Verstande *a priori*

23 [dennoch] : noch   26 [die] (ergänzt)

oder aber mehr oder minder aus der Erfahrung sein. Hier kommen wir nun zu der genaueren Untersuchung des Unterschieds der *Titel*, welche die Mathematiker schon von längsten Zeiten her über ihre Sätze zu schreiben gewohnt sind (§ 149 ff.), und zugleich zu der *Theorie des Vortrags der wissenschaftlichen Erkenntnis*. Denn da in demselben ein Begriff aus dem andern, ein Satz aus dem andern, eine Aufgabe aus der andern *folgen* soll, so ist offenbar, daß dabei nicht jede Ordnung gleichgültig ist und daß, wenn man am strengsten gehen will, der Leser durch die erstgemeldeten Titel immer erinnert werde, *woher man die Begriffe, Sätze und überhaupt die Wahrheiten, die man ihm vorstellt, nimmt und worauf er, um sich davon zu versichern, daß es Wahrheiten sind, zu achten habe* (§ 149–154, 156, 163, 164)[58].

§ 679. Diese Ordnung besteht demnach darin:
1. Daß die Begriffe, die zur *Erklärung* und *Bestimmung* der anderen gebraucht werden müssen, vorhergehen, folglich die *Grundbegriffe* und *unmittelbaren Erfahrungsbegriffe* den *Lehrbegriffen*, die daraus *zusammengesetzt und bestimmt* werden.
2. Sollen die Sätze, wodurch man andere *beweist, bestimmt, allgemein- oder auch kategorisch macht*, denselben vorgehen. Folglich die *Grundsätze* und *unmittelbaren Erfahrungssätze* den *Lehrsätzen*, die daraus *folgen* oder dadurch festgesetzt werden.
3. Sollen ebenso die Aufgaben, welche die *Auflösung* und *Ausübung* der anderen *möglich* und *tunlich* machen, diesen vorgehen. Demnach die *Grundsätze, Erfahrungssätze* etc. den theoretischen, die *Postulata* oder *Forderungen* den praktischen Aufgaben, die davon *abhängen*.
4. Demnach soll überhaupt das vorgehen, wodurch das Folgende *bestimmt, erweisbar* und *tunlich* gemacht wird.

Man kann hierbei die euklidischen Elemente und überhaupt die meisten Schriften der Mathematiker zu Beispielen und Mustern nehmen.

17 den : von den

§ 680. Wiefern nun diesen Bedingungen immer Genüge geschehen kann, ist eine andere Frage. Sie fordern allerdings, daß die Wahrheiten in einer Reihe aneinandergehängt werden, die gleichsam in *gerader Linie* fortgehe, und man muß dabei voraussehen können, daß diese Linie, so weit sie gezogen und verlängert wird, immer gerade fortgehe, damit man nicht unvermerkt im Zirkel herum und folglich wieder eben dahin komme, wo man angefangen hat. Was dieses sagen will und was es auf sich hat, werden wir nur noch untersuchen.

§ 681. Einmal in Ansehung der Begriffe und ihrer Erklärung kommt man im Zirkel herum, wenn man A durch B, B durch C, C durch D etc. erklärt, und | endlich in dieser fortgesetzten Erklärung auf einen Begriff M kommt, den man wiederum durch A erklärt. Ein solcher Zirkel ist demnach desto länger, je länger die Reihe von Definitionen ist, die uns endlich wiederum auf das erste *Definitum* A zurückführt, und der unmittelbarste oder kürzeste ist, wenn schlechthin A durch B, und B hinwiederum durch A erklärt wird.

§ 682. Dieses kann nun durch Verhältnisbegriffe geschehen, aber ohne dieselben läßt es sich nicht tun, ohne daß in dem Zirkel offenbare Fehler seien. Denn wenn ein Begriff vermittelst eines Verhältnisses durch einen anderen bestimmt wird, so läßt sich das Verhältnis mehrenteils umkehren, und so kann hinwiederum der zweite Begriff durch den ersten bestimmt werden. Z. B. Ein Tag ist eine Zeit von 24 Stunden. Dadurch ist nun der Begriff eines Tages insofern bestimmt, als der Begriff einer Stunde bestimmt ist. Wollte man aber den Begriff einer Stunde dadurch erklären, daß sie der 24ste Teil eines Tages sei, so würde diese Erklärung die erstere im geringsten nicht deutlicher machen noch näher bestimmen, weil sie nur umgekehrt eben das sagt, was die erstere.

§ 683. Hingegen, wenn man bei der ersten Erklärung nicht Verhältnisse, sondern die inneren Merkmale gebraucht und diese ferner durch ihre einfacheren Merkmale bestimmt, so läßt sich eines dieser Merkmale nicht durch den ganzen Begriff definieren, weil derselbe noch mehr andre Merkmale enthält, die folglich davon abgezogen werden müßten. Da wir aber an solche Subtraktionen gar nicht gewöhnt sind, so würde eine solche Definition immer unnatürlich scheinen und | mehrenteils darin fehlen, daß sie mehr enthält aber enger ist als das *Definitum*. Z. B. Ein Triangel ist eine dreiseitige Figur. Wollte man nun umgekehrt sagen, eine Figur sei ein undreiseitiges Triangel, so würde man kaum verstehen, was man damit sagen will.

§ 684. Man verfällt leicht in einen Zirkel, wenn man Begriffe, die an sich einfach sind, definieren will, weil man solche Begriffe natürlicherweise gebraucht, um zusammengesetztete zu definieren. Z. B. Der Raum ist die Ordnung der Dinge, die zugleich existieren und außereinander sind. Hier schließt der Begriff *außereinander* den Begriff des Raums bereits in sich und würde sich ohne Zirkel nicht wohl definieren lassen.

§ 685. Diejenigen Zirkel, so durch Verhältnisbegriffe entstehen, haben auf die Wahrheit der Erklärung keinen notwendigen Einfluß. Sie geben Sätze, die identisch sind, aber nicht beide zugleich als Definitionen angesehen werden können. Man muß demnach untersuchen, welcher von beiden als Definition beibehalten werden kann, und so wird sich der andre als eine Folge daraus herleiten lassen. So z. B. wenn man sagt: eine Stunde sei der vierundzwanzigste Teil eines Tages; so kann man allerdings schließen, ein Tag müsse folglich 24 Stunden haben, oder er werde in 24 Stunden eingeteilt. Hingegen wenn man definieren will, was ein Tag sei, so muß es durch die Zeit geschehen, innert welcher die Sonne einmal um den Himmel herum kommt.

§ 686. Da die Sprache nur eine gewisse Anzahl von Wörtern hat und die einfachen Begriffe sich eben | deswegen nicht weiter auflösen lassen, weil sie einfach sind, so macht das erstere die Anzahl der Definitionen an sich geringer, wenn man nicht endlich im Zirkel herum kommen will, und das andre gibt gewissermaßen an, wo man aufhören soll zu definieren. Hierüber ist aber verschiedenes anzumerken. Denn erstlich ist leicht zu begreifen, daß hier zwei Bedingungen vorausgesetzt werden, davon zu wünschen wäre, daß sie durchaus und offenbar statthätten. Nämlich die einfachen Begriffe sollten uns sämtlich bekannt sein, und jeder von allen Menschen mit einerlei Namen benannt werden. Ersteres würde die Definition des Begriffes und letzteres die Anzeige, was man durch jeden dieser Namen versteht, entbehrlich machen, und beides würde bei der Zusammensetzung der Lehrbegriffe gute Dienste tun. Soweit aber sind wir noch nicht in allen Wissenschaften gekommen, und bis dermalen ist nur noch z. B. die Arithmetik, Geometrie, Phoronomie und Vernunftlehre der Änderung der Zeit und des Orts und der Sprache wenig oder gar nicht unterworfen, und von den einzelnen Fehltritten, die etwann einer oder der andre darin aus Übersehen macht, unabhängig. *In diesen Wissenschaften definieren sich die einfacheren Begriffe dadurch, daß man die Sache selbst vorlegt, und da jeder sie auf diese Art kennenlernt, so bleibt es nicht so möglich, eines für das andre zu nehmen, als in Dingen, wo man viel muß auf das Hörensagen ankommen lassen und wo die Begriffe mit Nebenumständen verflochten sind.*

§ 687. Kann man aber das, was ein einfacher Begriff vorstellt, nicht anders als in Dingen vorlegen oder | durch Dinge anzeigen, die zusammengesetzt sind, so kann auch leicht, wenigstens dem Schein nach, ein Zirkel im Definieren vorgehen, und dieses ist desto möglicher, wenn man nur einzelne *Stücke* der Erkenntnis in eine Theorie zu bringen vornimmt. Denn da lassen sich allerdings Erklärungen machen, die ganz anders angeordnet werden müßten, wenn man ein solches Stück der Erkenntnis mit einem ganzen Lehrgebäude in Zusammenhang bringen wollte. In *einzelnen Stücken* der Erkenntnis nimmt man *Erfahrungsbegriffe* an, welche in dem *ganzen Lehrgebäude* als *Lehrbegriffe* müßten aus einfacheren zusammengesetzt und erwiesen werden. Man geht daher nicht so strenge *a priori*, und die Hauptsache kommt darauf an, *daß die angenommenen Erfahrungsbegriffe wirklich*

17 kennenlernt : kennen lehrt

als solche angenommen werden, das ist, daß man die Erfahrungen aufweisen könne, aus welchen man solche Begriffe hat und bei welchen sie sich durch die unmittelbare Empfindung und das Bewußtsein derselben erlangen lassen. Tut man dieses, so mag es in solchen einzelnen Stücken oder Fragmenten der Erkenntnis angehen, daß man einfachere Begriffe durch ihr Verhältnis zu den zusammengesetzteren bestimme und folglich diese jenen vorgehen lasse, ungeachtet die strengere Ordnung das Gegenteil erforderte. Da man demnach hierbei eine größere Anzahl behält, so ist auch leicht zu begreifen, warum solche Fragmente leichter in einen ihnen eigenen Zusammenhang als aber in den Zusammenhang eines ganzen Lehrgebäudes gebracht werden können. Da aber die erste Anlage dazu Erfahrungsbegriffe sind und mehrere darin vorkommen, so fordern sie desto mehr Beweise *a posteriori*. Man sieht hieraus, wohin das Auseinanderlesen, das wir oben (§ 617–632) angegeben haben, bei solchen Fragmenten dient und daß es destoweniger überflüssig ist, da wir in vielen Wissenschaften noch bei solchen Fragmenten zurückbleiben und an ein durchgängiges Zusammenhängen derselben noch nicht denken können. *Überhaupt sind auch solche einzelnen Fragmente, aber wobei alles wohl auseinandergelesen und auf Erfahrungen gesetzt ist, die man jedesmal vor sich erneuern kann, ungleich besser, als ganze Theorien, die endlich bei näherer Betrachtung nur im Zirkel herumführen, weil sie die Erfahrung mehr als noch tunlich ist entbehrlich machen wollen, oder die statt richtig erwiesner und bestimmter Lehrbegriffe nur willkürlich zusammengesetzte oder Hypothesen angeben.*

§ 688. Was wir bisher von den *Zirkeln im Erklären* gesagt haben, gilt mit gehöriger Änderung auch von den *Zirkeln im Beweisen*. Diese kommen vor, wenn A durch B, B durch C, C durch D etc. bewiesen wird und wobei man endlich auf einen Grund M kommt, den man wiederum durch A beweist. Solche Zirkel sind ebenfalls desto länger, durch je mehr Sätze man durchgeht, bis man wieder auf A zurückkommt. Und der kürzeste Zirkel ist, wenn A durch B, und B hinwiederum durch A erwiesen wird. Z. B. Ein Triangel ist gleichwinklig, weil er gleichseitig ist; und er ist gleichseitig, weil er gleichwinklig ist.

§ 689. Solche Zirkel kommen nun vor, und können aus lauter wahren Sätzen bestehen und in richtiger Form sein, wenn man identische Sätze dazu gebraucht. | Denn so haben wir oben (§ 405, 406)[59] gesehen, daß wenn einer der Vordersätze in *Barbara* identisch ist, der andere Vordersatz vermittelst desselben wiederum aus dem Schlußsatze hergeleitet werden könne. Wir haben aber zugleich auch (§ 404)[60] angemerkt, daß man solche Sätze nicht dazu gebrauchen müsse, was wir nun hier einen Zirkel nennen, sondern daß sie einen ganz andern Gebrauch haben, auf den man in der Naturlehre sorgfältiger zu sehen hat, weil es darin sehr leicht ist, das, so man aus einer Erfahrung erst herleitet, sodann zu gebrauchen die Erfahrung wiederum daraus zu beweisen, zumal wenn der Satz so bekannt wird, daß man unvermerkt vergißt, man habe ihn der Erfahrung zu danken, die man dadurch beweisen will. Wie man aber mit Vermeidung der Zirkel solche identische Sätze nützlich anwenden könne, davon ist an angezogenem Orte (§ 404–422)[61] ausführlich gehandelt worden.

§ 690. Bei den Aufgaben kommen Zirkel vor: teils wenn man das *Quaesitum* schon haben müßte, um das *Datum* zu finden, teils wenn man anstatt zureichender und unabhängiger *Datorum* (§ 479)[62] solche nimmt, die voneinander abhängen (§ 669), teils auch wenn man Aufgaben auf andre reduziert und bei der Auflösung der letzteren die erste als aufgelöst annimmt. Ist nun hierbei wiederum die Form richtig und [sind] die Sätze wahr, so findet man nur soviel, daß solche Aufgaben in einer reziproken Abhängigkeit sind und umgekehrt werden können (§ 165)[63]. Endlich, da sich jede Aufgabe in einen Satz verwandeln läßt (§ 161)[64], so läßt sich von | den Zirkeln bei denselben eben das anmerken, was wir vorhin von den Zirkeln im Beweisen ange-

27 [sind] (ergänzt)

merkt haben. Wir können noch beifügen, daß man in der Mathematik, besonders bei Aufgaben, die sich noch nicht vollständig auflösen lassen, die Abhängigkeit der einen von der anderen, und wenn es angeht, auch dieser von jener zu zeigen sucht, ohne deswegen diese *Reduktion* (§ 437)[65] als eine vollständige Auflösung anzusehen, welches eigentlich ein Zirkel wäre.

§ 691. Wir werden nun wiederum zu den Grundregeln der Ordnung des wissenschaftlichen Vortrages (§ 379)[66] zurückkehren und bemerken, daß dieselben zwar überhaupt diese Ordnung angeben, dabei aber noch Verschiedenes unbestimmt und unentwickelt lassen. Einmal ist die Frage, *wiefern man bei einer Theorie vorauswissen könne, wo man anzufangen habe, damit sodann das übrige in dieser Ordnung daraus folge.* Diese Frage, die wir zum Teil schon oben (§ 623) betrachtet haben, wird sich nach dem dermaligen Zustande der Wissenschaften füglicher teilweise beantworten lassen, und wir werden demnach mit Beispielen den Anfang machen.

§ 692. In der Geometrie hatte man die Lage und Länge der Linien in einer Figur und konnte durch leichte Proben (§ 610) finden, daß nicht jede Lage mit jeder Länge zugleich bestehen konnte. Man suchte demnach *den einfachsten Fall auf, wobei die Möglichkeit nicht eingeschränkt* | *war*. Und dieses war derjenige, daß eine Linie von jedem Punkt zu jedem anderen gezogen und verlängert werden könne und daß man um jeden Punkt einen Zirkel von jeder Größe beschreiben, oder wenigstens als gezogen sich vorstellen könne. Gibt man Euklid diese beiden *Postulata* zu, so widerlegt er jeden, der ihm die allgemeine Möglichkeit eines gleichseitigen Triangels in Zweifel ziehen wollte, dadurch, daß er zeigt, wie man denselben machen könne. Dadurch erhält er die Möglichkeit, jede Linie von gegebener Länge dahin zu setzen, wo man sie gebraucht, und dadurch die allgemeinen *Symptomata*[67] der Triangel und ihrer Möglichkeit zu bestimmen. Auf eine ähnliche Art fängt man in der Phoronomie bei der einförmigen und geradlinigen Bewegung an, um ihre *Symptomata* zu finden, und sodann geht man zu den Fällen, wo die Geschwindigkeit einförmig zunimmt, um auch hierbei Zeit und Raum miteinander zu vergleichen etc.

§ 693. In der Vernunftlehre nimmt man ebenfalls anfangs nur einzelne Begriffe und Merkmale vor, um sie teils an sich zu betrachten, teils miteinander zu vergleichen, und nach diesen wendet man sich zu der Betrachtung der Sätze, um ihre Arten zu finden und sodann auszumachen, wiefern sie als Vordersätze in Schlußreden zusammengenommen werden können und wie selbst die Schlüsse sich zusammensetzen und miteinander verbinden lassen.

§ 694. Man wird aus diesen Beispielen leicht den Schluß machen, daß man bei dem Einfacheren und bei dem, | was alle möglichen Bestimmungen zuläßt, anfangen müsse. Denn es ist für sich klar, daß wo das Einfachere an sich schon bestimmt ist, diese Bestimmung in dem Zusammengesetzten nicht mehr willkürlich bleiben, und ebenso das, was in dem Einfachen an sich schon unmöglich ist, in dem Zusammengesetzten nicht mehr möglich werden könne. So z. B. werden die drei Winkel eines geradlinigen Triangels 180 Grad machen und zwei seiner Seiten größer sein als die dritte, man mag den Triangel allein oder als einen Teil einer größeren Figur betrachten. Die Grenzen der Bestimmungen und der Möglichkeit werden in dem Zusammengesetzten immer enger [sein], als sie in dem Einfachen sind, aber wie weit sie in dem Einfachen an sich betrachtet gehen, das läßt sich allerdings füglicher finden, wenn man alles Fremde, so in der Zusammensetzung erst hinzukommt, wegläßt und daher das Einfache für sich vornimmt.

§ 695. So haben wir auch (§ 661) bereits schon angemerkt, daß man sich öfters begnügen kann bei der bloßen Möglichkeit eines Begriffes anzufangen ohne noch vorauszuwissen, wie weit sie sich erstrecke und wiefern die Merkmale, die ihm in einem gewissen Fall zukommen, in [allen] Fällen, und mit welchen an-

23 [sein] (ergänzt)   32 [allen] : jeden

dern Bestimmungen sie demselben zukommen können. Z. B. Ein einziger Triangel ist genug uns den Begriff zu geben, daß Triangel möglich sind; wiefern sie aber möglich sind, das läßt sich aus der näheren Betrachtung ausmachen, da man sucht, wiefern seine Seiten und Winkel eine Abwechslung zulassen. In den Euklidischen Ele|menten der Geometrie findet sich eine gute Menge von Sätzen, die eigentlich nur da sind, um die Grenzen der Möglichkeit der Figuren festzusetzen, die in den Definitionen noch ganz unbestimmt blieb.

§ 696. Das bisher Gesagte (§ 692 ff.) betrifft Beispiele, die an sich schon auf ihre einfachen Grundbegriffe gebracht sind (§ 658, 662). Was aber in den meisten Fällen die Schwierigkeit größer macht, sind die vorhin (§ 686) angeführten zwei Bedingungen. Denn die einfachen Begriffe, die die Grundlage zu Lehrbegriffen sein sollen, sind uns noch nicht so durchaus bekannt, und in Ansehung ihrer Benennung müssen wir uns fast durchaus nach dem eingeführten Gebrauch zu reden richten und die gewöhnliche Bedeutung der Wörter annehmen (§ 648, 103, 34)[68]. Indessen ist letzteres nur insofern notwendig, als wir andern verständlich werden und sie nicht in die Notwendigkeit setzen wollen, für unsre Ausdrücke ein besondres Wörterbuch zu machen. Und auch dieses wird nicht immer ganz vermieden. Die Markscheider haben bei ihrer Geometrie andre Namen als die eigentlich geometrischen. Euklid, die Cossisten[69] und die heutigen Analysten sind gleichfalls in den Worten unterschieden, und wenn man die Regel von der Auflösung einer Gleichung vom dritten Grad bei dem Cardan[70] liest, der sie zuerst bekannt gemacht hat, so muß man entweder die Sprache der damaligen Cossisten sonst verstehen oder aus Betrachtung der Sache selbst ausmachen, was | Cardan eigentlich sagen will. Auf gleiche Art fand sichs, daß Newtons Fluxionen und Leibnizens Integrale einerlei Sache anzeigten. Und es trägt sich bei Streitigkeiten nicht selten zu, daß man mehr in den Worten als in der Sache voneinander abgeht und erst findet, daß man beiderseits einerlei behauptet, nachdem man sich in Ansehung der Worte erklärt hat. Die Streitigkeiten vor und wider die Vernunft, da man sie bald als ein Erkenntnisvermögen, bald als den Inbegriff zusammenhängender Wahrheiten genommen, bald auch den wahren Zusammenhang mit dem bloß scheinbaren vermengt hat, mögen zum Beispiel dienen.

§ 697. Da man demnach in den Wörtern einig sein muß, um andern verständlich zu bleiben, so mag es hingegen angehen, daß wo man sich mit der bloßen Vorstellung der Sache begnügen will, diese Schwierigkeit insofern wegfalle. Es gibt auch in der Tat solche Fälle, wo man der Sache zu Gefallen den öfters sehr willkürlichen Umfang der Bedeutung eines Wortes (§ 103) ändern kann (§ 34, 38)[71]. Dieses geht besonders an, wo eine genauere Einteilung den Begriffen der Arten einen anderen Umfang gibt, als die bisher dabei gebrauchten Wörter hatten. Auf diese Art hat Leibniz die Cartesische Einteilung der krummen Linien geändert, da er gesehen, daß sie sich füglicher und brauchbarer in algebraische und transzendente als aber in geometrische und mechanische unterscheiden lassen. |

§ 698. Wir haben auch bereits schon (§ 631, 632) angezeigt, wie man durch ein vollständiges Auseinandersetzen verwandter Begriffe und ihrer Benennungen dem Mißverstande in den Worten zuvorkommen könne, welches allerdings notwendig ist, wenn man seine Entdeckungen andern mitteilen und gemeinnützig machen will. Dahin dient auch, wenn man die Sache selbst vorzeigen oder einen Grundriß, Profil, Zeichnung, Prospekt, perspektivische Vorstellung davon machen kann, wie dieses in der Naturlehre, Mechanik, Anatomie, Naturhistorie etc. bereits schon eingeführt ist und Comenius es in seinem *Orbe picto*[72], zum Behufe der Lehrlinge, längst schon getan. Eine zusammengesetzte Farbe durch die Vermischung der prismatischen oder auch bekannter natürlicher Farben, deren Verhältnis angezeigt wird, einen gewissen Ton durch die Ausmessung einer Orgelpfeife oder Saite, die Länge eines Maßes durch die Länge des Sekundenpendels und Polhöhe, ein Gewicht durch die spezifische Schwere des Wassers und dessen Wärme, die Wärme selbst durch den Grad des Thermometers, die Geschwindigkeit durch die Höhe des Falles, eine Kraft durch den Druck eines Gewichtes etc. bestimmen, sind Mittel, wodurch man andre instandsetzt, eine Erkenntnis so determiniert zu erlangen, als wir sie selbst haben, und die man in der Naturlehre sucht immer noch weiter zu treiben und sie gewisser, vollständiger, zahlreicher und bequemer zu machen, weil es viel auf sich hat, wenn man etwas auf absolute Zahlen bringen und andern | anzeigen kann, wie sie zu den Begriffen gelangen können, die man ihnen durch bloße Benennungen weder klar noch bestimmt genug angeben könnte. Aus gleichem Grunde gibt man die Beobachtungen und Versuche mit den dazu nötigen Kautelen umständlich an, damit die Leser nicht nur das Verfahren dabei beurteilen, sondern da, wo es um Begriffe zu tun ist, die Beobachtung oder den Versuch selbst anstellen und wiederholen können.

§ 699. Solche Mittel dienen nun allerdings, wo man zu zeigen hat, daß die Begriffe, worauf man eine Theorie gründet, Erfahrungsbegriffe sind, weil der Leser dadurch instandgesetzt wird, sie selbst zu erlangen. Man verhütet dadurch, daß solche Begriffe nicht als willkürliche oder erbettelte *ideae precariae* angesehen werden, die man etwann dem Leser ohne ferneren Beweis aufdringt oder hofft, er werde sie ohne Beweis gelten lassen.

§ 700. Es ist schwer zu bestimmen, wie weit man hierin gehen soll oder auch gehen könne. Die Sprachen sind bereits eingeführt, und die Wörter an Begriffe gebunden, die mehr oder minder richtig oder unrichtig sind. Und da man, um ein Wort zu erklären, zehn und mehr andre gebraucht, so scheint es, als wenn bei unseren Erklärungen ein logischer Zirkel statthabe, der sich nicht wohl vermeiden lasse, wenn man in der Anforderung, [alle] Wörter und Begriffe zu erklären, strenge geht (§ 686). Allein diese Schwierigkeit will nicht mehr | sagen, als daß wir die Worte nicht allein nehmen, sondern sie mit den Sachen und Begriffen verbinden sollen, und daß wir die Wörter, die eine fixe Bedeutung haben, von denen, wo die Bedeutung unbestimmt und

---

28 [alle] : jede

veränderlich ist, unterscheiden und erstere zum Grund legen müssen. Daß es aber Wörter von fixer Bedeutung gebe, erhellt teils aus der Geometrie, Phoronomie, Vernunftlehre etc., teils auch selbst aus dem gemeinen Leben, und man kann alle die nehmen, deren Änderung die Änderung der Sprache nach sich zieht. Überdies macht die Vergleichung der Wörter mit der Sache, daß, wenn auch ein Zirkel im Erklären mit unterlaufen würde, dieses der Wahrheit ohne Nachteil geschehen könne, wenn nur die Verhältnisse, die bei solchen Zirkeln vorkommen, wenigstens als Erfahrungsbegriffe dargelegt werden, wie wir dieses bereits schon (§ 687) erinnert haben. Man kann noch aus dem ersten Hauptstücke (§ 59, 60)[73] hier mit anmerken, daß man bei Theorien nicht bloß die Absicht hat, *einen Begriff oder eine Sache nur kenntlich zu machen*, welches man, wo ein klarer, aber dabei noch konfuser Begriff zureicht, öfters voraussetzen kann, sondern, daß dabei die Frage ist, *den wahren Umfang des Begriffes zu bestimmen*, welches zwar an sich mehr Genauigkeit und Vollständigkeit erfordert, aber dagegen einen scheinbaren oder auch wirklichen Zirkel im Definieren insofern zuläßt, daß jede Definition für sich ein Erfahrungsbegriff sei. Insofern ist es auch zulässig, ein Wort, das eine fixe Bedeutung hat und dem ein bereits bekannter klarer Begriff entspricht, zu gebrauchen, ehe man dasselbe definiert, und selbst die Definition ganz weg| zulassen, wo man den Begriff nicht zum Hauptgegenstande der Betrachtung macht und wo man folglich seinen Umfang genau und durch die Vergleichung mit seinen verwandten Begriffen (§ 631, 634) zu bestimmen nicht nötig hat. Dieses Verfahren ist zwar nicht geometrisch, wir haben aber in den meisten andern Wissenschaften die einfacheren Begriffe noch nicht so nett ausgelesen, daß man bei diesen anfangen und aus denselben einen Lehrbegriff nach dem andern zusammensetzen und erweisen könnte. Denn wäre dieses, so wären wir auch nicht mehr so an die Wörter gebunden und könnten, wie in der Algebra, statt derselben *wissenschaftliche Zeichen* annehmen und die ganze Erkenntnis auf eine demonstrative Art *figürlich* machen (§ 114, 173)[74].

ANLAGE
ZUR
ARCHITECTONIC,
ODER
THEORIE
DES
EINFACHEN UND DES ERSTEN
IN DER
PHILOSOPHISCHEN UND MATHEMATISCHEN
ERKENNTNIS

Erster Band

Erster Teil

Allgemeine Anlage zur Grundlehre

Erster Teil
Allgemeine Anlage zur Grundlehre

Erstes Hauptstück
Erfordernisse einer wissenschaftlichen Grundlehre

§ 1. Es gibt in der menschlichen Erkenntnis eine gute Menge von *Begriffen*, bei denen man nicht sagen kann, daß sie gewissen einzelnen Teilen derselben eigen wären oder nur in besonderen Wissenschaften vorkämen. Und eben diese Begriffe geben uns *Sätze* und *Fragen* an, welche gleichfalls bei jeden einzelnen Teilen unserer Erkenntnis anwendbar sind und daher auch großenteils schon in der *gemeinen* oder *nicht-wissenschaftlichen* Erkenntnis vorkommen. Wir können die Begriffe: *Ding, ein, etwas, möglich, wirklich, notwendig, ganz, Teil, Eigenschaft, Größe, Ordnung, sein, nicht sein* etc., ingleichem die Sätze: *Etwas kann nicht zugleich sein und nicht sein; ein Ding ist, was* | *es ist; alles Wirkliche ist an sich möglich* etc., und so auch die Fragen: *Was?, wie?, warum?, ob?*, etc. als ebensoviele Beispiele hierher rechnen.

§ 2. Aristoteles, welcher sich damit beschäftigte, die einzelnen Teile der menschlichen Erkenntnis, so gut er nach der damaligen Zeit konnte, in eine wissenschaftliche Form zu bringen, bemerkte diese Allgemeinheit einiger Begriffe, Sätze und Fragen, und suchte sie besonders herauszunehmen und sie in einem Lehrgebäude vorzutragen, welches er, oder schon einer seiner Vorgänger *Metaphysik* nannte. Diesen Namen hat das Lehrgebäude bisher behalten, ungeachtet es teils der Form nach zuweilen Änderungen gelitten, teils [um] einige Stücke vermehrt worden.

§ 3. Die allgemeine Anwendbarkeit eines solchen Lehrgebäudes schien viele Vorteile zu versprechen. Es sollte die ersten Gründe

26 [um] : mit

der gesamten menschlichen Erkenntnis enthalten, und was darin ein für allemal ausgemacht und festgesetzt war, das durfte nicht mehr in jedem vorkommenden Falle aufs neue ausgemacht, sondern schlechthin nur angewandt werden. So sind die Vorzüge der Algebra und Meßkunst, und so sollten auch die Vorzüge der Metaphysik sein.

§ 4. Aristoteles scheint unstreitig diese Absicht gehabt zu haben. Die ersten Schritte sind immer schwer, und man kann ihm zum Ruhme nachsagen, daß er die Bahn eröffnet, das Eis gebrochen habe. Seine | Nachfolger, welche die erste Anlage hätten ins Feinere ausarbeiten und weiter gehen sollen, durften sich deswegen nicht daran wagen, weil sie sich den Aristoteles als ein untrügliches Orakel vorstellten, welches ihnen lauter Wahrheiten und mit einem Male alle angegeben habe. Sie verwandelten seine Metaphysik in ein Register von Wörtern, Unterscheidungen und Fragen, welche sämtlich mehr dienten, die menschliche Erkenntnis dunkler, verworrener und ungewisser zu machen, als ihre allgemeinen Gründe in ein helleres Licht zu setzen und sie der Anwendung näher zu bringen. So blieb die Metaphysik viele Jahrhunderte, und wurde endlich zum Gegenstande des Gespöttes und der Verachtung. Man sah sie, von einer anderen und wichtigeren Seite betrachtet, als ein Meer an, wo, wer sich darauf wagte, weder ganz hinüber noch in den Port zurückkommen konnte und wo man entweder sich gar nicht darauf begeben oder ganz durchsetzen mußte.

§ 5. Ungeachtet man nicht in Abrede sein kann, daß nicht einige Anhänger des Aristoteles besseres Licht suchten, so war doch Bacon der erste, der die Vorurteile, wohin das von dem Ansehen des Aristoteles mit gehörte, genauer ins Licht setzte und besonders in der Naturlehre die Erfahrungen, Beobachtungen und Versuche als *Probiersteine* und *Quellen* einer zuverlässigeren Erkenntnis vorschlug. Man folgte hierin seinem Vorschlage, und setzte die Natur an die Stelle des Aristoteles zur Lehrerin. Und dadurch kam die Naturlehre in den besseren Zustand, in welchem wir sie dermalen haben. |

§ 6. Cartesius ging einen anderen Weg. Er hatte Dinge vorzutragen, von denen er voraussah, daß man ihm nicht Gehör geben würde, wenn er nicht zeigte, daß die damalige Erkenntnis keine so durchgängige Gewißheit habe, [sodaß] jeder Mensch die Wahrheit wie von neuem suchen müsse und daß man damit nicht besser fortkomme, als wenn man sich bei jedem Satze die Frage vorlege, ob er wahr oder durchaus wahr sei. Cartesius erhielt seine Absicht und verwandelte die Metaphysiker in Zweifler, die endlich auch das Kennzeichen verwarfen, woran man nach Cartesius' Meinung jede Wahrheit unmittelbar sollte erkennen können. In dieser Absicht hat Bacon unstreitige Vorzüge. Er schlug eine Probe vor, die nicht trügen kann. Versuche sind Fragen, die man der Natur vorlegt. Die Natur antwortet immer richtig. Man darf sich nur versichern, ob man nicht mehr oder minder oder anders gefragt habe, als man hatte fragen wollen; das will sagen, ob man die Umstände des Versuches richtig gewählt habe. Cartesius hingegen zeigte zwar, daß man in vielen Stücken besseres zu suchen habe; allein, was er dafür angab, schien seinen Nachfolgern die Probe nicht zu halten. Sie fanden Unschicklichkeiten und Widersprüche darin. Und dieses ist immer eine Probe, daß man ändern müsse. Sie gibt aber nicht an, wie oder worin die Änderung vorzunehmen sei. Man sehe hierüber Dianoiologie § 379.[75]

§ 7. Nach dem Cartesius traten Locke und Leibniz auf. Ich werde hier diese beiden Gelehrten nur insofern in Vergleichung setzen, als von den ersten Grün|den der menschlichen Erkenntnis die Rede ist (§ 3). Und in dieser Absicht kann man sagen, daß Locke die menschlichen Begriffe anatomiert, Leibniz aber dieselben analysiert habe. Leibniz nämlich betrachtete sie nach den verschiedenen Stufen der Klarheit, Deutlichkeit und Vollständigkeit, und zeigte, daß sich diese nach der immer [weiter fortschreitenden] Entwicklung der inneren Merkmale richte, ungefähr wie man eine Sache um desto deutlicher sieht, je kleinere Teile man an derselben unterscheiden kann. Bei dieser

4 [sodaß] : daß   31 [weiter fortschreitenden] : mehrern

Vorstellungsart wird der Begriff mit der Sache, die Merkmale des Begriffes mit den Teilen der Sache verglichen. Soll diese Vergleichung durchaus angehen, so folgt, daß ein Begriff in immer feinere Merkmale *aufgelöst* werden könne, und da bleibt die Frage, wie weit man darin gehen soll, unentschieden, sofern man nicht annimmt, daß die Sprache aus Mangel der Wörter notwendig Grenzen setze. Bei dieser Analyse nimmt man die Begriffe, wie man sie findet. Enthält demnach ein Begriff einen oder mehrere versteckte Widersprüche, so können diese dadurch gefunden werden, wenn man imstande ist die Analyse so weit fortzusetzen. Sollte diese aber ins Unendliche fortgehen, so wird der Anstand, *ob nicht noch Widersprüche zurückbleiben*, dadurch *nie ganz* gehoben. Geht sie aber nicht ins Unendliche fort, so kann man auf Merkmale kommen, die keine ferneren und inneren Unterscheidungsstücke mehr haben und die folglich schlechthin *einfach* sind. Solche Merkmale können nun an sich schon keinen *inneren* Widerspruch enthalten. Denn da zum Widersprechen mehrere oder wenigstens zwei Stücke erfordert werden, so wären solche Merkmale nicht einfach. Dadurch würde | aber die Voraussetzung, daß sie einfach sind, umgestoßen. Demnach bleibt jeder innere Widerspruch von denselben weg, und sie sind für sich möglich. Man merke hierbei an, daß bei dieser Leibnizischen Analyse von inneren Merkmalen die Rede ist, oder wenigstens sein soll. Denn die äußeren *Merkmale* sind *Verhältnisbegriffe*, wodurch ein Begriff vermittelst eines anderen allenfalls auch bestimmt werden kann. Durch dieses Bestimmen aber wird der Begriff nicht *analysiert*. Es kann auch allerdings ins Unendliche fortgehen, weil sich von jedem Begriffe zu jedem anderen Verhältnisse denken lassen. Und wenn man nach den Regeln, so man in den Vernunftlehren darüber gibt, die Begriffe durch ihre *Gattung* und *Unterschied der Art* definiert, so wird man dadurch gar leicht von den *inneren Merkmalen* weg und auf bloße *Verhältnisbegriffe* gebracht, so daß man zuletzt dabei weder Anfang noch Ende findet.

5 sofern : dafern

§ 8. Da man demnach bei der Leibnizischen Analyse der Begriffe endlich auf einfache Merkmale kommt, so bleibt dabei die Frage, ob und wie man dieselben erkennen und finden könne. Es ist für sich klar, daß sie nicht nur nichts Mannigfaltiges anbieten, sondern auch in der Tat nichts Mannigfaltiges enthalten müssen. Ersteres würde sie nur in Absicht auf uns einfach scheinen machen, letzteres aber macht sie an sich einfach. Dieses muß nun die Natur und Art des Begriffes selbst angeben. Aus der allgemeinen Theorie der Begriffe lassen sich höchstens nur Kennzeichen der einfachen Begriffe finden. Will man aber jeden einzelnen Begriff, der einfach ist, auf|suchen, so muß man die menschlichen Begriffe sämtlich durch die Musterung gehen lassen.

§ 9. Dieses ist nun der Weg, den Locke eingeschlagen. Er ahmte den Zergliederern des menschlichen Leibes auch in der Zergliederung der Begriffe nach. Er nahm unsere Erkenntnis, so wie sie ist, vor sich, trennte darin das *Abstrakte* und eben daher *bloß Symbolische* von dem, was wirklich *Begriff* und *klare Vorstellung* heißt, und beobachtete, welchen Sinnen und Empfindungen wir jede Art von Begriffen zu danken haben und welche aus vermischten Empfindungen entstehen. Die Einfachen sonderte er von den übrigen aus, und brachte sie in gewisse Klassen. Er bemerkte auch, daß in Benennung dessen, was sie vorstellen, selten oder nie Wortstreite entstehen und daß jeder, der die Sprache versteht, darin mit [allen einig] ist. Diese einfachen Begriffe setzte er dergestalt zur Grundlage jeder menschlichen Begriffe und Erkenntnis, daß *was nicht in dieselben aufgelöst werden kann, aus unserer Erkenntnis notwendig wegbleibt*, wenn es auch gleich zum Reiche der Wahrheiten gehörte. Man muß hierbei setzen, daß Locke unsere Erkenntnis mit der *klaren Vorstellung* zu Paaren gehen läßt. Denn vermittelst der Wörter und Zeichen ist es allerdings möglich, Wahrheiten herauszubringen, die wir uns nicht klar oder wenigstens nicht vollständig vorstellen können. *Die eigentliche Klarheit ist individual*, und demnach

20 Art : Arten   25 [allen einig] : jeden eins

ist unsere ganze *allgemeine* Erkenntnis schlechthin symbolisch, ungeachtet die klaren Vorstellungen und besonders die einfachen Begriffe die Grundlage dazu sind. |

§ 10. Locke blieb bei seiner Anatomie der Begriffe fast ganz stehen, und gebrauchte sie wenigstens nicht so weit, [als] es möglich gewesen wäre. Es scheint ihm an der Methode, oder wenigstens an dem Einfall gefehlt zu haben, das was die Meßkünstler in Absicht auf den Raum getan hatten, in Absicht auf die übrigen einfachen [Begriffe] ebenfalls zu versuchen.

§ 11. Die Ehre, eine Methode, eine richtige und brauchbare Methode in der Weltweisheit anzubringen, war Wolffen vorbehalten. Wiewohl man eigentlich nur sagen kann, daß er darin das Eis gebrochen, aber auch verschiedenes zurückgelassen. Wolff folgte Leibnizens Analyse der Begriffe, und suchte auch bald alles, was Leibniz besonders gedacht hatte, in seiner Metaphysik anzubringen. Er nimmt darin die meisten Begriffe, oder vielmehr ihre Benennungen, wie er sie findet, und definiert sie mehrenteils durch Verhältnisse zu anderen Begriffen. Die Regeln, die er sich vorschrieb, waren ungefähr folgende: [Alle] mehr oder minder dunklen Wörter müssen definiert, und [alle] an sich nicht einleuchtenden Sätze erwiesen werden. Diejenigen Definitionen und Sätze müssen vorgehen, auf welche sich die folgenden beziehen und gründen. Auf diese Art beschäftigte sich Wolff mit Definitionen und Beweisen. Was in der Meßkunst *Postulata* (Forderungen) und Aufgaben heißt, davon kommt in Wolffens Metaphysik wenig oder nichts vor. Und wer mit seinen Lehrsätzen nicht unbedingt zufrieden ist, wendet etwann ein, daß Wolff die Zweifel und Schwierigkeiten, die man vorhin in der Me|taphysik gefunden, ohne es zu wissen und unvermerkt in die Definitionen geschoben, oder die Begriff dergestalt definiert habe, daß sich gewisse Sätze, die er für wahr hielt und die eben

5 [als] (ergänzt)   9 [Begriffe] (ergänzt)   19 [Alle] : Jede
20 [alle] : jede

dadurch bei ihm den Begriff so und nicht anders bildeten, daraus herleiten ließen. Der Vorteil, den die Wolffische Philosophie hat, ist allerdings beträchtlich, daß nämlich die Methode, die Wolff einführte oder anfing einzuführen, selbst auch zur Entdeckung und Ausbesserung der Fehler dient, die er noch zurückgelassen. Vor ihm war in der Weltweisheit von einer richtigen und erweisbaren Methode kaum die Rede, ungeachtet diese in mathematischen Schriften schon von Euklids Zeiten an vor Augen lag. Wer übrigens aus Wolffens Werken den besten Vorteil ziehen will, der tut immer gut, allenfalls nur damit den Anfang zu machen und sich sodann auch um andere von Wolffen mehr oder minder abgehende philosophische Schriften umzusehen, unter denen ich Daries und Crusius[76] zu nennen kein Bedenken trage.

§ 12. Man kann nicht sagen, daß Wolff die Euklidische Methode ganz gebraucht habe. In seiner Metaphysik bleiben die *Postulata* und Aufgaben fast ganz weg, und die Frage, was man definieren solle, wird darin nicht völlig entschieden. Dieses wollen wir hier genauer auseinandersetzen. Eukliden war es leicht, Definitionen zu geben und den Gebrauch seiner Wörter zu bestimmen. Er konnte die Linien, Winkel und Figuren vor Augen legen, und dadurch Worte, Begriffe und Sache unmittelbar miteinander verbinden. Das Wort war nur der Name der | Sache, und weil man diese vor Augen sah, so konnte man an der Möglichkeit des Begriffes nicht zweifeln. Dazu kommt noch, daß Euklid die unumschränkte Freiheit hatte, in der Figur, welche eigentlich nur ein besonderer oder einzelner Fall des allgemeinen Satzes ist, dabei aber statt eines *Beispieles* dient, alles wegzulassen, was nicht dazu gehört oder was nicht in dem Begriff vorkommt. Die Figur stellte demnach den Begriff ganz und rein vor. Hingegen da sie die allgemeine Möglichkeit desselben nicht angibt, so hatte Euklid die Sorgfalt, diese genau zu erörtern, und hierzu gebrauchte er seine *Postulata*, welche allgemeine, unbedingte und für sich denkbare oder einfache Möglichkeiten oder Tulichkeiten vorstellen, und die er in Form von Aufgaben vorträgt. Bei der Zusammensetzung solcher einfachen Möglichkeiten kommen

Einschränkungen vor, und diese bestimmt Euklid mehrenteils vermittelst seines neunten und zwölften Grundsatzes.

§ 13. Man wird hieraus leicht den Schluß machen können, *daß in der Metaphysik die an sich abstrakten Begriffe und Sätze durch Vorlegung eines einzelnen Falles oder eines wohlgewählten Beispieles aufgeklärt, ihre Allgemeinheit und ihr Umfang aber durch Postulata und Axiomata bestimmt werden sollen, und daß besonders die Postulata wenigstens allgemeine und unbedingte Möglichkeiten angeben sollen, Begriffe zu bilden, und die Einschränkungen bei der Möglichkeit zusammengesetzter Begriffe durch Grundsätze bestimmt werden müssen.* Wie | dieses angehen könne, davon kommen in der Wolffischen Vernunftlehre wenige oder keine Regeln, in der Metaphysik wenige oder keine Beispiele vor. In seiner Moral gebraucht er diese Methode, weil er als ein *Postulatum* annehmen konnte, daß sich bei jeder von dem freien Willen des Menschen abhängenden Art der Vollkommenheit eine Fertigkeit denken lasse, welche unter dem Namen von irgendeiner Tugend vorkommen müsse. Denn so hatte Wolff nur diese Arten der Vollkommenheit aufzusuchen. Hierzu hatte er nun den ganzen Menschen, als ein *Datum*, und selbst die Sprache bot ihm Namen von Tugenden an, die ihm zeigten, wo er zu suchen habe. Wolff merkt auch in seiner deutschen Vernunftlehre an, daß ihm dieses in der Moral gelungen sei. Es hätte ihm auch in der Metaphysik gelingen können, wenn er darin den Menschen als ein *Datum* angenommen, die einfachen Begriffe aufgesucht und die Grundsätze und Forderungen, die sie anbieten, dazu angewandt hätte. Allein Wolff scheint es für notwendiger und möglicher angesehen zu haben, einfache Dinge, als aber einfache Begriffe aufzusuchen, und ließ sich es nicht in Sinn kommen, z. B. die *Ausdehnung* und die *Dauer*, oder den *Raum* und die *Zeit*, als einfache Begriffe anzusehen, und glaubte sich vielmehr bemüßigt, von beiden Definitionen zu geben, indem er den Raum durch die Ordnung außer- oder nebeneinander liegender Dinge, die Zeit aber durch die Ordnung aufeinander folgender Dinge erklärte. Diese beiden Definitionen enthalten aber keine *inneren Merkmale*, sondern nur *Verhältnisbegriffe* von Raum und Zeit zu den Dingen, die ausgedehnt sind und dauern, oder | aufeinander folgen, und die Wörter außer, neben, aufeinander etc. enthalten die Begriffe von Raum und Zeit schon ganz in sich.

§ 14. Locke und Wolff blieben demnach auf eine ganz entgegengesetzte Art zurück. Locke hatte die einfachen Begriffe aufgesucht, allein es fehlte ihm an der Anwendung der Methode, Lehrgebäude darauf zu gründen. Wolff hingegen, der Lockes Werke gelesen hatte, achtete dieser einfachen Begriffe nicht und blieb bei dem, was er von der Methode gefunden und bei desselben Anwendungen auf zusammengesetzte Begriffe stehen. Da er ferner die Forderungen und Aufgaben aus seiner Metaphysik ganz wegließ und sie eben dadurch nicht mitnehmen konnte, weil sie eigentlich nur bei den einfachen Begriffen vorkommen: so ist es sich auch nicht zu verwundern, wenn darin von *gegebenen* und *gesuchten* Stücken keine Rede ist, wovon er doch in der Meßkunst, deren Methode er allgemein anwendbar machen wollte, so häufige Beispiele fand. Hätte Wolff seine Methode auch in diesem Stücke vollständig zu machen gesucht, so wäre er auf Lockes einfache Begriffe verfallen. Oder hätte er bei diesen angefangen, so würden sie ihm Forderungen, gegebene und gesuchte Stücke dargeboten haben. Ich halte mich nicht auf, dieses hier zu beweisen, weil ich in gegenwärtigem Werke die Sache selbst vor Augen lege. Hier wird es notwendig sein, noch einige Vorzüge der Meßkunst, und überhaupt der wissenschaftlichen Erkenntnis, anzuführen, weil die Metaphysik, und besonders die Grundlehre, sie ebenfalls haben soll. |

§ 15. Wolff hatte sich nämlich von der wissenschaftlichen Erkenntnis keinen andern Begriff gemacht, als daß darin alles müsse aus Gründen erwiesen werden. Er setzte demnach die Vorzüge der wissenschaftlichen Erkenntnis in die Überzeugung und Gewißheit, die daraus entsteht. Wir müssen aber noch mehrere [Forderungen] beifügen, damit man sehe, was man zu su-

---

33 [Forderungen] (ergänzt)

chen habe, wenn die Grundlehre wissenschaftlich gemacht werden soll. *Jede Wissenschaft soll nämlich dahin führen, daß man in jedem vorkommenden Falle, wo sie anwendbar ist, aus der geringsten Anzahl gegebener Stücke die übrigen finden könne, die dadurch bestimmt oder damit in Verhältnis sind.* Nun soll die Grundlehre in allen übrigen Teilen der menschlichen Erkenntnis anwendbar sein (§ 3). Man findet aber darin von diesem Vorzuge noch sehr wenige Beispiele. In der ganzen Mathesis aber macht man sich ein Gesetz daraus, weder zu viel noch zu wenig *Data* anzunehmen und aus den *Datis* zu bestimmen, was zugleich mit gegeben ist oder daraus gefunden werden kann. In der Trigonometrie sind alle Fälle abgezählt, wie man aus drei Stücken eines Triangels die drei übrigen finden könne. Soll dieser Vorzug, den Wolff selbst als ein Muster der Vollkommenheit erhebt, auch in der Grundlehre vorkommen, *so werden darinnen die Forderungen, die Abzählung zusammengehörender Begriffe und Dinge und die allgemeine Theorie und Abzählung der Verbindungen und Verhältnisse unentbehrlich.*

§ 16. Da ferner die Ontologie allerorten anwendbar sein soll, *so muß darinnen, wie in [allen] andern | Wissenschaften, alles, was allgemein in die Kürze gezogen werden kann, wirklich in die Kürze gezogen werden,* damit man es nicht in jedem besonderen Falle aufs neue tun müsse. Auch hiervon gibt die Meßkunst Beispiele, und sie haben allemal da etwas vorzügliches, wo man zwischen zwei oder mehreren Größen ein unmittelbares Verhältnis herausbringt, wo man anfangs hätte glauben sollen, daß man, um eine aus den übrigen zu finden, noch andere Größen und Verhältnisse zu Hilfe nehmen müsse. Von dieser Art ist unter den ersten Sätzen der Meßkunst derjenige, welcher zeigt, daß man aus zwei Winkeln eines geradlinigen Triangels den dritten finden könne, ohne von den Seiten [etwas] zu wissen, imgleichen, daß sich Zylinder mit Kugeln ohne die Verhältnisse des Durchmessers zum Umkreise vergleichen lassen. Die trigonometrischen Tabellen sind noch beträchtlichere Beispiele von solchen Abkür-

20 [allen] : jeden   31 [etwas] : nichts

zungen. *In der Grundlehre läßt sich ohne die Theorie, wie Verhältnisbegriffe mit andern Begriffen oder mit den Dingen verbunden sind, an diesen Vorzug nicht denken.*

§ 17. Soll ferner die Grundlehre in [allen] übrigen Teilen unserer Erkenntnis und in [allen] vorkommenden Fällen in der Tat anwendbar sein, *so muß sie auf alle Arten zusammengehörende Stücke zusammennehmen,* damit man *in* [allen] *einzelnen Fällen, wo man einige findet, vermöge der Sätze dieser Wissenschaft sogleich auf die mit dazu gehörenden den Schluß machen und folglich bestimmen könne, was noch ferner zu suchen ist und wie man es finden könne.* |

§ 18. Endlich *sollte die Grundlehre, wie jede Wissenschaft, einen praktischen Teil haben,* weil sie ohne denselben eine bloße Spekulation bliebe. Dieser Teil muß darin vorkommen, es sei, daß man ihn mit dem theoretischen durchflechte oder denselben besonders beifüge. Hierbei sind nun die *Postulata*, welche allgemeine und unbedingte Möglichkeiten oder Tulichkeiten angeben, schlechthin unentbehrlich. Wolff hatte den praktischen Teil der Weltweisheit nur in Absicht auf die Fähigkeiten, Fertigkeiten und Vollkommenheiten des Menschen betrachtet, und das *Objektive*, was nämlich von den Dingen selbst hergenommen ist, nicht weiter in Betrachtung gezogen, als insofern es unter dem Begriffe des moralisch Guten und Üblen vorkommt. Das Praktische geht auf das *Finden* und *Tun*, und insofern steht es mit den Fähigkeiten des *Verstandes* und des *Leibes* in ungleich näherer Verbindung als mit dem Willen, welcher eigentlich der Gegenstand der Moral ist. In der Grundlehre kommt z. B. die Theorie der Ordnung, der Vollkommenheit, der Ursachen, Wirkungen, Mittel und Absichten, der Kräfte, Verhältnisse etc. vor. Sie soll demnach allerdings angeben, was hierbei in einzelnen Fällen zu suchen, zu finden und zu tun sei.

4 [allen] : jeden   5 [allen] : jeden   7 [allen] : jeden   12 Wissenschaft : Wissenschaften   23 moralisch Guten und Üblen : moralischen Guten und Uebels

§ 19. Da der praktische Teil der Grundlehre, und so auch jeder Wissenschaft auf der Theorie der Möglichkeiten und Tulichkeiten beruht, so können wir noch anmerken, daß die Kennzeichen und Grundsätze der Möglichkeit, die bisher in der Ontologie vorkommen, dazu nicht hinreichend sind. Man hat vornehm- | lich nur zwei angegeben. [Erstens:] *Möglich sei, was keinen Widerspruch in sich halte.* Dieser Satz ist verneinend und zeigt nur, wo das Mögliche nicht ist, nämlich, es ist da nicht, wo ein Widerspruch vorkommt. Da wir aber nicht sogleich [alle] Widersprüche finden können und widersprechende Dinge öfters Jahrhunderte hindurch geglaubt werden, so ist dieser Satz in Absicht auf die *positive* Bestimmung des Möglichen von wenigem Gebrauche. Der einzige, den ich in dieser Absicht davon habe machen können, ist derjenige, den ich oben vorgetragen (§ 7), daß nämlich, weil zum Widersprechen mehr als ein Stück erfordert wird, einfache Begriffe, wenn sie *innere Widersprüche* haben sollten, nicht einfach wären und daß sie folglich schlechterdings und notwendig möglich sind. Ein einfacher Begriff ist demnach an sich schon und dadurch möglich, weil er einfach ist; und so viele einfache Begriffe es gibt, so viele positive Möglichkeiten hat man, ohne daß man sie ferner beweisen müßte.

§ 20. Der andere Satz, den man zur Bestimmung der Möglichkeit angegeben, ist dieser: *Was ist, das ist an sich möglich*, oder: vom *Sein* kann man auf das *Möglichsein* schließen. Dieser Satz dient, wenn man *a posteriori* oder vermittelst der Erfahrung Möglichkeiten finden will, und daher allerdings auch bei zusammengesetzten Begriffen. Auf diese Art dient jedes *Beispiel* zum Beweise einer oder mehrerer Möglichkeiten. Allein Erfahrungen und Beispiele zeigen nicht sogleich, wie weit sich die Möglichkeit erstreckt. Dazu gehören *Postulata*, wenn man die Möglichkeit der Zusammensetzung der Begriffe *a priori* allgemein und genau bestimmen | will. Man kann zum Beispiele nachsehen, wie Euklid in seiner ersten Proposition die allgemeine Mög-

2 Wissenschaft : Wissenschaften   6 [Erstens:] : 1°.
9 [alle] : jede

lichkeit eines geradlinigen und gleichseitigen Triangels beweist. Er zeigt denen, die daran zweifeln wollten, wie sie ihn von jeder beliebigen Größe machen können. Und wer ihm seine *Postulata* und besonders ihre Allgemeinheit einräumt, muß ihm diese, wie noch mehr andere Möglichkeiten, notwendig auch einräumen. Da bei [allen] zusammengesetzten Begriffen die *Allgemeinheit*, bei willkürlich zusammengesetzten die *Möglichkeit* erörtert werden muß, *so kommen die Postulata eigentlich nur bei den einfachen Begriffen vor, und sie müssen folglich bei jedem einfachen Begriffe besonders vorgebracht werden*, wie Euklid es in Absicht auf den *Raum* getan. Zu wirklichen Tulichkeiten muß die Theorie der *Kräfte* die Grundlage angeben.

§ 21. Man kann nicht in Abrede sein, daß die bisher erwähnten Erfordernisse und Vorzüge der Grundlehre eben nicht so leicht zu erhalten sind. Wir haben aber noch ein Erfordernis anzuführen, das allem Ansehen nach das schwerste ist. *Die Grundlehre soll unveränderlich sein, wie die Wahrheit.* Diesen Vorzug hat die Meßkunst bisher fast ganz allein gehabt, da sich inzwischen die Metaphysik bald wie die Moden in der Kleidung änderte und ihre wichtigeren Lehrsätze wechselsweise angenommen und verworfen wurden. Hierbei werde ich mich etwas länger aufhalten müssen, um zu untersuchen, wie dieser Veränderlichkeit, welche allerdings kein Kennzeichen des Wahren ist, abzuhelfen sei. Die Hauptfrage kommt darauf an, *daß man in der Grundlehre eine geo|metrische Notwendigkeit und Evidenz einführe.* Daran hatte nun Wolff allerdings auch gedacht und gefunden, daß ein beträchtlicher Teil dieser Notwendigkeit und Evidenz in der Methode liege, welche in der Meßkunst gebraucht wird. Und so geht auch in der Vernunftlehre die Theorie der Schlüsse und der Notwendigkeit der Schlußfolgen mit der Theorie der Meßkunst zu Paaren. Alle Schlußarten sind darinnen abgezählt, und mit einer völlig geometrischen Evidenz erwiesen. Man kann demnach das Wankende in der Metaphysik nicht darin suchen, [daß]

6 [allen] : jeden
33 [daß] : als ob

man nicht imstande wäre, [alle] Schlüsse in Absicht auf ihre Form zu prüfen. Wolff hatte daher vorgeschlagen, man solle zu den ersten Sätzen lauter Grundsätze gebrauchen, und zwar weil man diese zugibt, sobald man die Worte versteht. Hierzu erforderte Wolff noch ferner, daß man die Wörter, die einige Dunkelheit haben könnten, definieren müsse, damit ihre Bedeutung bestimmt werde. Auf diese Art brachte man es soweit, daß man sich eine Ehre daraus machte, wenn man auch zu solchen Wörtern, an deren Bedeutung kein Mensch je gezweifelt hatte und welche eher die Sprache als ihre Bedeutung ändern, Definitionen finden konnte. Überdies zeigte man die Mittel an, aus jeder Definition mehrere Grundsätze herzuleiten und folglich einen guten Vorrat von Vordersätzen zu Schlußreden zu sammeln.

§ 22. Bei dieser Art zu verfahren ist viel Richtiges, es ist aber auch viel nicht allgemein richtiges und nicht genug Verstandenes dabei. Um dieses zu zeigen, wollen wir anfangen die Schwierigkeiten anzuführen, die sich hier einfinden. Einmal setzt jede Definition zwei | Erfordernisse voraus. *Das definierte Wort muß einen möglichen und richtigen Begriff vorstellen*, und *die Definition muß diesen Begriff genau angeben*. Wo etwas hieran fehlt, da kommen früh oder spät Widersprüche und Ungereimtheiten heraus, dergleichen die Metaphysik bisher noch immer teils gehabt, teils zu haben geschienen. Demnach müsse diese beiden Erfordernisse bei jeder Definition entweder *erwiesen werden* oder *für sich einleuchtend sein*. Letzteres fällt weg, weil einfache Begriffe nicht können durch innere Merkmale definiert werden, zusammengesetzte aber schlechthin einen Beweis ihrer Allgemeinheit und Möglichkeit fordern (§ 7, 20). Die Folge, die wir hieraus ziehen, ist, *daß wenn man in der Grundlehre nicht bei den einfachen Begriffen anfängt sondern sie mit den andern vermengt läßt, es immer das Ansehen habe, als wenn des Definierens und Beweisens kein Ende wäre*. Denn die Beweise müßten sich auf Definitionen gründen, und Definitionen bewiesen werden. Dabei sind nun logische Zirkel im Beweisen und Definieren

---

1 [alle] : jede

nicht zu vermeiden, um so mehr, da die Sprache nicht [alle] Wörter hat, die man allenfalls zu solchen immer fortgesetzten Definitionen gebrauchen müßte.

§ 23. Wir haben bereits (§ 12, 13) angemerkt, wie Euklid, dem Wolff nachzuahmen suchte, ganz anders verfahren und seine zusammengesetzte Begriffe aus den einfachen gebildet und erwiesen habe und daß man ihm in der Grundlehre auch hierin nachahmen müsse. Sofern man dieses tun kann, verfährt man auf eine ganz umgekehrte Art. Man nimmt den Begriff nicht wie man ihn findet, son | dern *wie er sich aus dem einfachen Begriffen zusammensetzen läßt*. Und dabei wird nun das Wort schlechthin nur der *Name* des Begriffes oder der Sache, die der Begriff vorstellt. Auf diese Art ist die Definition da, ehe man das Definitum oder das Wort aufsucht, welche die Sache vorstellt, wenn je die Sprache ein solches Wort bereits hat. Denn widrigenfalls muß man ein Wort machen, wie es in der Mathesis gar nicht selten ist, oder man bleibt bei der Definition, wenn die definierte Sache nicht erheblich genug ist, besonders benannt zu werden. Denn die Menge der Kunstwörter, zumal wo man die Sache nicht vorlegen kann, wird dem Gedächtnisse zur Last, und nicht jeder bequemt sich gern, sie alle zu lernen und mit unveränderter Bedeutung im Sinne zu behalten. Endlich ist die Euklidische Methode von der Wolffischen auch noch darin verschieden, daß *was man nach der letzteren als Grundsätze aus den Definitionen herleitete, nach der ersteren solche Sätze sind, die der Definition bereits vorgehen und aus welchen die Definition gebildet und erwiesen wird*. Auf diese Art fällt das willkürlich und hypothetisch scheinende aus den Definitionen ganz weg, und man ist von der Möglichkeit alles dessen, was sie enthalten, voraus versichert. Überdies müssen wir anmerken, *daß Grundsätze eigentlich wie die Postulata (§ 20) nur bei den einfachen Begriffen vorkommen*. Denn die Richtigkeit und die Einschränkung der Möglichkeit zusammengesetzter Begriffe muß daraus erwiesen werden (§ 20, 12). Und überdies sind auch nur die einfachen

---

1 [alle] : jede

Begriffe schlechthin für sich denkbar (Alethiologie § 240, 161).[77]|

§ 24. Die Definitionen, die man auf vorgedachte Art herausbringt, erklären die Sache selbst, und sofern man sie aus den Grundbegriffen herausbringt, kann man sie Sacherklärungen nennen, die im strengsten Verstande *a priori* sind. Hingegen sind sie *a posteriori*, wenn man sie auf Erfahrungssätze gründet oder diese mit zu Hilfe nimmt. Beide Arten hat Wolff unter dem Worte Sacherklärung zusammengenommen, und sie den Worterklärungen entgegengesetzt. Ihr Beweis zeigt die *Entstehensart der Sache*, wo nämlich bei dem Begriffe wirklich eine Sache zum Grunde liegt. Hingegen bei bloßen *Verhältnissen*, welche man gewissermaßen den *Sachen* selbst entgegensetzen und davon unterscheiden muß, zeigt der Beweis die *Entstehensart des Begriffes*.

§ 25. Soweit man mit den Sacherklärungen ausreicht, könnten die Worterklärungen ganz wegbleiben, wenn man nicht die Sprache nehmen müßte wie sie ist, um anderen verständlich zu bleiben. Denn da man einfache Begriffe zusammensetzt, um andere daraus zu bilden, so verfällt man auf die Definition der zusammengesetzten Begriffe, ehe man an die Benennung derselben denkt. Die Benennung ist an sich willkürlich. Da man aber anderen verständlich bleiben soll, so muß man sich allerdings umsehen, ob nicht der Begriff bereits unter irgendeinem Namen vorkomme. Und dieses macht die Worterklärungen mehr oder minder notwendig, besonders wo man die Sache, die der Begriff vorstellt, nicht im ganzen vorlegen und das mit der Sache selbst bereits und unmittelbar verbundene Wort gebrauchen kann. |

§ 26. Mit den Worterklärungen aber hat es eine ganz andere Bewandtnis, *weil sich diese eigentlich auf die Struktur der Sprache gründen*. Es gibt eine gute Menge Wörter, deren Bedeutung solange die Sprache bleibt gar keiner *Worterklärung* nötig haben und wo man die *Sacherklärung* schwerlich oder niemals finden wird. Von dieser Art sind die meisten Namen der Dinge, so uns die Körperwelt vor Augen legt. Wir finden in der Sprache bald [alle] Arten von Pflanzen, Tieren, Metallen, Steinen etc. benannt, und bei diesen Benennungen verschwinden [alle] Wortstreite, sobald man die Sache vor Augen legt. Alle diese Wörter oder Namen machen die Grundlage der Sprache aus und sind eine besondere Klasse, sofern sie keine Worterklärung nötig haben. Man muß sie auch zum Grunde legen, wenn man von den übrigen Wörtern Worterklärungen geben will. *Und hierzu hat die Sprache bereits eine ihr eigene Einrichtung, welcher man bei einem Systeme von Worterklärungen schlechthin folgen muß.* Denn sie macht die Wörter der ersten Klasse stufenweise *metaphorisch*, und da gibt die Worterklärung das so genannte *Tertium comparationis* oder den Grund der Vergleichung und die Vergleichungsstücke an. Ich habe diese Betrachtungen in der *Semiotic* und besonders in dem letzten Hauptstücke derselben[78] umständlicher angeführt, und merke hier nur an, daß ein solches System von Worterklärungen teils wegen der Weitläufigkeit, teils auch wegen der Schwierigkeit, die Ableitung und ursprüngliche Bedeutung der Wörter aufzusuchen, eben nicht so leicht vollständig gemacht werden kann. In Ansehung der Wörter der ersten Klasse würde man | übrigens in Comenius' *Orbe picto*[79] eine ziemliche Vorbereitung finden.

§ 27. Da man also in Ansehung der *Worterklärungen* noch nicht so systematisch verfahren kann, so hat man dazu andere Mittel gesucht, sie in einzelnen Fällen zu machen, und dies geschieht besonders durch Verhältnisbegriffe. Man bestimmt nämlich die Sache, deren Namen man erklären will, durch ihre Verhältnisse zu anderen Sachen, deren Namen bekannter sind oder als bekannter angenommen werden können, z.B. die Mittel durch die Absichten, das Ganze durch seine Teile, die Ursachen durch die Wirkungen, die Handlungen durch die Werkzeuge, Gliedmaßen, Absichten etc. Und dabei ist es genug, wenn man soviel anzeigt als hinlänglich ist, die durch das Wort vorgestellte Sache oder den

2 [alle] : jede   3 [alle] : jede
27 Verhältnisse : Verhältniß

dadurch angedeuteten Begriff kenntlich zu machen. Da man voraussetzt, daß die in der Nominaldefinition gebrauchten Wörter eine bekanntere Bedeutung haben als das Wort, dessen Bedeutung dadurch bestimmt, kenntlich gemacht und angegeben werden soll, so läßt sich auch hierbei etwas Systematisches denken, weil die einmal definierten Wörter wiederum zum Definieren anderer Wörter können gebraucht werden. Allein wenn man logische Zirkel vermeiden und ein vollständiges und nettes System von Worterklärungen herausbringen will, so verfällt man notwendig auf das vorhin (§ 26) Beschriebene, welches mehr Grammatisches und Charakteristisches hat. Es fängt ganz von hinten an, weil die erste Grundlage dazu von den Sinnen hergenommen ist. Hingegen müssen die Sacherklärungen ganz von vorn, das ist, von den einfachen Begriffen anfangen, wenn sie systematisch | und *a priori* aufeinander folgen sollen. Da man dieses in der Grundlehre fordert, so ist sichs nicht zu verwundern, wenn die Definitionen, die darin vorkamen, von derjenigen Art waren, die wir anfangs in gegenwärtigem § beschrieben haben, und daß folglich weder Anfang noch Ende darin abzusehen war. Die Frage, *wo man anfangen oder aufhören solle zu definieren*, blieb dabei unerörtert und kam immer wieder vor.

§ 28. Bei diesem so durchaus entgegengesetzten Wege, den man bei Sacherklärungen und Worterklärungen (§ 22, 24, 26) zu nehmen hat, wenn man vollständige Systeme errichten will, scheint es schwerer zu sein, beide Systeme in Verbindung zu bringen. Allein die Betrachtung der Sache selbst rückt sie näher zusammen. Denn so hat Locke bereits angemerkt, daß die Namen der einfachen Begriffe in der Sprache, in Ansehung ihrer Bedeutung, die wenigste oder vielmehr gar keine Schwierigkeit haben. *Demnach machen die einfachen Begriffe in dem Systeme der Sacherklärungen und ihre Namen in dem Systeme der Worterklärungen den ersten Anfang aus, und dienen den übrigen zum Grunde.* Im Systeme der Worterklärungen sollten aber freilich, wenn es die Sprachen zuließen, die Namen der einfachen Begriffe durchaus Wurzelwörter sein.

§ 29. Da die Grundlehre in allen Teilen der menschlichen Erkenntnis anwendbar sein soll (§ 3), so muß sie allerdings zu denselben die ersten Grundbegriffe angeben, und diese sollen, so viel möglich ist, jeder in mehreren oder gar in allen Teilen angewandt wer|den können. Wir wollen diese Teile hier nicht einzeln anführen, sondern sie in zwei Hauptklassen absondern. Einige betreffen die Intellektualwelt, andere aber die Körperwelt. Die Benennungen der Dinge der Intellektualwelt sind von den Dingen der Körperwelt hergenommen, sofern sie nach unserer Vorstellungsart eine Ähnlichkeit damit haben; und wenn wir beide mit einerlei Namen benennen, so ist der abstrakte Begriff, den wir mit dem Worte verbinden, *transzendent*. Das Wort *Kraft* mag zum Beispiel dienen. Ursprünglich ist es von den *bewegenden Kräften* der Körperwelt hergenommen, sofern etwas dadurch geschehen *kann*. Wegen der Ähnlichkeit der Vorstellungsart aber eignen wir dem *Verstande* und dem *Willen* ebenfalls *Kräfte* zu, sofern wir sagen, der Verstand *könne* denken, der Wille *könne* begehren etc. Dadurch wird nun der Begriff *Kraft* nicht nur allgemeiner, sondern ganz *transzendent*, weil er bei Dingen vorkommt, die bald nichts miteinander gemein haben. Nun kann in der Grundlehre die Theorie der Kräfte entweder so vorgenommen werden, daß man jede von diesen drei Gattungen besonders betrachtet, oder man macht sie ganz *transzendent*, so daß sie bei jeder Gattung anwendbar bleibt. Letzteres geht nur sofern an, als die Sprache Wörter von gleich *transzendentem* Umfange darbietet. Wo dieses anfängt zu fehlen, da muß man das erstere vornehmen und jede Gattung der Kräfte besonders betrachten. Das beste aber ist, wenn man die spezielle Theorie einteilungsweise mit der *transzendenten* gleich anfangs verbindet. Man kann dabei zugleich die Anwendung mit vorlegen, und indem man spezieller geht, bleibt man verständlicher und kommt dem Praktischen näher, als | welches in einzelnen Fällen nicht nur speziell, sondern vollends individuell wird. Überdies lassen sich zwischen diesen drei Gattungen von Kräften solche Vergleichungen anstellen und Verhältnisse finden, die aus der

10 haben; und : haben, und

transzendenten Theorie notwendig wegbleiben, weil diese nur auf das geht, was alle drei Gattungen gemein haben. Was wir hier beispielsweise von der Theorie der Kräfte gesagt haben, gilt ebenfalls von der Theorie [aller] *transzendenten* Begriffe. So ist der Begriff *Ordnung* ursprünglich von der *lokalen* Ordnung hergenommen und auf die Ordnung den *Graden* und der *Dauer* nach ausgedehnt worden. Endlich wies man auch den *Gedanken* einen Ort an, und brachte den Begriff der *Ordnung* in das *Gedankenreich*. Das Unter- und Nebeneinanderordnen macht dabei zwei Klassen aus, die mit dem Begriffe der Ordnung *transzendent* geworden, und wo man sich *Dimensionen* denken kann, da lassen sich Ordnungen denken. Nun ist der Begriff *Ordnung* an sich ein idealer *Verhältnisbegriff*, und insofern ist er minder *transzendent* als der von der *Kraft*, weil zwischen Dingen von sehr verschiedener Art einerlei Verhältnisse sein können. Man kann auch die Theorie davon leichter und weiter allgemein fortsetzen, ungeachtet es aus vorhin erwähntem Grunde nützlicher ist, die Anwendung immer sogleich auf die Hauptgattungen der Fälle zu machen, wo eine Ordnung vorkommen kann.

§ 30. Wir müssen noch anmerken, daß man die Wörter, deren allgemeinster Begriff *transzendent* ist, von denen genau zu unterscheiden habe, die in der Tat *vieldeutig* sind. Denn bei diesen müssen die Bedeutungen unterschieden und jede besonders betrachtet werden. So z. B. ist das lateinische Wort *ratio*, welches *Vernunft*, *Grund* und *Verhältnis* bedeutet. Man wird allerdings nicht sagen können, daß diese drei Begriffe Arten einer Gattung seien oder daß ein *transzendenter* Begriff gedacht werden könne, der sie zusammenfasse, ungeachtet sie viele Verhältnisse unter sich haben und auf mehrerlei Arten in Sätzen als Subjekt und Prädikat vorkommen können.

§ 31. Zu den vieldeutigen Wörtern können wir besonders auch diejenigen rechnen, deren Bedeutung von veränderlichem Um-

---

4 [aller] : jeder

fange ist und jedesmal aus dem Zusammenhange der Rede bestimmt werden muß. Solche Wörter lassen sich nicht wohl definieren. Sie sind metaphysisch, und das *Tertium comparationis* dabei ist stufenweise veränderlich. Überdies macht der Mangel der Sprache an Wörtern, daß man dieses Veränderliche lassen muß, zumal da es jedesmal aus dem Zusammenhange bestimmt wird. Man kann auch nicht sagen, daß dieser Mangel der Sprache durchaus ein Fehler sei. Sie wird dadurch kürzer und dem Gedächtnis weniger zur Last. Wollte man demnach die Bedeutung solcher Wörter durch eine Definition festsetzen, so würden viele Redensarten wegfallen, aus deren Zusammenhang der Umfang der Bedeutung stufenweise weiter oder enger ist als ihn die Definition angibt. Solche Redensarten sind ungefähr wie die Gleichungen in der Algebra. Die Bedingung, daß diese *gleich* sein, jene *einen Verstand haben* sollen, bestimmt bei den Gleichungen die gesuchten Größen, bei den Redensarten den Umfang der Bedeutung solcher Wörter. |

§ 32. Wir haben diese Betrachtung hier angeführt, weil sie mit der bisher (§ 21 f.) untersuchten Frage von der Unveränderlichkeit der Grundlehre eine notwendige Verbindung hat und die Anzahl der Worterklärungen darin vermindert. Denn sofern ein Wort dergestalt definiert werden soll, daß die Definition in [allen] Redensarten statt des Wortes soll können gesetzt werden, so müßte die Definition veränderlich sein und sich jedesmal nach dem Umfange der Bedeutung richten, die das Wort aus dem Zusammenhange der Redensart erhält, folglich müßte die Definition aus Wörtern von gleichveränderlichem Umfange bestehen. So abgemessen sind aber die Sprachen noch nicht. Demnach bleiben solche Definitionen besser weg, und statt derselben kann man sich begnügen, das *Tertium comparationis* und dessen Veränderlichkeit anzuzeigen. Es ist für sich klar, daß dieses in dem vorhin (§ 26) erwähnten Systeme von Worterklärungen ebenfalls geschehen müsse.

22 [allen] : jeden

§ 33. Wenn man auf diese Art den veränderlichen Umfang der Bedeutung einiger Wörter in der Grundlehre anzeigt, so erhält die Grundlehre dadurch eine Unveränderlichkeit von ganz anderer Art, oder besser zu sagen, ihre bisherige Veränderlichkeit (§ 21) wird dadurch ganz oder wenigstens größtenteils aufgehoben. Denn die Definitionen, die sich nicht in [alle] Redensarten schicken können, worin das Wort einen erst durch den Zusammenhang der Rede bestimmbaren Umfang der Bedeutung erhält, bleiben aus der Grundlehre weg. Und indem man anzeigt, daß der Umfang veränderlich ist und ohne viele Redens|arten unbrauchbar zu machen nicht festgesetzt werden kann, so beugt man dadurch vor, daß nicht andere, die sich etwann nicht auf alle Redensarten, worin das Wort vorkommt, besinnen, nur aus einigen derselben eine Definition machen, welche durch die außerachtgelassenen Redensarten leicht wieder umgestoßen werden kann. *Dieses bisher fast immer vorgekommene Umstoßen und [Neudefinieren] ist es eben, was die Metaphysik so veränderlich machte.* Es ist für sich klar, daß es auch da stattfinden mußte, wo versteckte Vieldeutigkeiten zurückblieben, die nicht so stufenweise voneinander verschieden waren, wie man z. B. nach vielen Streitigkeiten für und wider die *Vernunft* endlich darauf verfiel, man müsse das Erkenntnisvermögen, welches Vernunft heißt, von dem unterscheiden, was jeder dadurch findet oder zu finden glaubt und daher als *der Vernunft gemäß* ausgibt.

§ 34. Zu der Unveränderlichkeit der Grundlehre müssen wir noch die *Vollständigkeit* rechnen, als welche nicht nur für sich ein Vorzug ist, sondern auch zu der Unveränderlichkeit viel beiträgt. Die Vollständigkeit wird durch *richtige Einteilungen*, durch *Abzählung* der Fälle, Klassen, Arten, Glieder etc. und durch richtig angebrachte *Kombinationen* und *Permutationen* erhalten. Ich habe die Theorie davon in der *Dianoiologie* um desto umständlicher abgehandelt, weil in beiden Wolffischen Vernunftlehren davon nichts vorkommt und dieser Weltweise die

6 [allen] : jeden   9 weg. Und : weg, und   17 [Neudefinieren] : Neues definiren

Hoffnung aufgegeben zu haben scheint, etwas Vollständiges und Brauchbares dabei zu finden und die Regeln davon in der Metaphysik richtig anzuwenden. In|dessen ist es unstreitig, daß eine richtige Abzählung der Fälle, Klassen etc. zur Deutlichkeit, Ordnung und besonders zur Vollständigkeit und Zuverlässigkeit des Vortrages ungemein viel beiträgt. Die Begriffe der Gattungen können allerdings richtiger bestimmt werden, wenn man die Arten abgezählt vor sich hat. Die disjunktiven, kopulativen und remotiven Sätze und die aus solchen zusammengesetzten Schlüsse und nächsten Umwege im Schließen werden dadurch zuverlässig und brauchbar. Was bei dem eingeteilten Begriffe anwendbar ist, läßt sich sogleich auch bei den Gliedern der Einteilung anwenden. Die spezielleren Bestimmungen, die es dabei erhält, können sogleich erörtert und angegeben, und die Glieder der Einteilung in einer Absicht mit den Gliedern der Einteilung in anderen Absichten verglichen werden, wiefern sie in Individualfällen beisammen sein können oder nicht. Dadurch wird auch viel von den oben (§ 15, 16, 17) angeführten Erfordernissen der Grundlehre erhalten. Überdies verschwindet bei richtigen und erwiesenen Abzählungen und Einteilungen die Besorgnis, es möchte noch etwas zurückbleiben, welches alles wieder umstoße, und das willkürlich scheinende fällt dabei ganz weg.

§ 35. Da das Reich der Wahrheiten sich ebenso wie das Reich der Möglichkeiten in das Unendliche ausbreitet, so bleibt in dieser Absicht betrachtet in den menschlichen Wissenschaften immer eine Unvollständigkeit zurück. So z. B. können wir etwa die einfachen Begriffe aufsuchen und abzählen, darauf sich unsere ganze Erkenntnis gründet. Allein es können uns viele ebenso fehlen, wie den Blinden die Begriffe | der Farben, und damit bleibt zugleich auch in der Kombination der einfachen Begriffe alles weg, was von solchen uns etwa fehlenden Begriffen abhängt, weil wir nur die kombinieren und miteinander vergleichen können, die wir wirklich haben oder zu deren Vorstellung die menschliche Natur eingerichtet ist. Und auch hierin können wir nur stufenweise weiter gehen, weil die allgemeinen und unbedingten Möglichkeiten, die bei den einfachen Begriffen vorkommen, immer noch neuen Stoff angeben, so weit wir es auch in [der] Zusammensetzung der Begriffe und Herleitung der Sätze bringen. Diese Art von Vollständigkeit bleibt demnach aus unseren Wissenschaften weg, und muß mit der vorhin (§ 34) erwähnten, welche nur auf die einfacheren Teile geht, nicht verwechselt werden. Sofern wir übrigens aus den Begriffen, die wir haben, auf Lücken schließen können, die von den uns mangelnden Begriffen herrühren, sofern ist es auch möglich, das Mangelnde durch Wörter und Zeichen anzudeuten und dadurch wenigstens unsere symbolische Erkenntnis vollständiger und brauchbarer zu machen.

§ 36. Wir haben noch eine Schwierigkeit anzuführen, welche die Grundlehre insbesondere und ihren Vortrag anzugehen und zu drücken scheint. Sie rührt wiederum vom Definieren her. Sofern nämlich die Grundlehre die ersten Anfänge unserer Erkenntnis, und zwar a priori, angeben solle (§ 3), so scheint es, als müsse man mit einem Register von Definitionen anfangen und dürfe kein Wort gebrauchen, welches nicht in diesen Definitionen vorkäme. Daher scheint es auch gekommen zu sein, daß man in | der Ontologie auch die allerklarsten Wörter zu definieren und die Definitionen so unter einander zu ordnen suchte, daß keine logischen Zirkel darin vorkämen, die aber nach der Art, wie man dabei verfahren, nicht wohl zu vermeiden waren (§ 22, 27). Die Frage, wo man damit anfangen und wie man fortsetzen solle, war immer die schwerste und kam notwendig vor, solange man dem Definieren weder ein Ziel setzte, noch dasselbe kannte. Die Betrachtungen, die wir oben über die Systeme von Sacherklärungen und Worterklärungen angestellt haben (§ 22–28), zeigen, wie man anders verfahren müsse und daß bei den einfachen Begriffen beide Arten von Definitionen schlechthin wegfallen, weil diese Begriffe und ihre Namen der Anfang zu beiden Systemen sind. Auf diese Art lassen sich nun die logischen Zirkel vermeiden. Wir müssen aber noch zeigen, daß man in dem Vortrag der Grund-

2 in [der] : in   17 und dürfe : und man dörfe

lehre, und besonders im Anfange nicht notwendig mit den Worten sparsam sein müsse.

§ 37. Zu diesem Ende merken wir an, daß man in [allen] Wissenschaften zwischen den Wörtern, welche eigentlich die Grundlage derselben sind, und zwischen denen, die man aus der gemeinen Erkenntnis entlehnt, allerdings einen Unterschied machen könne. Die Wissenschaft, ihre Erklärungen, Lehrsätze und Aufgaben gehen eigentlich auf jene, und da sie den Hauptgegenstand davon ausmachen, so werden sie eben dadurch schon von den aus der gemeinen Erkenntnis entlehnten ohne Mühe unterschieden. Auf diese Art kann man z. B. über die ersten Begriffe der Grundlehre Anmerkungen machen und Betrachtungen an|stellen, so viel man nötig findet, und die Wörter und Beispiele dazu aus der gemeinen Erkenntnis borgen.

§ 38. Sodann können wir anmerken, daß es bei dem wissenschaftlichen Vortrage der Grundlehre eigentlich um die *Allgemeinheit* der Begriffe und der Sätze zu tun ist, damit man sie, ohne Besorgnis zu fehlen, sicher anwenden könne, wo das Subjekt derselben oder auch das Prädikat vorkommt. Die häufigen Streitigkeiten über die Allgemeinheit des zureichenden Grundes mögen zum Beispiele dienen, daß man ohne Bedenken Wörter genug gebraucht, für oder wider diesen Satz zu streiten, und dabei nicht so leicht vergißt, daß derselbe der Gegenstand der Streitigkeit ist. Auf eine ähnliche Art können die Sätze der Grundlehre, wo es nötig oder nützlich ist, mit Sätzen aus der gemeinen Erkenntnis durchflochten werden, ohne daß man dabei vergesse, daß jene zur wissenschaftlichen Grundlehre, diese aber zur gemeinen Erkenntnis gehören und dabei nur in Form von Anmerkungen, Erläuterungen etc. vorkommen. Eine *Ontologie raisonnée* oder eine mit logischen Anmerkungen und Beurteilungen durchflochtene Grundlehre würde ein ähnliches Aussehen haben und [unter den Beispielen des wissenschaftlichen

---

1 mit den Worten : in den Worten   3 [allen] : jeden

Vortrags] nicht von den schlechtesten sein. Ich werde eben daher auch im folgenden mit solchen Anmerkunen nicht sparsam sein.

§ 39. In Ansehung der Allgemeinheit der Sätze können besonders diejenigen einige Schwierigkeiten verursachen, die auf eine transzendente Art allgemein sind, und daher auf die Intellektualwelt und auf die Körper|welt zugleich sollen können angewandt werden. Da solche Sätze aus transzendenten Begriffen bestehen, so läßt sich darüber eben das anmerken, was wir von diesen Begriffen bereits vorhin (§ 29 ff.) erinnert haben. Die Allgemeinheit mag beibehalten werden, solange die Sprache Wörter von gleich transzendentem Umfange der Bedeutung angibt. Wo aber die Wörter fehlen oder wo Vieldeutigkeit und Mißverständnis zu befürchten ist, da ist es allerdings besser, wenn man anfängt den Satz auf die Körperwelt besonders anzuwenden, um das *Tertium comparationis* deutlicher zu bestimmen, welches sodann bei der Anwendung des Satzes auf die Intellektualwelt zum Grunde gelegt werden kann. Dieses ist um soviel ratsamer, weil uns die Intellektualwelt ohnehin nicht anders als durch eine Art von Ähnlichkeit mit der Körperwelt bekannt ist und alle Wörter, wodurch wir jene vorstellen, von dieser hergenommen und metaphorisch gemacht sind. So z. B. wird die Theorie der *Kräfte* ungleich deutlicher und sicherer nach jeder von ihren drei Gattungen besonders abgehandelt (§ 29), und so auch wird der Begriff der *Ordnung* besser entwickelt, wenn man bei der lokalen Ordnung besonders anfängt, von welcher der Begriff und im Deutschen selbst auch das Wort hergenommen ist. *Denn sonst werden in solche Begriffe, die auf so gar viele und ganz verschiedene Dinge anwendbar sind, unvermerkt Bestimmungen eingeschoben, die nicht so allgemein vorkommen und von besondern Fällen hergenommen sind.* Man sieht auch leicht, daß man dieses nur durch die genaue Abzählung der Fälle (§ 34) sicher vermeiden kann. Die ontologischen Verhältnisbegriffe sind mehreren-

---

1 [unter den Beispielen des wissenschaftlichen Vortrags] (ergänzt) 14 befürchten : befahren

teils von einer sol|chen allgemeinen und transzendenten Anwendbarkeit, und die Abzählung der Fälle hat dabei beträchtliche Vorteile, weil sie dadurch nicht nur genauer bestimmt, sondern für jeden Fall noch die besonderen Bestimmungen beigefügt werden können.

§ 40. Bisher habe ich die Erfordernisse *(Requisita)* der Grundlehre angezeigt, die sie haben muß, wenn sie *wissenschaftlich* sein soll. Ich will nicht bestimmen, ob es alle sind. Aber die angebrachten sind schon genug und bald mehr als zu viel, wenn man sie bei Aufführung des Lehrgebäudes nie aus den Augen setzen, sondern sie immer verbinden und in [allen] Teilen zugleich erhalten soll. Ich hätte mehrere angeführt, wenn sie mir beigefallen wären, ohne mich durch die Aufhäufung der Schwierigkeiten abschrecken zu lassen. Denn es ist allerdings besser, daß man durchaus und genau wisse, was man eigentlich verlangt, wenn man eine im strengern Verstande wissenschaftliche Grundlehre verlangt, und wie man zurückbleibt, wenn man nicht alle Erfordernisse derselben mitnimmt, sondern diejenigen unterdrückt oder nach dem *meminisse horret* aus dem Sinne schlägt, deren Schwierigkeit etwann eher abschrecken als aufmuntern kann. Durch die Abzählung solcher Erfordernisse findet man auch genauer den *Leitfaden,* dem man zu folgen hat, weil man sich die Ziele, und [zwar] alle, vorstellt, dahin er führen soll. Ein solcher Leitfaden ist von den gemeinen *Topiken* ganz verschieden. Der Stoff und die Ordnung des Vortrages in jeder einzelnen Wissenschaft muß aus den Absichten bestimmt werden, zu welchen sie dienen soll, und diese Absichten haben für jede etwas Besonderes, wel|ches keinen so allgemeinen Model zuläßt, in welchen sie sämtlich gegossen werden könnten, um ihre echte Form zu haben.

§ 41. Nach den angegebenen Erfordernissen erhält auch die Grundlehre eine ganz andere Gestalt, als sie bisher gehabt hat.

11 [allen] : jeden
23 [zwar] (ergänzt)

Sie wird vollständiger und die Ordnung verschieden. Ich merke dieses hier an, weil dadurch auch nicht wenige von den über diese Wissenschaft gemachten Fragen teils wegfallen, teils umgekehrt oder sonst geändert werden und werden müssen. So z. B., um davon eine ziemlich allgemeine Formel zu geben, wird die Frage: *Wie gründet sich A auf B?* umgekehrt in die verwandelt: *Wie gründet sich B auf A?* Die oben gemachten Anmerkungen (§ 23–29) erläutern dieses zureichend, und geben die Fälle an, wo diese Änderung vorkommt. Sodann wird diesen Fragen und auch denen, so man über das Definieren macht, ein Anfang gesetzt, und daher fallen die Fragen weg, die man vor diesem Anfange noch vorher machte. Auf eine andere Art fallen die Fragen weg, deren Auflösung und deutliche Entwicklung in der wissenschaftlichen Grundlehre wirklich angegeben wird. Durch eine solche Entwicklung werden auch die Fragen geändert, welche wegen versteckter Vieldeutigkeiten, außerachtgelassener Bedingungen etc. gemacht worden sind, und sie fallen ganz weg, wenn die Bedingungen, die sie voraussetzen, durch die richtigeren Sätze der Grundlehre ins Ungereimte und Unmögliche verwiesen werden. Diese Anmerkungen habe ich noch beifügen sollen, damit man genauer finden könne, was man bei einer wissenschaftlichen Grund | lehre zu fragen habe. In der Grundlehre sind bisher auch Fragen vorgekommen, die durch Sätze veranlaßt worden sind, welche man aus ontologischen Gründen gerne erwiesen oder umgestoßen hätte, und solchen Sätzen zu Gefallen haben die ontologischen Definitionen öfters Änderungen gelitten. Solche Fragen müssen bei einer richtigen und wissenschaftlichen Grundlehre schlechthin wegfallen. Denn sie sind ungefähr von der Art, als wenn man in der Mathematik fragte, ob man nicht dem Ptolomäischen Weltbaue, oder dem *Perpetuo mobili*, oder der Quadratur des Zirkels zuliebe einige Begriffe und Sätze der Geometrie ändern wolle, damit sie sich daraus erweisen und herleiten lassen. Die Grundlehre soll in ein wissenschaftliches Lehrgebäude gebracht werden, ohne daß man darauf sehe, ob man, was daraus folgt, erwartet oder anders geglaubet habe. Und ist sie in der Tat wissenschaftlich, so kommt nichts darin vor, welches sich in den Folgen umstoßen oder *ad absurdum* deduzieren lassen könnte, sondern diese Folgen stoßen die Sätze um, welche denselben zuwiderlaufen.

§ 42. Man kann aber leicht zeigen, warum man sich eher hat in den Sinn kommen lassen, in den ontologischen Begriffen und Sätzen den Folgen zu Gefallen Änderungen vorzunehmen. Denn die Definitionen der Grundlehre wurden aus diesen Folgen oder durch die Sätze bestimmt, die man daraus herleiten wollte. Dieses hieß man: eine Sache dem Wortgebrauche gemäß erklären. Dieser Wortgebrauch war aber öfters nur derjenige, so bei vorgefaßten Meinungen und Hypothesen [der] einen oder anderen | Sekte vorkam. Man kann die verschiedenen Definitionen von der *Substanz*, imgleichen die von *Raum* und *Zeit* als Beispiele ansehen. Der Wortgebrauch ist eben kein untrüglicher Maßstab von der Richtigkeit einer Erklärung, weil versteckte Vieldeutigkeiten und veränderliche Schranken in dem Umfange der Bedeutung (§ 30, 33) dabei vorkommen können und öfters auch vorkommen, wo man sie kaum vermutete. Wir haben oben (§ 23) verschiedene andere Unrichtigkeiten bei solchen Definitionen angemerkt, und besonders (§ 27) gezeigt, daß sie eigentlich weder Sacherklärungen noch Worterklärungen, sondern ein Mittelding zwischen beiden waren, weil sie aus *Verhältnisbegriffen* bestanden, und daß man dabei, wenn auch alles andere richtig ist, die logischen Zirkel im Definieren nicht wohl vermeiden könne. In der Geometrie liegt immer die Sache selbst zum Grunde, und Wort und Begriffe richten sich nach derselben (§ 12). Und dieses soll in der Grundlehre von Rechts wegen auch sein.

§ 43. Hier aber ist man darauf verfallen, eine Schwierigkeit zu finden, die wir noch berühren müssen. Sie betrifft die Unterscheidung der *Sachen* selbst von dem *Scheine*. Und dabei ist man in der Ontologie sehr weit gegangen, indem man den *Raum*, die *Zeit*, die *Bewegung* und [die] *bewegenden Kräfte* und damit die ganze *Körperwelt* unter den Namen von *Phaenomenis* für nichts

10 [der] einen oder anderen : ein oder anderer   32 [die] (ergänzt)

besser als einen bloßen Schein ausgegeben und die ontologischen Definitionen dazu eingerichtet. Nun kann man allerdings beweisen, daß sich die Körperwelt unseren Sinnen nur nach dem Scheine zeigt und daß es wenige | Fälle gibt, wo die Sprachen des Scheines und des Wahren zusammentreffen. Dieses habe ich in der *Phänomenologie*[80] umständlich ausgeführt. Daraus aber folgt noch nicht, daß die Körperwelt ein ganz leerer Schein sei. Wenn es aber auch wäre, so müßten die von dem Scheine hergenommenen Begriffe immer zum Grunde gelegt werden, bis man aus denselben so viel finden kann, daß sich das Reale und Wahre dadurch bestimmen läßt. Diese Methode, welche die Astronomen längst schon gebraucht haben, findet sich in der Phänomenologie gleichfalls angezeigt. Man [ist] aber in der Grundlehre anders verfahren, Denn indem man von der Realität wegen der Besorgnis des Scheines abstrahierte und – anstatt von der Sache selbst hergenommene *Axiomata* zu gebrauchen – sich nur an *Principia* hielt, die nicht den *Stoff*, sondern nur die *Form* der Erkenntnis betrafen, so blieben höchstens nur Verhältnisbegriffe. Da sich aber aus bloßen Verhältnissen keine Sache bestimmen läßt, so war die Schwierigkeit immer noch ganz da, wie man nach der in der Ontologie angenommenen Ordnung zum Realen kommen könne. Man setze aber auch, daß wir unauflöslich an den Schein gebunden wären, so müßte und könnte die *menschliche* Grundlehre nur die ersten Grundgesetze des Scheines enthalten und ihre Theorie zum Gebrauche bequem machen.

§ 44. Ich führe diese Betrachtungen hier an, um zu zeigen, daß die Besorgnis des Scheines im geringsten nicht hindert in der Grundlehre bei den einfachen Begriffen den Anfang zu machen, so wie man wegen der Wort- und Sacherklärungen dabei den | Anfang machen muß (§ 28). Wer dazu Lust hat, mag sie als vom Scheine hergenommene Begriffe annehmen. Der Schein verrät sich immer in den Folgen, und diese müssen zeigen, ob der Schein vom Realen abgehe und wie fern. Man kann aber aus allen bisher angeführten Betrachtungen über die Erfordernisse der

13 [ist] : hat

Grundlehre leicht und auf eine vielfache Art sehen, daß man diese Folgen anders ziehen müsse, als man sie bisher mehrerenteils gezogen hat. Und da dürfte eben nicht so Vielem die Realität abzusprechen sein, als man es vermutet hatte.

Zweites Hauptstück
Einfache Grundbegriffe und Teile der Grundlehre

§ 45. Was ich in vorhergehendem Hauptstücke von den Erfordernissen der Grundlehre angeführt habe, ist meistens aus meinem *Organon* genommen und teils in die Kürze gezogen, teils auf die Grundlehre besonders angewandt worden. Ein echtes Organon soll bei [allen] Wissenschaften zum Leitfaden dienen und die topische Kunst, nach welcher man sie vortragen zu können glaubte, entbehrlich machen (§ 40). Ich habe auch das, so in gegenwärtigem Hauptstücke vorkommt, in dem letzten Hauptstücke der *Dianoiologie* und in den beiden ersten Hauptstücken der *Alethiologie*[81] in Absicht auf die Methode und die Wahrheit betrachtet. Hier werde ich es in Ab|sicht auf die Sache selbst umständlicher anführen, weil die *einfachen Begriffe* immer den Anfang der Grundlehre ausmachen sollen (§ 28, 44). Da sowohl diese Begriffe als [auch] ihre Namen keiner Erklärung bedürfen, so werde ich schlechthin nur das Verzeichnis oder das Register derselben hersetzen und die Anmerkungen beifügen, die sie natürlicherweise darbieten.

§ 46. Es sind demnach, so viel mir beigefallen, folgende:
I°. Einfache Grundbegriffe
   1°. Die Solidität
   2°. Die Existenz
   3°. Die Dauer
   4°. Die Ausdehnung
   5°. Die Kraft
   6°. Das Bewußtsein

11 [allen] : jeden   18 immer : in allwegen   20 [auch] (ergänzt)

       7°. Das Wollen
       8°. Die Beweglichkeit
       9°. Die Einheit
   10°. Die Größe
II°. Von dem sinnlichen Scheine hergenommene
   11°. Licht, Farben, Schall, Wärme etc.
III°. *Verba* oder Zeitwörter
   12°. Sein, werden, haben, können, tun
IV°. *Adverbia* oder Zuwörter
   13°. Nicht, gleich, einerlei, zugleich, was, wie, ob, warum
V°. *Praepositiones* oder Vorwörter, Verhältnisse
   14°. Zu, vor, bei, aus, nach, auf, durch etc.
VI°. *Coniunctiones* oder Bindewörter, Zusammenhang
   15°. Weil, warum, auch, sondern, aber, wenn, doch etc. |

§ 47. Das erste, was wir hierbei anzumerken haben, ist, daß wir diese Wörter, sofern sie einfache Begriffe vorstellen, sämtlich in ihrer *eigentlichen Bedeutung* nehmen, weil viele darunter metaphorisch werden können und es bereits schon sind.

§ 48. Sodann ist aus der Betrachtung dieses Verzeichnisses leicht zu sehen, daß die Vergleichung der Intellektualwelt und der Körperwelt bereits schon bei den einfachen Begriffen anfängt. Wir vergleichen das *Wollen* mit der *Kraft* und mit der *Bewegung*. Dem *Verstande* geben wir gleichfalls eine *Kraft*, und den *Gedanken* eine *Ausdehnung* und *Solidität*, sofern nämlich die *Solidität* mit der *Festigkeit* eine Verbindung hat. Die Begriffe *Existenz*, *Dauer*, *Einheit*, *Größe* sind ohnehin transzendent und kommen in der Intellektualwelt so gut als in der Körperwelt vor. Da wir die meisten oder gar alle Ausdrücke, so wir bei dem Verstande und Willen gebrauchen, aus der Körperwelt borgen und metaphorisch machen, so werden sich die Gründe zur Vergleichung und die Vergleichungsstücke immer genauer und leichter finden lassen, je besser uns die Körperwelt, oder die Teile derselben, woher wir die Vergleichung nehmen können, bekannt ist. Daher werden wir dem oben in dieser Absicht angegebenen Leitfaden folgen (§ 29, 39).

§ 49. Ich habe ferner in diesem Verzeichnis die einfachen Begriffe in Klassen geteilt. Die ersten beiden Klassen hat Locke in seinem Werk *Von dem menschlichen Verstande* bereits durch eine sorgfältige Anatomie herausgebracht, und sie auf eine ähn|liche Art abgesondert. Daher konnte ich sie in der *Alethiologie* kürzer vortragen, wo ich sie ungefähr wie Locke nach Anleitung der Sinne und Empfindungen, wodurch diese Begriffe in uns veranlaßt werden, aufsuchte. In der *Phänomenologie* aber habe ich auf eine umständlichere Art angezeigt, warum ich die Begriffe der Farben, des Schalles, der Wärme etc., welche die eigenen und unmittelbaren Gegenstände der Sinne und Empfindungen sind, als Begriffe ansehe, die von dem Scheine der Körperwelt herrühren. Daher sondere ich hier ohne Bedenken die zweite Klasse von der ersten ab, um so mehr, da sie viel zu speziell sind, als daß sie in der Grundlehre, jeder besonders betrachtet, vorkommen sollten (§ 3).

§ 50. Hingegen benannte ich die erste Klasse *Grundbegriffe*, weil sie ebenso viele Gegenstände der Grundlehre sind, und weil sich die folgenden Klassen auf diese beziehen und dabei angewandt werden können. Die vier letzten Klassen habe ich unvollständig gelassen, weil die Wörter derselben wegen der Verbindung, so sie mit der ersten Klasse haben, bei näherer Betrachtung dieser Klasse sich ohnehin von selbst darbieten, und da sie teils vieldeutig, teils von veränderlichem Umfange der Bedeutung sind, so wird der Begriff, der damit verbunden ist, jedesmal genauer aus dem Zusammenhange der Rede bestimmt. In Ansehung der drei letzten Klassen besonders kann ich mich hier [der] Kürze halber auf das sechste Hauptstück der *Semiotic* beziehen, welches darüber gemachte Anmerkungen enthält. Aus der vierten Klasse aber wird der Begriff *einerlei*, Identität, eine besondere Betrachtung verdienen, und kann mit | zu den Grundbegrif-

---

29 [der] (ergänzt)

fen gerechnet werden, ungeachtet er von ganz anderer Art als die
Begriffe der ersten Klasse ist.

§ 51. Von allen diesen Begriffen werde ich keine Definition geben. Vielleicht ließen sich einige durch Verhältnisse zu anderen Begriffen soweit bestimmen oder kenntlich machen, als man voraussetzt, jemand, dem man sie auf diese Weise kenntlich machen will, habe diese Begriffe nicht, er habe aber die Begriffe, die man zu der Definition gebraucht. Es ist aber bei solchen Definitionen nichts systematisches, und die logischen Zirkel finden sich unvermeidlich dabei ein, wenn man sie fortsetzen soll (§ 27, 7). So z. B. kann man etwann sagen: Das Solide ist das Dichte in der Materie, welches den Raum ausfüllt, oder das *reale Etwas* etc.; damit habe ich aber keinen klareren Begriff von diesem *Etwas*, welches in der Materie solid ist. So hat man auch die *Existenz* durch ein *Etwas* definieren wollen, welches noch zur Möglichkeit hinzukommen müsse, um wirklich zu sein, oder durch ein *positives und absolutes Setzen*, welches soviel ist als *existieren machen* etc. Bei allem diesem ist Locke glücklicher verfahren. Er zeigt schlechthin nur die Art der Empfindungen an, wodurch wir zu diesen Begriffen gelangen. Cartesius mit seinem *Cogito, ergo sum* wäre auf gleichem Wege gewesen, und selbst Wolff, der doch alles wollte definiert wissen, verfiel darauf, da er eine Erklärung von der Lust suchte. Er konnte nur angeben, wie sie in uns entsteht oder wodurch sie erregt wird. Vielleicht hätte er sie, nach seiner Art durch Verhältnisse zu definieren, den Trieb zum Wollen nennen können, und zwar den subjektiven, | weil der objektive von der Vorstellung des Guten herkommt. Ich kann überhaupt noch anmerken, daß man durch solcherart versuchte Definitionen immer noch zu höheren Gründen hinaufzukommen suchte und aus denselben noch mehr herleiten zu können glaubte. Da man aber bei dem eigentlichen Analysieren der Begriffe endlich auf die einfachen kommt (§ 7), welche sich nach der Lockeschen Anatomie der Begriffe leichter und allem Ansehen nach nicht anders, als nach derselben, finden lassen (§ 9, 8),

28 solcherart : solche

so ist es vernünftiger, daß man dabei anfange, diese Begriffe zum Grunde zu legen und, anstatt höhere Gründe zu suchen, ihre Folgen brauchbar zu machen.

§ 52. Ehe ich zur Vergleichung dieser einfachen Grundbegriffe fortschreite, werde ich anmerken, daß ich den sechsten und siebenten, oder das *Bewußtsein* und das *Wollen* bei dieser Vergleichung weglasse. Denn ersteres kommt bei allen vor, letzteres aber hat ein eigenes Objekt, nämlich das *Gute*, und gehört daher besonders in die Agathologie oder die Lehre vom *Guten*, so wie das *Bewußtsein*, sofern es auf das *Wahre* geht, in dem Organon zum Gegenstande dient. Beide aber werden in einer anderen Absicht in der Psychologie oder Theorie des denkenden Wesens betrachtet. Die Vergleichung des *Wahren*, des *Guten* und des *Möglichen*, wie auch ihrer *Gründe* und der dazu erforderlichen *Kräfte* wird sich im folgenden besser vortragen lassen.

§ 53. Auf diese Art bleiben noch: die *Solidität*, *Existenz*, *Dauer*, *Ausdehnung*, *Kraft*, *Beweglichkeit*, *Einheit* (wohin wir auch die *Größe* rech|nen) und *Identität*. Man sieht überhaupt leicht, daß sich zwischen diesen Begriffen mehrerlei *Verhältnisse* denken lassen, und daß sie teils *einzeln*, teils *mehrere miteinander* in Vergleichung können gebracht werden. Ich lege demnach einen jeden zum Grunde, und sehe, welche von den anderen damit ganz oder zum Teil, notwendig oder willkürlich verbunden sind. Was ich dabei gefunden, stellt folgende Figur vor Augen, welcher ich die Erklärung beifügen werde.

[Korrelate der Grundlehren s. S. 90]

In dieser Tabelle bedeutet:
* der zum Grunde gelegte Begriff,
= damit notwendig verbundene,
+ der Gegenstand des Hauptbegriffes,
⋯ nur zum Teil verbundene Begriffe,
— verglichene Begriffe.

Korrelate der Grundlehren

	1	2	3	4	5	6	7	8	9	10	11	12	13	14	15	16
Solidität	+	–	*	*	*	=	–	–			–	–	=	=		–
Existenz	–	–	–	–	*	–	–									
Dauer	–	–	–	–	=	*	*	*				–		–	=	=
Ausdehnung	–	–	–	–		–		*	*	*				–	=	=
Kraft	+	–	–	–	–	=	–					–	–	*	*	–
Beweglichkeit	–	–	–									–		–	*	*
Einheit	–	*	–		–	=				–	–	–	–	–	–	–
Identität	*	–	–		=	–										
	Kalkül der Dualitäten, § 55.	Allgemeine Mathesis, § 55.	Substanz, § 56.	Ding, Realität, Ontologie, § 57.	Systematologie, § 59.	Existenz, § 60.	Subsistenz, § 61.	Zeit und Raum, § 62.	Chronometrie, § 63.	Geometrie, § 64.	Statik, § 65.	Dichtigkeit, allgem. eine Hydrostatik, § 66.	Kraft der Substanzen, § 67.	Bewegende Kraft, Mechanik, § 67.	Phoronomie, § 68.	Dynamik, § 68.

§ 54. Diese Tabelle habe ich nur hierher gesetzt, um die Kombinationen, die sie enthält, mit einem Male vor Augen zu stellen. Sie gründet sich auf die acht einfachen Begriffe, die vor den

Vertikalkolumnen herunter gesetzt sind. Wollte man diese acht Begriffe zu zweien und zweien, zu dreien und dreien etc. kombinieren, so würde man in allem 255 Kombinationen herausbringen. Allein, die nähere Betrachtung dieser Begriffe läßt so viele Kombinationen nicht zu und vermindert ihre Anzahl sehr merklich. Ich werde sie daher nach der Ordnung der Kolumnen betrachten.

§ 55. In der ersten Kolumne liegt der Begriff der *Identität* zum Grunde, wohin ich die damit verwandten Begriffe *ähnlich*, *verschieden*, *gleich*, *ungleich* etc. rechne. Da sich nun der Begriff einerlei mit jedem der anderen einfachen Grundbegriffe verbinden läßt, so findet sich in der ersten Kolumne keine leere Zelle. Im Gegenteile habe ich die neben *Solidität* und *Kraft* stehende Zelle mit + bezeichnet, weil diese drei Begriffe die Grundlage zu dem allgemeinen *Calculo qualitatum* sind, sofern dieser dem *Calculo quantitatum* entgegengesetzt wird. Ich merke dieses hier nur im Vorbeigehen an, um anzuzeigen, warum ich unter die erste Kolumne die Worte *Kalkül | der Qualitäten* gesetzt habe. Die Identität verdient im Folgenden in der Grundlehre eine besondere Theorie um desto mehr, weil sie so allgemein anwendbar ist.

§ 56. In der zweiten Kolumne liegt der Begriff der *Einheit* zum Grunde, und da habe ich wiederum keine leere Zelle gelassen, weil dieser Begriff nebst den damit verwandten Begriffen der *Größe*, *Menge*, *Zahl*, *Grade*, *Dimension* etc. bei jedem der übrigen Grundbegriffe anwendbar ist. Ich habe daher unter die zweite Kolumne die Worte: *allgemeine Mathesis* gesetzt, welche in der Grundlehre in vielen Absichten eine eigene Theorie erfordert, und ganz etwas anderes ist, als was man bisher dafür ausgegeben. Vielleicht läßt sie sich am füglichsten durch die Worte *Organon quantorum*[82] ausdrücken, welche ich hier nicht weiter erklären werde, weil es im Folgenden vorkommen wird.

§ 57. In der dritten Kolumne liegt der Begriff *Solidität* zum Grunde. Da hierbei die übrigen Begriffe sämtlich vorkommen können, so sind in dieser Kolumne ebenfalls alle Zellen ausgefüllt oder bezeichnet worden. Aus gleichem Grunde habe ich das Wort *Ding* unter diese Kolumne gesetzt, welches zwar, an sich betrachtet, allgemeiner gebraucht wird, dabei aber dennoch den Begriff Solidität zum Grunde haben muß, sofern es etwas *Reales* bedeuten, und nicht etwa bloße Hirngespinste vorstellen soll. Die Theorie eines Dinges überhaupt betrachtet, wird dem buchstäblichen Verstande nach *Ontologie* genannt. Endlich habe ich in dieser Kolumne die Zelle neben dem | Begriffe *Ausdehnung* besonders bezeichnet, weil man in der Ontologie zwischen *ausgedehnter* und *nicht ausgedehnter Solidität* einen Unterschied gemacht hat.

§ 58. In der vierten und fünften Kolumne liegt wiederum der Begriff *Solidität* zum Grunde, und zwar in der vierten, sofern der Begriff der *Kräfte* damit verbunden wird und sofern das Solide *existieren* und *fortdauern* kann. Diese Begriffe zusammengenommen, kommen bei der Theorie der *Substanz* vor, welches Wort ich daher auch unter die vierte Kolumne gesetzt habe und [das] im Folgenden wird betrachtet werden.

§ 59. In der fünften Kolumne aber finden sich mit dem Begriffe der *Solidität* die Begriffe der *Ausdehnung*, *Kraft* und *Einheit* verbunden. Denn bei ausgedehnten Soliditäten läßt sich eine *Mehrheit* der *Teile*, und vermittelst der Kräfte eine *Verbindung* dieser Teile denken: und das *Ganze* macht ein *System* aus. Dieses fordert ebenfalls eine besondere Theorie, welche *Systematologie* heißen mag, wie ich denn dieses Wort unter die fünfte Kolumne geschrieben. Der transzendente Teil dieser Theorie dehnt sich auf die Systeme der Intellektualwelt aus (§ 48, 29, 39), und überhaupt kommt auch die Theorie der *Ordnung* und *Vollkommenheit* dabei vor, oder wird dabei vorausgesetzt und angewandt.

7 sofern : dafern
21 [das] (ergänzt)

Man sieht auch leicht, daß in diesen beiden Kolumnen die *Substanzen* erstlich *an und für sich*, sodann *in Verbindung miteinander* betrachtet werden. Da nun dieses alle Fälle begreift, | wo der Begriff der *Solidität* zum Grunde gelegt werden kann, so findet sich auch in der Tabelle keine Kolumne mehr, worin die erste Zelle mit * bezeichnet wäre.

§ 60. Daher schreite ich in der sechsten Kolumne zum Begriffe der *Existenz*, sofern dieser zum Grunde gelegt werden kann. Die Existenz ist eine absolute *Einheit*, welche keine Grade zuläßt. Sie setzt etwas *Solides* und Kräfte oder überhaupt etwas Substantielles schlechthin voraus, und eine *Dauer*, so klein man auch diese nehmen will. Endlich ist, was existiert, *ein und ebendasselbe (numero idem)*. Daher sind in der sechsten Kolumne die bezeichneten Zellen mit = bezeichnet. Die leer gelassenen Zellen kommen bei der Theorie der Existenz weder notwendig noch allgemein vor. Ich habe demnach nur eine Kolumne gebraucht, für welche der Begriff der *Existenz* zumal *a priori* und allgemein zum Grunde gelegt ist. Übrigens verdient das *Wirkliche*, sofern es dem *Möglichen* und *Notwendigen* entgegengesetzt wird, eine besondere Theorie.

§ 61. Der Begriff der *Dauer* ließe sich auf eine dreifache Art zum Grunde legen. Mit den Begriffen der Solidität und Kraft verbunden, geht er auf das, was *subsistieren* kann, und dieses gibt die siebente Kolumne.

§ 62. Hingegen gibt die *Dauer*, mit den Begriffen der Solidität, Existenz, Ausdehnung und Identität verbunden, spezielle Grundsätze an, *welche die | Zusammensetzung oder Verbindung an sich unbedingter Möglichkeiten einschränken*, und daher zur *Systematologie* und Theorie des *zugleich Möglichen* gehören, z.B. daß ein und ebendas Solide nicht zugleich an mehreren Orten, und hinwiederum verschiedenes Solide nicht zugleich an ebendemselben Orte sein könne etc. Das Transzendente von solchen Grundsätzen dehnt sich auf die Intellektualwelt aus (§§ 59, 48, 39, 29). Man sehe auch § 13.

§ 63. In der neunten Kolumne wird die *Dauer*, weil sie eine Dimension hat, schlechthin nur mit der Einheit verbunden, und dieses gibt die *Chronometrie*, oder die Theorie von der Ausmessung der Zeit, welche ungemein schwer sein würde, wenn uns nicht die Natur die Bewegung und bei dieser allgemeine Gesetze darböte, weil uns die Zeit bald lang bald kurz vorkommt. Auch diese scheinbare Länge der Zeit hat ihre Gründe, welche in der allgemeinen Chronometrie vorkommen müssen. Ich merke hierbei nur gelegentlich an, daß diejenigen, welche die Zeit nur für ein Phänomenon ausgeben (§ 43), hierbei geneigt sind, die scheinbare Dauer mit der wahren umzuwechseln.

§ 64. Der Begriff der *Ausdehnung* gibt uns ebenfalls drei Kolumnen an, wenn er zum Grunde gelegt wird. In der zehnten wird er mit der *Einheit* verbunden, und dies gibt die *Geometrie*, eine seit Euklids Zeiten schon auf Gründe gebrachte Wissenschaft und Teil der Grundlehre. |

§ 65. Mit den Begriffen der *Solidität*, *Kraft* und *Einheit* verbunden, wie in der elften Kolumne, gibt der Begriff der *Ausdehnung* die *allgemeine Statik* oder *Theorie des Ruhe- und Beharrungsstandes bei Systemen* an, wovon verschiedenes auch auf die Intellektualwelt ausgedehnt werden kann (§ 59). Man bestimmt darin, wiefern die Kräfte in einem Systeme einander das Gleichgewicht halten, und die Anwendung der Mathesis universalis (§ 56) zeigt, daß dabei die sogenannten Maxima und Minima vorkommen, und dieses gibt sodann Anlaß, die Theorie der *Ordnung* und *Vollkommenheit* (§ 59) dabei anzuwenden. Ich merke dieses hier nur gelegentlich an.

§ 66. Wird, wie es in der zwölften Kolumne geschieht, der Begriff der *Ausdehnung* oder des *Raums* mit dem *Soliden* verglichen, sofern dieses den Raum ausfüllt, und der Begriff der *Einheit* noch mitgenommen, so ergeben sich die Grade und Ausmessung der *Dichtigkeit*, und mit Zuziehung des Begriffes der *Kräfte der Dauer* und *Beweglichkeit* die *allgemeine Hydrostatik*, eine Wissenschaft, welche bestimmt, wiefern in einem Systeme die Ungleichheit der Kräfte nicht jede beliebige Anordnung zuläßt, sondern das willkürlich angeordnete System so ändert, daß es in den Ruhe- oder Beharrungsstand komme. Hierüber kann man die vorhin gemachte Anmerkung (§ 65) wiederholen.

§ 67. Da der Begriff der *Kraft* die Solidität voraussetzt, so läßt er sich nur insofern zum Grunde legen, | als man die Kraft entweder für sich, als den Grund der realen oder positiven Möglichkeit und Tulichkeit (§ 20), oder in Absicht auf die Bewegung betrachtet, und die Grade dabei bestimmt werden. Ersteres gibt die dreizehnte, letzteres aber die vierzehnte Kolumne, welche die *Mechanik* angibt, und zwar, insofern *Systeme* als *Maschinen* können betrachtet werden.

§ 68. Denn die Theorie der Bewegung, sofern nämlich die *Beweglichkeit* zum Grunde gelegt wird, gibt zwei andere und allgemeinere Wissenschaften an. Mit dem Begriffe der *Beweglichkeit* sind die Begriffe der *Ausdehnung* und der *Dauer* notwendig verbunden, und dieses haben wir in der fünfzehnten und sechzehnten Kolumne angezeigt. In der fünfzehnten wird noch der Begriff der *Einheit* mit dazu genommen, und dieses gibt die *Phoronomie* oder die Theorie der lokalen Bewegung an sich betrachtet, sofern nämlich nur *Zeit*, *Raum* und *Geschwindigkeit* mit einander zu vergleichen sind. Nimmt man aber, wie es in der sechzehnten Kolumne geschieht, noch die Begriffe der *Solidität* und *Kraft* dazu, so hat man die *Dynamik* oder die Lehre der bei der Bewegung vorkommenden Kräfte. In der Mechanik betrachtet man die Maschine oder das System, sofern die Struktur oder Einrichtung bleibt, in der Dynamik aber, sofern sie durch Einwirkung der Kräfte geändert wird. Doch ist dieser Unterschied etwas willkürlich, weil das Wort *Mechanik* hier in seiner engsten und ersten Bedeutung genommen wird. Es unterscheidet sich aber die Sache selbst von einander und zugleich auch von der Statik und Hydrostatik § 65, 66. Da der Begriff der Kräfte | transzendent ist, so dehnt sich die Theorie des Mechanismus und die Dynamik auf eine transzendente Art auch auf die Intellektualwelt aus (§ 29, 39, 48, 59).

§ 69. Dies sind nun die Kombinationen, die ich herausgebracht habe. Ungeachtet ich sie [der] Kürze halber in sechzehn Kolumnen gebracht, so enthält die Tafel in der Tat doch mehrere. Denn in den drei ersten Kolumnen kann man von denen mit – bezeichneten Zellen weglassen, welche man will, doch mit der Bedingung, daß mit der *Beweglichkeit* die *Ausdehnung* und *Dauer*, mit der *Kraft* die *Solidität*, und mit der *Existenz* die *Solidität*, *Dauer*, *Einheit* und *Identität* zugleich bleiben. Sodann kann man in den acht letzten Kolumnen statt der *Einheit* die *Identität* setzen, oder beide weglassen. Im ersten Falle werden die übrigen in diesen Kolumnen bezeichneten Begriffe, oder die Sache, die sie vorstellen, ohne Ausmessung miteinander und mit ähnlichen verglichen, im andern Falle aber für sich betrachtet. Da aber beides ohnehin geschehen muß, wenn man Ausmessungen bestimmen will, so habe ich [der] Kürze halber die Zelle der *Einheit* bezeichnet. Überhaupt gibt es auch die Methode an, daß wo in einer Kolumne mehrere Begriffe bezeichnet sind, man sie in der Theorie, die man darüber errichten will, nicht sogleich alle mit einem Male, sondern Anfangs jeden für sich, und sodann ihre einfachsten Verbindungen betrachte, wie man es in Ansehung der zwölften Kolumne (§ 66) erläutert finden kann.

§ 70. Man kann aus dieser Art zu verfahren ohne Mühe sehen, daß die im vorhergehenden Hauptstücke ange | gebenen Erfordernisse der Grundlehre dadurch erhalten werden. Jede Kolumne bietet uns solche Begriffe an, die zusammengenommen ein Ganzes ausmachen, in Verbindung miteinander stehen, und daher allerdings *Data* und *Quaesita* angeben (§ 15, 14). Wo das Transzendente vorkomme, haben wir bei der Erläuterung der Kolumnen bereits angezeigt. Der Begriff der Kraft, als des eigentlichen Grundes der *Tulichkeit* (§ 20), kommt fast in allen Kolumnen vor, und die Theorie der übrigen, wo er nicht vorkommt, gibt zu *finden* und bahnt zum *Tun* den Weg. Um desto allgemeiner kommt hier das Praktische (§ 18) vor. Die Grundsätze und Forderungen, so die einfachen Begriffe angeben, wer-

2 [der] (ergänzt)   15 [der] (ergänzt)

den wir im folgenden vortragen, da wir (§ 62) nur einige beispielsweise angeführt haben, um die achte Kolumne zu erläutern.

§ 71. Überdies bietet uns jede Kolumne eine besondere Theorie und Wissenschaft an. Um diese herauszubringen, habe ich mich der oben (§ 34, 17) angegebenen Kombination bedient, und die einfachen Begriffe, die zusammengenommen werden müssen oder können (§ 69), zusammengenommen. Nun konnte ich als ein *Postulatum* annehmen (§ 52), *daß zusammengehörende Begriffe eine Theorie oder wissenschaftliche Erkenntnis angeben*. Demnach blieb nichts weiters zu tun, als jeder Kolumne den Namen einer Wissenschaft zu geben, und hierin folgte ich den oben (§ 23, 25, 26) angegebenen Erfordernissen und Regeln. Und merkte dabei an, wiefern ich die Namen, z. B. *Statik*, *Hydrostatik*, *allgemeine Mathesis* etc. vermöge des *Tertii comparationis* abstrakter oder auch gar transzendent mache. |

§ 72. Da ferner die einfachen Begriffe an sich unveränderlich sind, und selbst auch die Sprache ihre Namen beibehält, so hatte ich weiter nichts zu tun, als ihre Kombinationen vorzunehmen, sofern sich jeder zum Grunde legen und mit mehr oder minder [vielen] von den übrigen so verbinden läßt, daß ein Ganzes herauskomme, welches einer Theorie fähig sei, und diese Kombinationen in einer Tabelle vor Augen zu legen, damit man sie mit einem Male übersehen könne. Klarer läßt es sich nicht machen, und da die Möglichkeiten solcher Kombinationen zugleich mit den einfachen Begriffen unveränderlich bleiben, so wird offenbar dadurch auch eine *Unveränderlichkeit* in die Grundlehre gebracht und die *Evidenz* erhalten (§ 21). In Ansehung der Besorgnis des *Scheins*, welcher allerdings auch evident sein kann, habe ich bereits (§ 44) angemerkt, daß man sich dadurch im geringsten nicht dürfe irre machen lassen, und der (§ 36–38) angemerkten Freiheit in Ansehung des Gebrauchs der *gemeinen* oder auch *bloß historischen* Erkenntnis bediene ich mich ohne

---

21 [vielen] (ergänzt)

Bedenken, weil die zur wissenschaftlichen Grundlehre gehörenden Begriffe und Sätze klar und auf eine eminente Art vor Augen liegen.

§ 73. Da ich endlich schon bei den einfachen Begriffen, als der Grundlage unserer ganzen Erkenntnis, anfange, sie, auf so vielerlei Arten es angeht, zusammenzunehmen, so ist klar, daß was bei solchen einfachsten Systemen schon in die Kürze gezogen werden kann, es in jedem besonderen Fall an sich schon ist. Dadurch erhält man die (§ 16) angegebene Erfor|dernis, und es ist leicht vorauszusehen, daß die besondere Theorie dieser Systeme noch mehrere Anlässe dazu geben werde.

§ 74. Hier können wir nun den Begriff der *Grundlehre* auf eine wissenschaftliche Art festsetzen. Da die einfachen Begriffe die erste Grundlage unserer Erkenntnis sind, und bei den zusammengesetzten Begriffen, sofern wir sie uns sollen vorstellen können (§ 9), sich alles in solche auflösen läßt; so machen diese einfachen Begriffe einzeln und unter einander kombiniert zusammengenommen ein System aus, welches notwendig [alle] ersten Gründe unserer Erkenntnis enthält. Von diesem System läßt sich eine wissenschaftliche Erkenntnis denken (§ 71), und die Sprache bietet uns dem buchstäblichen Verstande nach die Wörter *Grundlehre*, *Grundwissenschaft*, *Architektonik*, *Urlehre* etc. als Namen dazu an. Demnach läßt sich leicht der Schluß machen, daß die unter jede Kolumne gesetzten Wissenschaften einzelne Teile der Grundlehre sind, und daß die Ontologie, dem Buchstaben nach genommen, nur einen Teil davon ausmache (§ 57). Die Tabelle selbst stellt zugleich die Verbindung dieser einzelnen Teile, welche die Grundlage jeder speziellen Wissenschaft sind, mit einem Male vor Augen. Man sieht daraus, wiefern sie schon in den einfachen oder ersten Grundbegriffen unserer Erkenntnis etwas *gemeinsames* und etwas *eigenes* haben. Auf eine evidentere und minder willkürliche Art läßt sich diese Verbindung nicht

8 in jedem besonderen Fall : in jeden besondern Fällen
18 [alle] : jede

vorstellen. Um sie aber vollständig zu machen, muß man die Anmerkung des § 52 und das Transzendente mitnehmen. |

§ 75. Ich habe noch die (§ 41 f.) angemerkte Änderung und das Wegfallen der Fragen zu berühren. Man fängt in der Ontologie gemeinhin mit den Begriffen und Definitionen [von] *Nichts, Etwas, Mögliches, Unmögliches, Grund, Determinieren, Ding, Realität, Wesen, Eigenschaft, Zufälligkeit,* [Notwendigkeit] etc. an, und sucht dadurch die Ontologie nach der oben (§ 11, 19, 20, 22, 27, 33, 36, 43) beschriebenen Methode, so gut man konnte (§ zit. u. 12, 15–18, 23–26, 31, 39), in einen Zusammenhang zu bringen. Davon ist nun der hier vorkommende Vortrag der Grundlehre ganz verschieden, und von diesen Begriffen kommt in der Tabelle (§ 53) wenig oder nichts vor. Und zwar, weil es Begriffe sind, die teils bei den einfachen vorkommen, teils aus den einfachen erst müssen hergeleitet werden. So z. B. setzt das *Determinieren* den Begriff der *Kraft* voraus und ist von gleich transzendentem Umfange. Es setzt *Postulata* voraus, welche Möglichkeiten zu Determinieren angeben; diese aber müssen erst aus den einfachen Begriffen genommen werden (§ 20). Die Theorie des *Möglichen,* sofern es schlechthin nur *nicht widersprechend* ist (§ 20), kann ebenfalls erst nach der Theorie der Entstehungsart der Sätze vorkommen etc. Ich merke dieses hier nur deswegen an, damit ich verschiedenen Fragen vorbeuge, die durch den bisherigen Vortrag der Ontologie leicht veranlaßt werden können.

Drittes Hauptstück
Erste Grundsätze und Forderungen der Grundlehre

§ 76. Nach der Vorzählung und unmittelbaren Vergleichung der einfachen Begriffe, werden wir nun die Grundsätze und *Postulata* anführen, die sie uns angeben, weil ohne diese keine wissen-

5 [von] : des   6 Mögliches, Unmögliches : Möglich Unmöglich
7 [Notwendigkeit] : nothwendig

schaftliche Form erhalten werden kann (§ 12, 20, 23). Von solchen Grundsätzen und Forderungen habe ich in dem zweiten Hauptstücke der *Alethiologie*, wo es um die Bestimmung der ersten Gründe des Wahren zu tun [war], mehrere angegeben. Hier aber ist der Ort, sie ausführlicher vorzutragen, weil sie die ersten Gründe unseres Wissens und Tuns sind[83]. Das erste, was sich demnach hier voraus anzumerken darbietet, ist dieses: daß es bei den Grundsätzen und Forderungen nicht so [sehr] um die *Erklärung* der Begriffe oder der Wörter, sondern um die *Allgemeinheit* derselben zu tun ist. Sie kommen bei den einfachen Begriffen vor (§ 23), und diese, sowohl als ihre Namen, bedürfen keiner Erklärung, und man würde auch ohne logische Zirkel keine Erklärung davon geben können (§ 28, 27, 51). Hingegen hat die Versicherung, daß die Grundsätze und Forderungen allgemein sind, desto mehr zu sagen. Die Allgemeinheit der Grundsätze macht ihre Anwendung sicher und zuverlässig, und die *Postulata* müssen *allgemeine* Möglichkeiten angeben, [sofern] die Besorgnis der Einschränkung ihre Anwendung nicht ungewiß machen solle (§ 20). |

§ 77. Die *Einheit*, nebst den aus ihrer Wiederholung erwachsenden *Zahlen*, ist der Gegenstand der Arithmetik, und darin längst wissenschaftlich abgehandelt. Die Grundsätze sind folgende:
1°. Jede Zahl ist sich selbst gleich.
2°. Jede Zahl ist von jeder größeren oder kleineren notwendig verschieden.
3°. Jede Zahl bezieht sich auf ihre Einheit, aus deren Wiederholung sie erwächst.
4°. Zwei Zahlen, deren jede einer dritten Zahl gleich ist, sind unter sich gleich.
5°. Zwei Zahlen, die ein gleicher Teil einer dritten sind, sind unter sich gleich.
6°. Die Einheit ist die Basis der Grade.

---

4 [war] : wäre   8 [sehr] : fest   17 sofern : dafern

Die *Postulata* aber sind folgende:
1°. Jede Zahl kann sovielmal genommen werden, als man will.
2°. Jede Zahl kann als eine größere Einheit angesehen werden.
3°. Zu jeder Zahl lassen sich noch Einheiten und Zahlen hinzusetzen.
4°. So groß man eine Zahl nimmt, lassen sich noch größere nehmen.

§ 78. Auf dem zweiten von diesen *Postulatis* beruht das charakteristische Zahlengebäude, weil man in demselben die Zahlen 10, 100, 1000 etc. als neue Einheiten ansieht, und ihren Wert durch die Stelle oder Rangordnung andeutet. Auf ebendiesem *Postulato* beruht auch die Theorie der so genannten Dignitäten und Dimensionen. Denn nimmt man z. B. die Zahl 6 | sechsmal, das ist ebensovielmal als diese Zahl Einheiten hat, so erhält man die zweite Dignität. Da ist nämlich 6 als die Einheit vom ersten Range, 6 mal 6 oder 36 als die Einheit vom zweiten Range, 6 mal 36 oder 216 als die Einheit vom dritten Range anzusehen etc. Diese Einheiten werden daher auch so gezeichnet $6'$, $6''$, $6'''$, $6''''$ etc. oder 6^1, 6^2, 6^3, 6^4 etc. Da nun eine kleinere Zahl, z. B. 4 nur ein Teil der Einheit vom ersten Range der Zahl 6 ist, nämlich $\frac{2}{3}$ von 6, so ist auch 4 mal 6 nur $\frac{2}{3}$ von $6''$ oder $\frac{2}{3}$ der Einheit vom zweiten Range. Und ebenso wird 3 mal 4 nur $\frac{1}{3}$ von $6''$ sein etc. Wir merken dieses hier in Absicht auf die Dimensionen an, welche vorkommen, wo Einheiten von verschiedener Art verbunden sind und wo folglich auch die Zahlen der einen mit den Zahlen der anderen verbunden werden müssen, welches durch das Multiplizieren geschieht. Wie verschieden aber die Einheiten sein können, das wird aus der Betrachtung der anderen einfachen Begriffe erhellen, weil sich bei jedem derselben eine oder mehrere verschiedene Einheiten und daher auch eine oder mehrere Dimensionen denken lassen. Die ausführliche Theorie der Einheiten und der Dimensionen gehört in die allgemeine Mathesis (§ 56).

§ 79. Die *Ausdehnung* oder der *Raum*, sofern er ausgemessen wird, ist der Gegenstand der Geometrie, einer Wissenschaft, welche Euklid schon in eine wissenschaftliche Form gebracht und dadurch ein echtes Muster dieser Form gegeben hat. Dabei kommen nun folgende Grundsätze vor:

1°. Die Teile des Raums sind außereinander, oder der Raum ist ausgedehnt. |
2°. Der Raum hat keine bestimmte Einheit.
3°. Der Raum hat drei Dimensionen, nämlich Linien, Flächen und körperlichen Raum.
4°. Jeder Punkt des Raums ist ein Ort.
5°. Jeder Ort ist außer dem anderen.
6°. Jeder Punkt, jede Linie, jede Fläche hat eine eigene Lage.
7°. Ein Punkt schließt keinen Raum, zwei gerade Linien keinen Flächenraum, drei ebene Flächen keinen Körperraum.

Postulata aber sind folgende:

1°. Jeder Teil des Raums kann als eine Einheit angenommen werden, und vergrößert werden, soviel man will.
2°. Von jedem Punkte läßt sich nach jeder Lage eine gerade Linie von jeder beliebigen Länge ziehen.
3°. Von jedem Punkte zu jedem andern kann eine gerade Linie gezogen, und so weit man will verlängert werden.
4°. Jede drei Punkte können als in einer ebenen Fläche liegend gedacht werden.
5°. Jeder Punkt kann als ein Anfang einer Linie, Fläche und körperlichen Raumes angenommen werden.

§ 80. Man sieht leicht, daß wir hier den Raum an sich und folglich den sogenannten absoluten Raum betrachten. In der Geometrie wird alles dieses ideal genommen. Man trägt darin eine Linie von einem Orte an den andern, und dieses geschieht in *Gedanken*. Daher kommen sodann die Grundsätze: *daß Linien, Flächen, körperliche Räume, deren Enden zusammenpassen, einander gleich sind.* | In der Natur selbst trägt man auch Punkte, Linien, Flächen, Körper hin und her. Dieses sind aber keine Teile des absoluten Raums, als welche an ihrem Orte bleiben, weil mit den Körpern der Raum nicht weggetragen wird, sondern der Körpern nur in andere Örter des absoluten Raums kommt und andere Teile desselben ausfüllt. Da dieses Herumtragen in der Geometrie in Gedanken geschieht, so ist es zwischen diesem physischen Herumtragen wirklicher Körper und zwischen dem an sich unmöglichen Herumtragen der Teile des absoluten Raumes ein Mittelding und, sofern man es nur zur Vergleichung der Größen gebraucht, allerdings zulässig, um so mehr, da in der Geometrie von dem absoluten Raume gar nicht, sondern nur von dem idealen, welcher sich nämlich in Gedanken herumtragen läßt, die Rede ist. Das Bild von diesem letzteren ist aber immer von dem absoluten Raume hergenommen. Dieser dreifache Unterschied war hier anzumerken, weil Zenon und andere, in Ansehung des Raumes und der Bewegung, aus der Vermengung dieser Begriffe Schwierigkeiten gemacht haben.

§ 81. Wir haben bereits schon (§ 48) angemerkt, daß die von der Ausdehnung und dem Raume hergenommenen Wörter und Begriffe metaphorisch und transzendent werden. So geben wir den Gedanken und Begriffen eine *Ausdehnung*, und setzen *sie vor-, in-, neben-, außer- und untereinander*. Dadurch wird ihnen gleichsam ein *Ort* angewiesen, und dabei läßt sich ein *Abstand* denken. Den allgemeinen Grund zu solchen Vergleichungen habe ich in dem ersten Hauptstücke der *Alethiologie*[84] ausführlich ange|geben. *Was wir in der Körperwelt finden, eignen wir den daher genommenen Begriffen zu und dehnen es sodann auch auf die abstrakten Begriffe aus*. Auf diese Art entwickeln wir mit der Sache auch die Begriffe oder *Empfindungen* der bei der Entwicklung zum Vorscheine kommenden und auseinandergelegten *Teile der Sache*. Und so kommt uns auch vor, daß wir abstrakte und nicht unter die Sinne fallende Begriffe *entwickeln* und ihre *Teile auseinandersetzen*. Sind nun solche Vergleichungen richtig getroffen und allgemein, so läßt sich die Sache umkehren, und es können auch abstrakte Begriffe unter sinnlichen Bildern und etwann gar wissenschaftlich vorgestellt werden. Auf diese Art habe ich in der *Dianoiologie* die *Ausdehnung* der Begriffe durch Linien vorgestellt, und sie ganz oder zum Teil unter- und nebeneinander gezeichnet, und die Theorie der Schlüsse darauf gegründet und gleichsam vor Augen gemalt.⁸⁵ Dabei habe ich gleichfalls angemerkt, daß die Verhältnisse in- und außereinander noch eine andere Dimension von Begriffen angeben, wozu aber unsere dermalige Erkenntnis noch zu unreif ist.

§ 82. Insonderheit aber wird alles, was eine oder mehrere Dimensionen hat, vermittelst der Dimensionen des Raumes auf eine in die Augen fallende Art vorgestellt. Und darauf gründet sich ein großer Teil der angewandten Mathematik, wo die Zeit, die Geschwindigkeit, das Gewicht, die Dichtigkeit, die Stärke und Größe des Lichtes etc. durch Linien und Räume vorgestellt und die Sätze der Geometrie dabei angewandt werden. Und dieses geht allerdings an, weil man dabei nur auf die Dimension sieht. |

§ 83. Die Dauer und die Zeit, sofern sie ausgemessen werden, geben uns die *Chronometrie* an (§ 63). Die Grundsätze sind folgende:
1°. Die Teile der Zeit sind außereinander, oder die Zeit hat eine Dauer, oder die Teile der Zeit sind nicht zugleich.
2°. Die Zeit hat keine bestimmte Einheit.
3°. Jede Zeit hat ihren bestimmten Anfang.
4°. Die Dauer und Zeit haben nur eine Dimension.
Die *Postulata* aber folgende:
1°. Jedes Moment läßt sich zum Anfange einer Zeit setzen.
2°. Jede Dauer kann als eine Einheit genommen, und vor- und nachwärts, so weit man will, verlängert oder vielfach genommen werden.
3°. Jede Zeit kann durch eine Linie vorgestellt, und wie die Linie vor- und nachwärts verlängert werden, so weit man will.

§ 84. Die Zeit ist nicht so in die Sinne fallend, wie der Raum. Sie gibt uns daher auch weniger metaphorische und transzendente Ausdrücke und Begriffe. Selbst das ideale Versetzen der Teile der Zeit, um ihre Gleichheit zu bestimmen, fällt in das Ungewöhnliche, und wir würden allemal eher nach dem dritten *Postulato* eine Linie dafür gebrauchen. Da wir ferner den Begriff der Zeit von der Sukzession unserer Gedanken haben, so machen wir die Zeit unvermerkt dieser Sukzession dergestalt anhängig, daß, da wir nicht alles mit einemal denken können, der Begriff der Zeit sich auch da einschleicht, wo er gar | nicht vorkommen sollte. So ist die sogenannte *Prioritas temporis* mit der *prioritate rationis* vermengt, wenn wir die Ordnung der göttlichen Dekrete betrachten. Bei der Frage von der unendlichen Teilbarkeit der Materie mengt sich der Begriff der Zeit leicht ein, wo er wegbleiben sollte. Und das *Argumentum achilleum* des Zenon wider die Bewegung fehlt ebenfalls darin, daß er die Zeit nach der Sukzession und Dauer seiner Schlüsse wie den Raum hätte verkürzen sollen, den Achilles noch zu durchlaufen hatte.

§ 85. Es wird aber die Zeit noch auf eine andere Art mit dem Raume verglichen, und dies geschieht vermittelst der *Bewegung*. Sofern diese nur an sich betrachtet wird, kommt ihre Theorie in der Phoronomie vor (§ 68). Die Grundsätze sind:
1°. Die Bewegung ist linear.
2°. Jede Bewegung hat eine Dauer.
3°. Bei jeder Bewegung wird eine Linie durchlaufen.
4°. Je länger diese Linie bei gleicher Dauer ist, oder je kürzer die Dauer bei Durchlaufung einer gleich langen Linie ist, desto geschwinder ist die Bewegung.
5°. Die Geschwindigkeit hat keine determinierte Einheit.
Die *Postulata* aber sind:
1°. Von jedem Punkte zu jedem Punkte läßt sich eine Bewegung von jeder beliebigen Geschwindigkeit denken. |
2°. Jede Geschwindigkeit kann als eine Einheit angenommen werden.
3°. Jede Dauer der Bewegung kann als eine Einheit angenommen werden.
4°. Jede Länge der Linie kann als eine Einheit angenommen werden.

§ 86. Hierbei kommt nun das Ideale wiederum vor, wenn man nämlich Bewegungen in Gedanken erdichtet. So z. B. dreht man

Linien um einen Punkt, oder man bewegt jedes Ende derselben mit einer angenommenen, aber verschiedenen Geschwindigkeit etc. Auf diese Art hat man längst schon die Entstehensart der geometrischen Figuren erklärt, jedoch ohne die Zeit und Geschwindigkeit mit in Betrachtung zu ziehen. Dieses gehört in die Phoronomie, welche wie die Geometrie schlechthin nur ideal ist und dessen unerachtet sodann bei den wirklichen Bewegungen angewandt werden kann, weil sie ihre idealen Bilder von diesen hernimmt.

§ 87. Da wir den Begriff der Dauer und Zeit von der Sukzession der Gedanken haben, so kommt der Begriff der *Geschwindigkeit* ebenfalls in dem Gedankenreiche vor. Die Redensarten: *sich nicht lange besinnen, sich geschwinde entschließen* etc. geben den Begriff dieser Geschwindigkeit an. Am allgemeinsten aber gründet sich dieser Begriff auf den oben (§ 81) schon angemerkten *Ort* und *Abstand* der Gedanken, und auf die Zeit, die wir anwenden, von einem auf den anderen zu kommen. Bei gleichem Abstande der Gedanken richtet sich | diese Geschwindigkeit nach der Kürze der Zeit. Und dadurch wird die Methode geschätzt, nach welcher wir verfahren, ob sie den Weg kürzer und leichter macht. Hingegen bei gleicher Zeit richtet sich diese Geschwindigkeit nach dem Abstande der Gedanken, und dadurch schätzen wir die Fertigkeit dessen, der den Weg zurücklegt, sofern er in gleicher Zeit weiter geht. Überhaupt aber tragen die Methode und die Fertigkeit zugleich dazu bei, die Zeit abzukürzen oder in gleicher Zeit weiter zu gehen.

§ 88. Der Begriff der *Solidität* gibt uns ebenfalls einige Grundsätze, die bei dem materiellen Soliden ohne Widerrede angewandt werden.
1°. Das Solide füllt einen Raum aus, so weit es geht.
2°. Das Solide schließt anderes Solides von dem Orte aus, da es ist.
3°. Das Solide hat die drei Dimensionen des Raumes.
4°. Der Raum kann mit Solidem nicht mehr als ausgefüllt sein.

5°. Das Solide hat eine absolute Dichtigkeit, und daher ist es eine Einheit, die unveränderlich ist (§ 91).
Die *Postulata* aber sind:
1°. Jeder Raum läßt sich ganz oder zum Teil mit Solidem angefüllt denken, so wenig man will, aber nicht mehr als ganz.
2°. Das Solide in einem nicht ganz ausgefüllten Raume läßt sich als in einen kleineren zusammengebracht denken, den es ganz ausfüllt. |

§ 89. Dieses letztere *Postulatum* legt zu der Bestimmung der Grade der Dichtigkeit den Grund, weil der kleinere Raum, den das Solide ganz ausfüllt, zu dem größeren, den ebendas Solide nicht ganz ausfüllt, das Verhältnis hat, wie die Dichtigkeit in dem größeren Raume zu der absoluten Dichtigkeit in dem kleineren. Wir merken hier wegen des zu Ende des § 78 gesagten gelegentlich an, daß die Dichtigkeit, an sich betrachtet, eine Einheit von derjenigen Art ist, die nicht größer sein kann, aber Brüche admittiert, so klein man will. Hingegen ist die Dünnigkeit *(Raritas)* eine Einheit, die keine Brüche admittiert, dagegen aber vielfach genommen werden kann, sovielmal man will.

§ 90. Da ich in dem ersten der angeführten Grundsätze jedem Soliden eine Ausdehnung zugebe, so klein man sie auch denken will, so werden die, welche die Leibnizischen Monaden annehmen, und so auch die, welche bei der unendlichen Teilbarkeit der Materie Schwierigkeiten finden, damit nicht so unbedingt einig sein. In Ansehung der ersteren beziehe ich mich schlechthin auf das (§ 43, 44) gesagte, weil hier von der materiellen Solidität die Rede ist. Denn von der Geisterwelt haben wir keine unmittelbaren einfachen Begriffe, was Geister für Substanzen sind. Dieses muß erst durch Schlüsse herausgebracht werden, dazu uns Wörter und Zeichen allerdings behilflich sind (§ 9). In dieser Absicht werde ich zuweilen das Wort Solidität auch so weit ausgedehnt gebrauchen, daß es nebst dem Materiellen auch die Substanzen der Geisterwelt begreift. | Dieses muß sodann, wo ich es nicht ausdrücklich anmerke, aus dem Zusammenhange und Verstande der Rede bestimmt werden. In Ansehung der Teilbarkeit der

Materie ist hier der Ort noch nicht, diese zu untersuchen. Ich kann daher nur beiläufig anmerken, daß wer die Möglichkeit der *Vernichtung* und der *Schöpfung aus Nichts* zugibt, an der wirklich unendlichen Teilbarkeit der Materie keine so große Schwierigkeit finden wird, wenn der Begriff der Zeit sich dabei nicht einmengt oder unfüglich angebracht wird.

§ 91. Eine andere Frage aber, die hierbei vorkommt, ist diese: Ob ein ganz ausgefüllter Raum nicht noch *intensive* mehr ausgefüllt, oder das Solide, das ihn ausfüllt, in einen noch kleineren Raum gebracht werden könne, oder ob alles Solide in sich gleich dicht und in dieser Absicht eine absolute und unveränderliche Einheit sei? Diese Fragen betreffen den zweiten, vierten und fünften Grundsatz, welche sich auf den bekannten und auch in der Mechanik angenommenen Begriff der *Undurchdringbarkeit* der Materie gründen. Dessen unerachtet aber können diese Fragen dennoch dabei vorkommen. Wir haben den Begriff der Solidität durch das Gefühl, und dieses gibt uns die inneren Unterschiede desselben nicht an. In dem Begriffe, den wir davon haben, scheint auch keine Unmöglichkeit zu liegen, daß das Solide nicht verschiedene Grade der inneren Dichtigkeit haben könne. Dadurch würden die angeführten Grundsätze insoweit geändert, daß die Solidität keine absolute und unveränderliche Einheit wäre, daß ein ganz ausgefüllter Raum mit mehr oder minder dich | tem Soliden ausgefüllt sein könne etc. Diese Untersuchung hat einen Einfluß in die Frage vom leeren Raume, und überdies auch hängt die Bestimmung der bewegenden Kräfte davon ab, weil diese sich nach der Dichtigkeit richten.

§ 92. Das Wort *Solidität* ist bereits auf verschiedene Arten metaphorisch und transzendent gemacht. Da das Solide einen Raum ausfüllt, so versteht man in der Geometrie dadurch einen körperlichen Raum, und die Redensart: *die Solidität finden*, will darin nichts anderes sagen, als die Größe des körperlichen Raumes finden. Denn in der Geometrie sind Raum, Körper, Solidität schlechthin ideale Begriffe.

§ 93. Sodann versteht man durch Solidität soviel als *Festigkeit*, und dieser Begriff ist von der *Undurchdringbarkeit* der Materie oder des Soliden hergenommen. Man dehnt ihn auch auf den Fall aus, wo die Teile des Soliden fest zusammenhängen, wie bei den harten Körpern. Und insofern transferiert man den Begriff von der Sache in die Vorstellung derselben, welche man nicht weiter trennen soll als die Teile des festen Körpers können getrennt werden. Dadurch wird nun der Begriff der Solidität transzendent, und man nennt die Erkenntnis solid, sofern sie nicht bloß erträumt, sondern real, wissenschaftlich und gründlich ist, und sofern die Notwendigkeit der Schlüsse und Folgen darin durchgängig vorkommt. Da wir ohnehin auch den Begriffen Ausdehnung, Ort und Abstand zueignen, so ist kein Zweifel, daß sich das *Tertium comparationis* dabei | noch weiter treiben und die Solidität derselben mit der Ausdehnung etc. vergleichen lasse. Der Begriff der absoluten und relativen Dichtigkeit wird sich dabei ebenfalls anbringen und brauchbar machen lassen.

§ 94. Wir haben bereits (§ 29) angemerkt, wie der Begriff der *Kraft* transzendent geworden. Wir haben denselben, so wie den Begriff der *Solidität*, vom Gefühle, weil wir empfinden, daß wir mehr oder minder *Kraft* anwenden müssen, einen Körper oder das Solide in Bewegung zu setzen oder die Bewegung desselben zu ändern oder ganz aufzuhalten. Daraus fließen folgende Grundsätze, welche man in der Dynamik angenommen, welche aber, wie wir es im folgenden werden anmerken können, [weiterer] Aufklärung bedürfen, inzwischen aber, so wie wir sie hersetzen, in der Physik gar wohl gebraucht werden können.

1°. Das Solide ist an sich in Ruhe, oder ohne Bewegung.
2°. Das Solide wird durch anderes Solides in Bewegung gesetzt.
3°. Jede Änderung in der Bewegung des Soliden wird durch anderes Solides verursacht, welches das bewegte Solide unmittelbar berührt.

---

25 [weiterer] : mehrerer

4°. Im freien Raume behält das einmal in Bewegung gesetzte Solide seine Richtung und Geschwindigkeit.

5°. Die Bewegung ist in Verhältnis [mit] der Kraft, womit das Solide in Bewegung gesetzt wird, und folgt der Richtung, nach welcher die Kraft angebracht wird. |

§ 95. Diesen Grundsätzen hat man in der Dynamik noch einige andere beigefügt, welche aber mehr von den physischen Erfahrungen und Versuchen hergenommen zu sein scheinen. Der erste, welcher noch am leichtesten zugegeben werden kann, ist: *daß die Kraft eines in Bewegung gesetzten Körpers seiner Masse proportional ist*, und dieses nennt man die Größe der Kraft. Dieses ist, überhaupt betrachtet, ohne Widerrede richtig. Will man aber diesen Satz bei dem Stoffe der Körper anwenden, so kommt sogleich die Frage vor, ob der Körper seine Figur bei dem Anstoßen ändere, weil auf diese Änderung der Figur ein Teil der Kraft verwendet wird. Der andere Satz, welcher die Stärke der Kraft betrifft: *daß die Kraft des bewegten Körpers sich nach dem Quadrate der Geschwindigkeit richte, folglich bei doppelter Geschwindigkeit viermal stärker* sei, hat häufige Streitigkeiten veranlaßt, wobei der Begriff der Kraft, sofern wir ihn von dem Gefühle haben (§ 94), nicht immer beibehalten worden. Soviel gibt die Erfahrung, daß man in der Theorie der Bewegung das Quadrat der Geschwindigkeit sehr gut gebrauchen kann, ohne daß man eben nötig habe, das Wort Kraft dabei zu gebrauchen.

§ 96. Die meisten Regeln, die man für den Stoß der sogenannten elastischen Körper aus Versuchen gefunden, werden bei schnelleren Bewegungen unzureichend. So z. B. wenn eine Kugel gegen eine offenstehende Tür geworfen wird, so mag sie dieselbe in Bewegung setzen und etwann auch zuschließen. Wird | sie aus Flinten oder Stücken dagegengeschossen, so bohrt sie ein Loch durch die Tür, und die Tür bleibt offen stehen. Man sieht leicht,

3 [mit] (ergänzt)   10 Masse : Maße

daß hierbei die Kohäsionskräfte der kleinsten Teile der Tür in Betrachtung gezogen werden müssen, welches bei langsameren Bewegungen nicht immer notwendig ist. Ein sehr harter Körper ist gegen eine abgeschossene Flintenkugel, was ein weicher Ton gegen eine langsam geworfene Kugel ist. In beiden Fällen ändert sich die Figur, und der Begriff der Elastizität fällt weg, vermöge welcher in anderen Fällen der Körper zurückwirkt und seine erste Figur wieder annimmt. Die Bewegung ganzer Körper ist immer die Summe der Bewegung der kleinsten wirklich soliden Teile, und bei dem Stoffe der Körper müssen auch die Kräfte mit in Betrachtung gezogen werden, wodurch diese Teile miteinander verbunden sind und deren Gleichgewicht bei dem Stoße gehoben wird.

§ 97. Wenn wir bei dem an sich ganz einfachen Begriffe der Kraft, wie wir ihn durch das Gefühl erlangen, bleiben, so besteht die Kraft schlechthin in dem *Druck*, den wir empfinden, wenn wir einen Körper in Bewegung setzen, oder einen bewegten Körper, oder auch nur eine Last aufhalten. Sofern wir die Größe der Kraft nach der Empfindung zu schätzen uns begnügen wollen, so kommen unter allen diesen dreierlei Fällen solche vor, wobei wir einen gleichen Druck empfinden oder gleiche Kraft anwenden müssen. Ein kleinerer Körper, den ich im Fallen aufhalte, kann mir eine ebenso große Kraft fordern, als ein größerer, den ich schlechthin nur auf der Hand halte. Sollte dieses genauer als nach der | bloßen Schätzung des Gefühles bestimmt werden, so scheint allerdings eine Waage das beste Instrument dazu zu sein. Ein Körper, der in die Waagschale fällt und den in der anderen Waagschale liegenden schwereren Körper aufzuheben vermag, wird demnach eine ebenso große Kraft durch den Fall erhalten haben, als der andere durch den bloßen Druck äußert. Der Unterschied ist größtenteils nur, daß diese letztere Wirkung fortdauert, erstere aber augenblicklich ist.

§ 98. Wir können noch einige Grundsätze anführen, welche die Kraft besonders angehen.
1°. Die Kraft hat keine bestimmte Einheit.

2°. Gleiche Kräfte, die einander entgegenwirken, halten einander auf, oder sie sind im Gleichgewichte.
3°. Eine Kraft kann nicht zugleich doppelt oder vielfach angewandt werden.

§ 99. Dem dritten dieser Grundsätze ist derjenige ähnlich, den man in der Mechanik angenommen, daß nämlich *der Wirkung die Gegenwirkung gleich, aber entgegengesetzt* sei. Dieser Satz will nicht mehr sagen, als daß die Kraft, die man anwenden muß, um einen Körper in Bewegung zu setzen oder um seine *vim inertiae* zu überwältigen, nicht ferner angewandt werden könne, sondern zu jeder neuen Beschleunigung der Bewegung ein neuer Zusatz von Kraft erfordert werde.

§ 100. In Ansehung des zweiten Grundsatzes wollen wir beiläufig anmerken, daß das Gleichgewicht ein | förmlicher Ruhestand sei, oder daß es fortdauere, wenn ein Maximum oder ein Minimum dabei vorkommt. Widrigenfalls währet es nur einen Augenblick, wie z. B. bei dem Stoße elastischer Körper. Man sehe auch § 65.

§ 101. Wir haben in Ansehung der Kraft und der daher rührenden Bewegung noch einige *Postulata* anzuführen.
1°. Die Kraft kann von jeder Größe und Stärke angenommen werden.
2°. Jedes Solide kann nach jeder beliebigen Richtung und mit jeder beliebigen Geschwindigkeit in Bewegung gesetzt werden.
3°. Jede Kraft läßt sich durch eine gleich große und entgegengesetzte aufhalten.
4°. Jede Kraft kann durch eine größere entgegengesetzte überwältigt werden.
5°. Jede Kraft läßt sich durch eine kleinere entgegengesetzte vermindern oder unwirksamer machen.
6°. Die Kraft läßt sich sowohl der Größe als der Stärke nach durch Linien vorstellen (§ 82).

§ 102. Man sieht leicht, daß diese *Postulata* Möglichkeiten an sich betrachtet angeben und daß sie eben dadurch allgemein und unbedingt sind. Wir können sie allerdings nicht so unbedingt anwenden, weil wir unsere Kräfte und die Welt nehmen müssen, wie sie bereits schon ist. Denn werden von diesen Möglichkeiten einige bestimmt, so werden die anderen dadurch mehr oder minder eingeschränkt und lassen | sich nicht mehr so unbedingt anbringen. Und dieses findet in der Welt statt, wo die Kräfte und Soliditäten durchaus abgemessen und zum Beharrungsstande eingerichtet sind, welcher eben nicht jede beliebige Änderung zuläßt. Übrigens, um es hier gelegentlich anzumerken, ist die Kraft, so transzendent wir diesen Begriff nehmen (§ 29), die eigentliche Grundlage zu [allen] *Verbindungen, Verhältnissen, Bestimmungen, Zusammensetzungen, positiven Möglichkeiten* etc. sowohl der Intellektualwelt als der Körperwelt.

§ 103. Der Begriff der *Existenz* bietet uns ebenfalls einige Grundsätze an.
1°. Die Existenz ist eine absolute unveränderliche Einheit.
2°. Ohne Solides und Kräfte, oder überhaupt ohne etwas Substantielles existiert nichts (§ 60, 90).
3°. Was existiert, dauert.
4°. Das Existierende ist an einem Orte.
5°. Einerlei Solides existiert nicht zugleich an mehr als einem Orte.
6°. Verschiedenes Solides existiert nicht zugleich an einem Orte.
7°. Was existiert, ist nicht zugleich verschieden, oder was existiert, ist ein und ebendasselbe *(numero idem)*.

§ 104. Der erste dieser Grundsätze will sagen: *Von mehreren Existierenden ist keines existierender als das andere*, oder die Existenz hat keine *Gradus intensitatis*. Nimmt man aber solche erdichtungsweise an, so ändert sich der Begriff der *Existenz* in den Be|griff der *Wahrscheinlichkeit der Existenz der Sache*, wel-

---

13 [allen] : jeden

cher man zum Beispiele eine halbe, ein Drittel etc. Existenz beilegt. Man sehe hierüber das fünfte Hauptstück der *Phänomenologie*, wo ich die Gründe zu dieser Berechnung des Wahrscheinlichen angegeben habe.[86] Was der zweite dieser Grundsätze eigentlich sagen will, wird sich im folgenden deutlicher aufklären lassen, wo wir vom Wahren und von dem Substantiellen werden zu handeln haben.

§ 105. In Ansehung der Existenz haben wir, solange wir nur bei dem bloß Idealen bleiben, ein sehr allgemeines *Postulatum*, nämlich, *daß bei [allen] vorhin in Ansehung der übrigen einfachen Begriffe angeführten Postulatis die Möglichkeiten, so sie unbedingt angeben, als Möglichkeiten zu existieren angesehen werden können*. Denn das bloße Mögliche ist nichts, wenn es nicht existieren kann. Dieses *Postulatum* ist aber nur ideal. Denn wir haben bereits in Ansehung der Kraft (§ 102) angemerkt, daß wir die in der Tat existierende Welt nehmen müssen, wie sie ist, und da leiden die an sich unbedingten Möglichkeiten, so wie bei den meisten Zusammensetzungen (§ 12, 13), merkliche Einschränkungen, wozu die bisher angeführten Grundsätze Anleitung geben. Die nähere Anleitung dazu kommt in der Systematologie, und besonders in der Lehre von der Zusammensetzung vor, wo die *positiven Möglichkeiten* und das *positive zugleich Mögliche* bestimmt werden müssen.

§ 106. Das Wort *Sein* hat, in seiner engeren Bedeutung genommen, mit dem Worte *Existieren* einerlei Bedeutung, und geht davon eigentlich nur in der gegenwärtigen Zeit ab. Denn wenn wir sagen: *es war, es ist gewesen, es wäre gewesen, es wird sein*, so geht es auf die Existenz in dieser Welt und ist gleichsam *historisch* oder *vorhersagend*. Hingegen, wenn wir sagen: *es ist*, so geht es auf das *Wirklichsein* und auf das *Wahrsein* ohne Unterschied, und die Bedeutung wird durch den Zusammenhang der Rede bestimmt, weil bei bloß idealen und möglichen Sätzen die letztere Bedeutung allein vorkommt.

10 [allen] : jeden

§ 107. Übrigens bietet uns der Begriff der Existenz wenig Metaphorisches an. Er ist an sich transzendent, weil er auf die Intellektualwelt und auf die Körperwelt ohne Unterschied geht. Bei den Erdichtungen kommt er vor, insofern man dabei als existierend ansieht oder ausgibt, was nicht existiert, oder nicht so existiert, wie man es dichtet oder auch träumt.

§ 108. Das *Bewußtsein* und das damit in Verbindung stehende *Wahre* habe ich bereits in dem *Organon*, und besonders in der *Alethiologie*[87] betrachtet, und in dem fünften Hauptstücke der *Phänomenologie* seine drei Dimensionen angegeben[88], um sie zur Bestimmung der Grade der Gewißheit zu gebrauchen. So habe ich bereits auch oben (§ 52) angemerkt, warum es aus der daselbst vorgelegten Tabelle weggeblieben ist. Indessen kommt es in der Grundlehre auf eine andere Art vor, weil wir sehr viele Begriffe von den Dingen haben, die schlechthin von ihrem Verhältnis zu dem *denkenden Wesen* hergenommen sind. So setzen wir die *Denkbarkeit* zum Merk|male der *Möglichkeit*, und den *Widerspruch*, der in den Dingen selbst nicht sein kann, sondern schlechthin ideal und symbolisch ist, zum Merkmale des *nicht Denkbaren* und *an sich Unmöglichen*. Wir bestimmen unsere Begriffe von Dingen, die an sich längst schon bestimmt sind. Die Begriffe der Ordnung, Vollkommenheit, Schönheit etc. haben ebenfalls Ideales und Verhältnisse zu dem denkenden Wesen, und die Begriffe der Arten, Gattungen, des Wesens, der Eigenschaften, Modifikationen etc. kommen in der Vernunftlehre wie in der Grundlehre vor. In dieser letzteren Wissenschaft müssen wir ohnehin immer auf uns zurückdenken, um unsere Begriffe und Wörter nach den Dingen einzurichten, und dadurch das Subjektive mit dem Objektiven in Harmonie und Übereinstimmung zu bringen.

§ 109. Da überdies das Bewußtsein, das Wahre und das Denkbare, sofern es denkbar ist, nebst den damit verbundenen Begriffen zur Intellektualwelt gehören, so sind auch die Wörter, die wir dabei gebrauchen, metaphorisch, indem sie von der Körperwelt hergenommen sind. Das *Tertium comparationis* wird daher klarer und leichter kennbar, wenn die Betrachtung der letzteren vorgeht (§ 29, 39). Wir haben daher bei den vorhin betrachteten einfachen Begriffen immer auch das Augenmerk darauf gerichtet, und angezeigt, wie sie transzendent werden, und so auch unter den *Postulatis* verschiedene angeführt, die ideal sind und sich schlechthin auf die Kräfte des Verstandes gründen, und ebensolche werden wir auch im folgenden anführen, ohne sie hier besonders aufzuhäufen, weil wir hier nicht das Wahre | an sich, sondern die Gegenstände, worin das Wahre ist, betrachten.

§ 110. Der *Wille* oder die *Begehrungskraft* hat das Gute zum Gegenstande, welches unter einer dreifachen Gestalt vorkommt. In Absicht auf den Verstand die *Ordnung* und *Vollkommenheit*. In Absicht auf die Empfindungen das *Angenehme* und *Schöne*. In Absicht auf die Kräfte überhaupt das *Leichte* oder *minder Mühsame*. Alles dieses, sowohl insofern es *Absichten* als insofern es *Mittel* sind. Sofern sich der Wille durch solche Vorstellungen, Empfindungen und Triebe bewegen läßt, hat er an sich eine *Vim inertiae*, und diese *Vorstellungen* etc. sind *Kräfte*, die ihn treiben und ihm gleichsam die *Richtung* und *Geschwindigkeit* geben. Wir gebrauchen hier diese Ausdrücke, um zu zeigen, daß die Theorie der *Solidität*, der *Bewegung* und der *Kraft* auch in Absicht auf den Willen häufige *Tertia comparationis* anbietet und transzendent gemacht werden kann. Wird hierbei genau verfahren, so ist es nicht unmöglich, diese *Tertia comparationis* bis zu den Gründen der Ausmessung weiterzutreiben und dadurch die Agathologie in eine förmliche Agathometrie zu verwandeln und dieser Wissenschaft ihre wahre Vollkommenheit zu geben, ohne welche sie immer weit zurückbleibt. Daß dem Verstande eine *Vis inertiae* zugeeignet werden könne, haben wir bereits in der *Alethiologie* angemerkt.

§ 111. Das Gute selbst bietet uns zum Behufe der Agathologie verschiedene Grundsätze an. |
1°. Das Gute hat keine bestimmte Einheit.
2°. Das Gute hat drei Dimensionen, die Größe, die Stärke und die Dauer.

3°. Ohne Realität ist kein positives Gutes.
4°. Der Wille an sich geht auf das Bessere.
Die *Postulata* aber sind:
1°. Bei jedem Gutem läßt sich ein Größeres denken.
2°. Das Gute läßt sich als eine Kraft denken, die auf den Willen wirken kann.
3°. Das Gute läßt sich seinen Dimensionen nach durch Linien vorstellen.

§ 112. Der erste von den angeführten Grundsätzen gibt einen merklichen Unterschied des *Guten* und des *Wahren* an. Das Wahre ist eine absolute Einheit, und unter allen Wahrheiten ist keine mehr oder minder wahr als die andere. Hingegen geht das Gute nach seinen drei Dimensionen stufenweise von 0 bis ins Unendliche. Daher kann der Wille immer noch auf Besseres gelenkt werden, wohingegen der Verstand bei dem Wahren einen absoluten Ruheplatz findet und seinen Beifall schlechthin gibt, versagt, oder aufschiebt und die Gründe zum Beifalle nur bei dem Wahrscheinlichen ausmißt und zusammenrechnet, bis ihre Summe = 1 ist oder der absoluten Einheit gleich wird, bei welcher sich der Verstand beruhigt. Wir haben in dem fünften Hauptstücke der *Phänomenologie* angezeigt, daß das Bewußtsein in Absicht auf die Gewißheit ebenso eine absolute Einheit hat, wenn es *intensive* genommen wird. |

§ 113. Nun bliebe noch der Begriff der Identität zu betrachten, und die dabei vorkommenden Grundsätze und *Postulata* anzuführen. Dieses wird aber füglicher im Folgenden geschehen können, weil dieser Begriff, wie wir es bereits oben (§ 50, 55) angemerkt haben, eine besondere Theorie erfordert, um so mehr, weil sich diese bei allen bisher betrachteten einfachen Begriffen anwenden läßt und weil sie zu vielen andern Begriffen der Grundlehre den Weg bahnt, um diese in einen wissenschaftlichen Zusammenhang und Verbindung mit den einfachen Begriffen zu

15 wohingegen : da hingegen   22 ebenso eine : eben so eine

bringen. Hier werde ich demnach über das bisher vorgetragene noch einige Anmerkungen beifügen.

§ 114. Einmal wird man ohne Mühe finden, daß ich auch in diesem Hauptstücke den in dem ersten angegebenen Vorschriften gefolgt bin, um die Erfordernisse einer wissenschaftlichen Grundlehre zu erhalten. Das Transzendente ist aller Orten mitgenommen, und die *Tertia comparationis,* so viel hier nötig war, angezeigt. Man wird ebenfalls bei jedem einfachen Begriffe sehen, daß sie *Postulata* angeben und ebensoviele Quellen von positiven, einfachen und unbedingten Möglichkeiten sind, von welchen man *Data* in Menge hernehmen kann (§ 14, 15), ingleichem, daß die Grundsätze, wodurch die Möglichkeiten bei den Zusammensetzungen eingeschränkt werden, ebenfalls von den einfachen Begriffen selbst an die Hand gegeben werden (§ 13, 105). In Ansehung der Besorgnis des Scheines habe ich mich gar nicht aufgehalten, und zwar aus den oben (§ 43, 44) angegebenen Gründen, und bei der An|führung der Grundsätze und Forderungen vornehmlich auf ihre Allgemeinheit gesehen, ohne die Begriffe oder Wörter weitläufig zu erklären (§ 76). Indessen sind, wo es nötig war, die Vieldeutigkeiten angezeigt, und die allerorten beigefügten Anmerkungen mögen zur Erläuterung zureichend beitragen (§ 37, 38). In diesen Anmerkungen habe ich noch beigefügt, was ich nicht so unbedingt unter die Grundsätze glaubte rechnen zu können, oder, wo etwann die Möglichkeit sich noch weiter auszudehnen schiene (§ 91, 95).

§ 115. Die Ordnung des Vortrages ist ebenfalls nicht willkürlich. Diejenigen Begriffe mußten zuerst betrachtet werden, deren Grundsätze und *Postulata* bei den folgenden angewandt werden konnten, oder auch dabei Einschränkungen angaben. So z. B. läßt sich die *Einheit* für sich betrachten, sie kommt aber bei [jedem] der übrigen einfachen Begriffe vor. So können auch der *Raum* und die *Dauer* für sich betrachtet werden, der *Raum* kommt aber bei dem *Soliden,* die *Dauer* bei der *Existenz,* beide

5 gefolgt bin: gefolgt habe   31 [jedem]: jeden   können: kann

bei der *Bewegung* und *Kraft* vor. Demnach mußte die Betrachtung des *Raumes* und der *Dauer* vorgehen, und zwar der *Raum* zuerst, weil er klarere Begriffe von den Dimensionen und ihrer Verschiedenheit und überdies Metaphern und Reduktionen gibt (§ 81). Nach diesen beiden konnte die Betrachtung der *Bewegung*, worin nur *Raum* und *Zeit* miteinander verglichen werden, unmittelbar folgen. Sodann konnten die *Solidität* und die *Kraft* ohne Rücksicht auf die *Existenz* betrachtet werden. Die *Existenz* folgte demnach zuletzt, und darauf das *Bewußtsein* | und das *Wollen*, weil dieses Begriffe von ganz anderer Art sind und zu der Intellektualwelt gehören (§ 29, 39).

§ 116. Indem ich in dem vorhergehenden Hauptstücke die einfachen Begriffe, in gegenwärtigem aber die *Postulata* und Grundsätze zusammen aufgehäuft habe; so hatte ich dabei einerlei Absicht und Grund. Und überdies habe ich dabei weiter nichts getan, als daß ich, was Euklid in Absicht auf den Raum tat, in Absicht auf die sämtlichen einfachen Grundbegriffe vornahm. Die Vergleichung fällt in die Augen. Die Euklidischen Grundsätze habe ich nicht alle mitgenommen, weil sie hier zu speziell waren. Hingegen mußte ich andere beifügen, die nicht den idealen geometrischen, sondern den wirklichen und absoluten Raum angingen (§ 80). Sie geben aber den Euklidischen nichts nach, und diese Ähnlichkeit findet auch bei denen statt, die ich bei den übrigen einfachen Begriffen angebracht habe.

§ 117. Indessen hatte ich nähere Gründe, die einfachen Begriffe und ihre Grundsätze und *Postulata* so aufzuhäufen, oder ohne Rücksicht auf den Unterschied der Wissenschaften, worin sie eigentlich vorkommen, sie hier beisammen vorzutragen. Die Grundlehre soll nicht nur die Anlage zu diesen Wissenschaften als einzelne Teile enthalten, sondern zugleich auch auf ihre allgemeine Verbindung gehen. Letzteres kann nun nicht stattfinden, sofern man nicht ihre einfachen Grundbegriffe, Grundsätze und *Postulata* gegeneinander hält und gleichsam mit einem An-

32 sofern : daferne

blicke | übersehen kann. In Absicht auf die Grundbegriffe ist dieses in dem vorgehenden Hauptstücke auf eine in die Augen fallende Art und dergestalt geschehen, daß sich alle diese einzelnen Teile der Grundlehre aus der Kombination ihrer Grundbegriffe *a priori* herleiten und vorzählen ließen, und die (§ 53) vorgelegte Tafel stellt die Verbindung, das eigene und gemeinsame dieser Teile der Grundlehre mit einem Male vor Augen (§ 74). Wie etwas ähnliches mit den Grundsätzen und *Postulatis* vorzunehmen sei, das haben wir noch anzugeben.

§ 118. Hierbei kommt nun die ganze Sache darauf an, daß wir sehen, wiefern wir vermittelst der angeführten Grundsätze und Forderungen durch das ganze Reich der Möglichkeiten kommen können, oder wiefern auch hier das Ciceronische: *Si dederis, omnia danda sunt*, stattfinde, und zwar nicht nur wegen der Notwendigkeit, sondern auch wegen der Vollständigkeit der Folgerungen. Ich fordere demnach weiter nichts, als daß mir die angeführten Grundsätze und *Postulata* eingeräumt werden. Das heißt: *Si dederis*.

§ 119. Dieses Zugeben oder Einräumen vorausgesetzt, so haben wir Zahl, Raum und Dauer ohne Einschränkung (§ 77, Postul. 4, § 70, Postul. 1, § 83, Postul. 2). Jeden Teil des Raumes können wir ganz oder zum Teil mit Solidem ausfüllen (§ 88, Postul. 2), und folglich Solides von jeder Figur und Größe an jeden Ort setzen. Dabei kommt die einzige Bedingung vor, daß es nicht zugleich an einerlei Orte sein | könne (§ 88, Axiom 2, § 103, Axiom 6). Sollte überdies noch das Solide innere Unterschiede der Dichtigkeit und der Art haben (§ 91), so würden die Möglichkeiten dadurch noch vervielfältigt, weil sich dabei Kombinationen und Permutationen anstellen ließen.

§ 120. Bis dahin ist noch jedes von diesen *Compositis* in Ruhe (§ 94, Axiom 1). Da aber immer Raum zur Bewegung bleibt (§ 70, Postul. 1), so können wir [alle] Teile des Soliden mit belie-

35 [alle] : jede

biger Geschwindigkeit und Direktion in Bewegung bringen, welche sich bei jedem Anstoße des einen an das andere ändert (§ 101, Postul. 2, § 94, Axiom 3). Hieraus entstehen nun allerdings Mannigfaltigkeiten, die in [allen] Absichten stufenweise von 0 bis ins Unendliche gehen.

§ 121. Da sich ferner ohne Solides nichts Existierendes denken läßt (§ 103, Axiom 2), so haben wir bei den hier angenommenen Mannigfaltigkeiten des Soliden zugleich auch die ganze Grundlage zu [allen] Verhältnissen der soliden Teile unter sich und in Absicht auf denkende Wesen. Und dies macht demnach den Umfang des Reiches der Möglichkeiten aus, soweit wir nach den in der menschlichen Erkenntnis vorkommenden einfachen Grundbegriffen denselben übersehen können. Ich füge dieses letztere bei, weil ich eben nicht gedenke, vermittelst der in diesem Hauptstücke angeführten Grundsätze und Forderungen wirkliche Weltsysteme zu errichten. Nach des Cartesius fehlgeschlagenem Versuche läßt man dieses ein für allemal bleiben. |

§ 122. Da wir bei der Zusammensetzung der Dinge ohnehin schon gewöhnt sind, die Begriffe ihrer Teile ebenfalls zusammenzusetzen und den Eindruck und die Vorstellung des Ganzen als zusammengesetzt anzusehen (§ 81), so entstehen hier ebenso viele und so mannigfaltige zusammengesetzte Begriffe, als mit dem Soliden Zusammensetzungen und Veränderungen vorgenommen werden können und soviel dabei zusammengesetzte Verhältnisse entstehen (§ 115–117). Das will nun sagen: *So viel man zusammengesetzte Begriffe denken will, lassen sich noch mehrere denken, und sie sind den Graden und der Art nach stufenweise von 0 bis soviel man will voneinander verschieden.* Denn so sind die vorhin (§ zit.) angeführten und durchaus positiven Möglichkeiten selbst, und folglich auch ihre Begriffe, weil diese jene vorstellen, und daher denselben genau entsprechen müssen.

4 [allen] : jeden   9 [allen] : jeden

§ 123. Wir müssen hier anmerken, daß wir zwischen Begriffen von *Dingen* und zwischen Begriffen von *Begriffen* einen Unterschied machen. Hier ist eigentlich von den ersteren die Rede, weil die anderen schlechthin ideal und logisch sind und auf die Vergleichung der ersteren gehen. Dergleichen sind z. B. die Begriffe der Gattung, Art, Wesen, Eigenschaft etc. und überhaupt bald alle *abstrakten* Begriffe, die man bisher in der Ontologie fast allein vortrug. Wir werden sie ebenfalls mitnehmen (§ 75). Es muß aber vorerst zu dem Beweise ihrer Entstehungsart (§ 24) und ihrer Allgemeinheit (§ 38) der Weg gebahnt werden. Und hierzu wird der erst | erwiesene Satz dienen, welcher dabei so viel als ein *Postulatum* gilt, weil er eine allgemeine und uneingeschränkte Möglichkeit angibt. Solche abstrakten Begriffe müssen nun allerdings den in vorhergehendem Hauptstück vorgezählten speziellen Teilen der Grundlehre vorgehen, weil sie sich bei allen anwenden lassen. Ich führe dieses hier vorläufig an, um zu bemerken, daß auch hierin die Ordnung des Vortrages der Grundlehre nicht willkürlich bleibt, und um zugleich verschiedenen Fragen (§ 41, 75) vorzubeugen, die teils wegfallen, teils geändert werden müssen.

LOGISCHE

UND

PHILOSOPHISCHE

ABHANDLUNGEN

Band 2

I.

Fragment einer Systematologie

I.
Fragment einer Systematologie

Erstes Hauptstück
Das System überhaupt betrachtet

§ 1. Der Begriff eines Systems gehört unter diejenigen, die zugleich sehr allgemein und sehr zusammengesetzt sind. Man sieht leicht, daß ich hier unter *System* nicht bloß ein Lehrgebäude verstehe, sondern den Begriff in der völligen Ausdehnung nehme, die er nach und nach erhalten hat. Und so genommen fehlt nicht viel daran, daß nicht überhaupt jedes *Ganze* ein System sollte können genannt werden. Denn gibt es Ganze, die nicht Systeme genannt werden, so geschieht es entweder, weil man sie noch nicht genau kennt, oder weil sie zu einem System zu einfach oder zu gleichartig sind oder aus einem einzigen Stücke bestehen, oder endlich nur als Teile eines Systems betrachtet werden. Überdies hat man in der Sprache das Wort *System* noch immer gewissermaßen in Ehren gehalten, und es meistens nur bei solchen Ganzen gebraucht, welche zu einer Theorie oder Kunst Stoff angaben. Der Gegenstand, der vielleicht zuerst *System* war | genannt worden, war das Weltgebäude; und die Größe und Würde desselben trug nicht wenig dazu bei, daß man eben nicht sogleich jedes Flickwerk ein System nannte. Indessen ist man freilich von dieser Höhe etwas mehr zu niedrigeren Gegenständen herabgekommen, und damit kommt auch der Gebrauch des Worts *System* immer häufiger vor. Dieses macht aber auch, daß es nicht wohl angeht, dem Begriffe sehr bestimmte Schranken zu setzen.

§ 2. Wir können inzwischen hierbei ausschließungsweise [vor-]gehen, und damit dem Begriffe *System* alles das entgegensetzen, was man ein *Chaos*, ein *Gemisch*, einen *Haufen*, einen *Klumpen*,

---

28 [vor]gehen : gehen

eine *Verwirrung*, eine *Zerrüttung* etc. nennt. Sodann macht auch das *Einfache*, sofern es einfach ist, kein System aus. Daß auch, wenigstens noch dermalen, nicht jedes *Ganze* ein *System* genannt werde, ist bereits angemerkt worden.

§ 3. Zu einem System werden also Teile, und zwar mehrere erfordert. Diese müssen auseinandergesetzt, jedes für sich kenntlich, mit Absicht gestellt oder geordnet und alle miteinander so verbunden sein, daß sie gerade das der vorgesetzten Absicht gemäße Ganze ausmachen, und dieses muß, so gut es angeht oder so lange es die Absicht erfordert, fortdauern können, es sei daß es unverändert bleibe oder seiner Absicht gemäße Veränderungen leide.

§ 4. Dieses ist es also, was ich mir überhaupt bei einem System vorstelle. Man sieht leicht, | daß ich eben damit keine Namenerklärung gebe. Wer solche verlangt, kann immerhin durch *System* ein zweckmäßig zusammengesetztes Ganzes verstehen und dann wiederum erklären, was Zwecke und zweckmäßig, was zusammengesetzt und was ein Ganzes ist. Kommen sodann in diesen Erklärungen wiederum Wörter vor, die erklärt werden müssen, so kann man auch mit dem Erklären fortfahren. Wenn damit alles richtig geht, so muß der Erfolg dieser sein, daß man alle Bestandteilchen des Begriffes System, oder welches gleich viel ist, alles das finde, was zu einem System erfordert wird.

§ 5. Wir können aber unmittelbarer verfahren, ohne durch eine solche Reihe von Worterklärungen durchzuwandern, die sehr leicht vom Ziele abführen. Es wird immer genug sein, daß wir ein *System* überhaupt uns recht in Gedanken vorstellen, dasselbe so zu reden recht ansehen und alles, was wir dabei Verschiedenes bemerken, aufzeichnen. Dieses setzt nun freilich voraus, daß man sich schon viele besondere Systeme müsse deutlich und ausführlich vorgestellt haben, weil sonst der allgemeine Begriff sehr leicht zu viel oder zu wenig enthalten würde.

§ 6. Ich werde nun diesem zufolge hersetzen, was ich teils bei einem System überhaupt, teils bei Anlaß besonderer Systeme gefunden, das sich allenfalls, mit geringer Veränderung des Namens, auf ein System überhaupt beziehen läßt. Dieses enthält folgendes Verzeichnis. |

I°. Bei einem System befinden sich:
1. *Teile*, die teils nur miteinander verbunden, teils so voneinander abhängig sind, daß eines das andere erfordert, oder voraussetzt, oder nach sich zieht.
2. *Verbindende Kräfte*, die entweder Teile mit Teilen, oder Teile mit dem Ganzen, oder sämtliche Teile zugleich verbinden.
3. *Ein gemeinsames Band*, welches aus den Teilen ein Ganzes macht, und gewöhnlich in einer verbindenden Kraft, oder auch in dem Grunde besteht, warum diese Kraft gebraucht wird.
4. *Eine allgemeine*, und etwann auch mehrere besondere *Absichten*, zu denen das *System* und seine Teile gewidmet, gestaltet, geordnet, zusammengefügt und verbunden sind.

II°. Ferner wird bei einem System erfordert:
1. Das *Beisammenseinkönnen*, und die dazu nötige *Schicklichkeit* der *Teile* und der verbindenden *Kräfte*.
2. Das *Fortdauernkönnen*, und damit die Bedingungen des *Beharrungsstandes* und *Gleichgewichtes*, zumal wenn das *System* sowohl der Größe als der Anzahl und Anordnung der Teile nach Veränderungen zu leiden hat, oder auch solche hervorbringen soll. |
3. Die *Einheit*, da das System ein *Ganzes* sein soll, wobei jede Teile einander *erfordern, voraussetzen* oder *nach sich ziehen*.

III°. Überdies kommen bei einem System vor:
1. *Gesetze* oder *Regeln*, die sämtlich aus der *Absicht* des Systems und den *Bedingungen des Beharrungsstandes* abgeleitet werden, und einander mehr oder minder *untergeordnet* sind.

2. Eine Art von *Grundlage*, worauf das System beruht oder sich gründet.
3. Eine äußere *Form*, *Gestalt*, *Zierate*, *Symmetrie*, *lokale Ordnung* etc.

IV°. *Die Errichtung eines Systems*, wobei wiederum [vorkommt:]
1. Die Absicht und dann das Aufsuchen und Zubereiten der erforderlichen Teile und der verbindenden Kräfte.
2. Oder wenn anfangs wenigstens einige Teile da sind, das Aufsuchen der übrigen zu der Absicht, wozu erstere Anlaß geben.
3. Oder endlich, wenn die Kräfte anfangs da sind, das Aufsuchen einer Absicht zu ihrem Gebrauch, und der zum System erforderlichen Teile. |

V°. *Das System, in Beziehung auf ein anderes*, dem es:
1. entweder *einverleibt*,
2. oder überhaupt nur damit in einige *Verbindung* gebracht,
3. oder eines von dem andern *abhängig* gemacht wird,
4. oder endlich, wo die Abhängigkeit *wechselseitig* ist.

VI°. *Das System in Beziehung auf die Erkenntniskräfte*:
1. Dessen Theorie.
2. Dessen Vergleichung mit anderen.

§ 7. Diese Tabelle mag nun zu einem vorläufigen Begriffe hinreichend sein. Sie hätte mit mehreren Unterabteilungen ungemein weitläuftig werden können. Es war aber immer besser, hier nur das Allgemeinste vorzulegen, und dazu bot endlich die Sprache noch hinlänglich Wörter von gleichem oder wenigstens nicht sehr verschiedenem Umfange der Bedeutung an. Die Frage ist nun allerdings, wiefern es angeht, bei der besonderen Betrachtung [aller] Stücke vorhergehender Tabelle eben die Allgemeinheit beizubehalten. Die speziellen Systeme, auf die doch endlich die Theorie muß angewandt werden, sind ungemein verschieden und ungleichartig. Dieses hat aber an sich den Erfolg, | daß man

4 [vorkommt:] (ergänzt)   13 Teile. : Theilen vorkömmt.
30 [aller] : jeder

immer bei der allgemeinen Theorie auf dieselben Rücksicht haben muß, teils um sich von der Allgemeinheit der Aussagen zu versichern, teils um das, was überhaupt gesagt wird, leichter anwenden, um sich in der Anwendung zurechtfinden zu können. Daß dieses letztere nicht immer leicht sei, werde ich hier durch ein Beispiel erläutern.

§ 8. Ich sagte in der Tabelle, daß bei jedem System eine Art von *Grundlage* vorkomme, worauf es beruht oder sich gründet. Man wird dieses, überhaupt betrachtet, zugeben und als wahr erkennen. Das macht auch die Schwierigkeit noch nicht aus. Hingegen findet sich diese ein, wenn es bei besonderen Arten von Systemen die Frage ist anzugeben, welches eigentlich ihre Grundlage sei. Der Name *Grundlage* ist von Gebäuden hergenommen, und aus diesem Grunde bei denselben am kenntlichsten. In andern Systemen soll etwas ähnliches stattfinden. Es ist aber dieses Ähnliche meistens eben so ungleichartig als die Systeme selbst, und eben so verschieden ist auch die Art, wie das System auf seiner Grundlage beruht. So z. B. hat jedes musikalische Stück seinen *Grundton*. Ein Gemälde hat eine *Gründung*. In Traktaten liegen ein oder mehrere *Hauptartikel* zum Grunde. Maschinen beruhen auf einem *Gestell*. Bei einem Schiffe ist wohl nicht das Wasser, sondern der *Schiffsboden* oder der *Kiel* des Schiffes die Grundlage. In den Sprachen sind es die *Wurzelwörter*. In andern Fällen kann die Grundlage mit der *Absicht* oder auch mit den *verbindenden Kräften* in näherem Verhältnis stehen. | So z. B. wenn bei dem Weltsysteme nach der Grundlage gefragt wird, scheint die durch den Weltraum ausgebreitete Kraft der Schwere diesen Namen mehr als die sich darin umwälzenden Weltkörper zu fordern.

§ 9. Man sieht aus diesen Beispielen, daß, was man überhaupt von einem System weiß, in der Anwendung auf besondere Arten gleichsam wie von neuem aufgesucht und kenntlich gemacht werden muß und daß es gewöhnlich dabei auch besondere Benennungen erhält, unter denen das Allgemeine oft ziemlich versteckt ist. Es erhellt zugleich daraus, daß wenn die allgemeine

Theorie leicht anwendbar werden solle, die allgemeinsten Sätze darin nicht so schlechthin vorgetragen werden müssen; sondern daß bei jedem die einzelnen Arten von Systemen zu durchgehen sind. Es zeigt sich dann erst aus der durchgängigen Vergleichung derselben, was jeder allgemeine Satz auf sich hat und was er in einzelnen Fällen vorstellt und sagen will. Man kann auch nicht sagen, daß man vorher sich seine Allgemeinheit ausführlich vorstelle oder davon gehörig überzeugt sei.

§ 10. Dies ist demnach die Art zu verfahren, der ich hier folgen werde und die sich bei Abhandlung der meisten Begriffe, die eine metaphysische Allgemeinheit haben, anraten läßt. Die echte Methode fordert freilich, daß man lieber beim *Einfachen* als beim *Allgemeinen* anfange. Indessen besteht das wesentliche der metaphysischen Begriffe gerade in ihrer Allgemeinheit, und so müßte man entweder ganz davon abstrahieren, oder sie so | nehmen, wie sie wirklich sind. Ersteres geht wenigstens dermalen noch nicht durchaus an. Man müßte bereits in Ansehung aller übrigen Teile unserer Erkenntnis eben das getan haben, was Euklid in Ansehung der Figuren getan. Seine Anfangsgründe machen eine metaphysische Theorie der Figuren so ziemlich entbehrlich. Er fängt beim Einfachen an, setzt immer mehr zusammen und zählt sozusagen jeden Schritt vor, den er tut. So läßt sich aber besonders in Absicht auf die Theorie der Systeme, wenn man nicht bei ganz einfachen Systemen stehen bleiben will, noch nicht verfahren. Es wird aber inzwischen immer gut sein, wenn wir die Sache so nehmen wie sie ist, und sehen, wie wir uns bei Betrachtung des Allgemeinen bei Systemen werden durchhelfen können. Wenn auch die allgemeine *Systematologie* in besondern Fällen noch viel zu bestimmen läßt, so erleichtert sie doch das Überdenken besonderer Systeme, sie beugt der Verwirrung vor, führt zur Ordnung, gibt Anleitung sich Ideale zu bilden, deckt Lücken auf und leitet in Untersuchung, Erfindung, Anlage, Errichtung, Erhaltung und Verbesserung besonders vorkommender Systeme. Und diese Vorteile kann sie wenigstens größtenteils haben, wenn sie gleich noch nicht in ihre echte wissenschaftliche Form gebracht ist. |

Zweites Hauptstück
Die Verschiedenheit der Systeme

§ 10. Wenn es wegen der unendlich mannigfaltigen Unterschiede der Systeme erforderlich ist, dieselben in gewisse Hauptklassen zu teilen, so kann dieses, überhaupt betrachtet, nach jeden in der erstgegebenen Tabelle (§ 6) vorkommenden Bestandteilen des Begriffes geschehen. Es ist aber der Erfolg nicht einerlei, und so wird es gut sein, dabei eine Auswahl zu treffen, wobei die Anzahl der Hauptklassen, die zu bestimmen sind, nicht nur nicht übermäßig groß, sondern so gering werde, als es immer angehen mag.

§ 11. Dieser Bedingung geschieht nun Genüge, wenn wir die verbindenden Kräfte bei der Abteilung zum Grunde legen. Wir kennen deren nur dreierlei Arten, nämlich: 1) die *Kräfte des Verstandes*, 2) die *Kräfte des Willens*, und 3) die in der Natur vorkommenden *mechanischen Kräfte*, wodurch körperliche Systeme in Verbindung, und wenn sie sich bewegen sollen, in Bewegung gebracht und erhalten werden.

§ 12. Es wird nicht schwer sein zu zeigen, daß hierdurch die geringste Zahl von Klassen der Systeme erhalten wird. Denn wollte man z. B. die Systeme nach der Verschiedenheit ihrer Teile | in Klassen ordnen, so läßt sichs kaum absehen, wie viele Klassen heraus kommen würden, zumal da bald jedes System eine eigene Beschaffenheit, Bildung, Anordnung und Anzahl seiner Teile erfordert. Eben so verschieden sind auch die Absichten der Systeme, die denselben angemessenen Gesetze und Grundlagen, und [diese] können daher auch nicht zum Grunde gelegt werden, wenn man die geringste Anzahl der Hauptklassen herausbringen will. Endlich bezieht sich das gemeinsame Band immer auf die verbindenden Kräften, und hat eben daher mit denselben einerlei Hauptabteilung.

---

27 [diese] (ergänzt)

§ 13. Wir legen demnach die verbindenden Kräften zum Grunde, und dadurch erhalten wir sogleich dreierlei Hauptarten von Systemen, die in ihrer Art einfach sind. Es gibt nämlich:

1°. Systeme, die schlechthin nur durch die Kräfte des Verstandes ihre Verbindung erhalten. Dahin gehört, z. B.:
   a) Das System der Wahrheiten überhaupt,
   b) einzelne Systeme von Wissenschaften, Theorien, etc.
   c) Denkarten einzelner Völker, Menschen, etc.
   d) Glaubensbekenntnisse, symbolische Bücher, etc.
   e) Erzählungen, Fabeln, Gedichte, Reden, etc. |

2°. Systeme, die durch die Kräfte des Willens ihre Verbindung erhalten. Dahin gehören:
   a) Systeme von Entschließungen,
   b) Verträge,
   c) Gesellschaften,
   d) Staaten.

3°. Systeme, die durch die mechanischen Kräften ihre Verbindungen erhalten. Dazu gehört:
   a) Der Weltbau,
   b) einzelne Sonnen- und Planetensysteme,
   c) die Erde insbesondere, und auf dieser
   d) das System der drei Reiche der Natur,
   e) Systeme der Kunst, wohin Maschinen, Gebäude, Instrumente, etc. gerechnet werden,
   f) Systeme von Ursachen und Wirkungen.

§ 14. So weltläufig auch einige der erst erwähnten Arten von Systemen sein mögen, so sehr können sie dennoch in Absicht auf die verbindenden Kräften als einfache Arten angesehen werden. Wir betrachten sie auch hier nur, insofern sie sich auf eine Art der verbindenden Kräfte allein beziehen, ohne noch darauf zu sehen, wiefern die Kräften zugleich bei einem Systeme vorkommen können. Dieses wird sich im folgenden zeigen. Dermalen haben |wir uns noch etwas mehr bei den erst bestimmten drei einfachen Hauptarten aufzuhalten.

§ 15. Dabei bietet sich ein Umstand dar, welcher gleich anfangs in Betrachtung zu ziehen ist. Die drei Arten von Kräften sind an sich so verschieden, daß jede auch ihren besonderen Gegenstand erfordert und der Gegenstand selbst ebenso ungleichartig wie die verbindende Kraft ist. So z. B. kann durch die Kräfte des Verstandes allein weder eine Gesellschaft noch eine Maschine entstehen. Der Verstand hat das Wahre und Irrige zum Gegenstande, so wie hingegen Gesellschaften durch die Kräfte des Willens, Maschinen aber durch die mechanischen Kräften zustandegebracht werden.

§ 16. Es fordert demnach jede Art der verbindenden Kräfte eine derselben eigene Art von Systemen: Und diese können demnach füglich in *Intellektualsysteme*, *moralische* oder auch *politische Systeme*, und *körperliche* oder *physische Systeme* geteilt werden.

§ 17. Solange nun solche Systeme in Absicht auf die bei denselben zum Grunde liegende verbindende Kraft einfach sind, solange haben sie auch in ihren Teilen eine *durchgängige Gleichartigkeit*. Bei den *Intellektualsystemen* sind [alle] Teile wahre oder irrige *Kenntnisse*. Bei den politischen Systemen sind es *Entschließungen*. In den physischen Systemen aber *materielle Teile*. |

§ 18. Man sieht nun leicht, daß hierdurch die vorhin erwähnte unendliche Verschiedenheit der Teile (§ 12) wie von selbst in drei Hauptklassen verteilt wird, und damit diejenigen Verschiedenheiten, die jeder Klasse eigen sind, besonders genommen und dann auch besonders betrachtet werden können. Wir werden im folgenden sehen, wie wir uns den dadurch gewonnenen Vorteil zu Nutze machen können.

---

19 [alle] : jede

§ 19. Ungeachtet nun unter den angeführten Arten von Systemen (§ 13) solche vorkommen, die sehr zusammengesetzt sind, so macht doch ihre durchgängige innere Gleichartigkeit (§ 18), daß sie noch als sehr einfach können angesehen werden. Hingegen gibt es allerdings auch Systeme, wobei mehr als eine Art der verbindenden Kräfte vorkommt; und diese sind dann auf eine ganz andere Weise zusammengesetzt. Die Teile sind dabei zugleich so wie die verbindenden Kräften ungleichartig, und müssen dessen unerachtet ein wohlgeordnetes Ganzes ausmachen, wenn anders das System nicht ein Flickwerk sein soll.

§ 20. Um nun hierin etwas klarer zu sehen, so merken wir an, daß die drei Arten von verbindenden Kräften selbst unter sich einige Abhängigkeit und Verbindung haben, die wir auseinandersetzen müssen. Es kommt auf folgende Sätze an:
1) Ein *bloß theoretisches System* fordert, an sich betrachtet, weiter nichts als Kenntnisse | und die Kräfte des Verstandes. Insofern ist es von den übrigen beiden Arten von Kräften unabhängig.
2) Hingegen setzen die Kräfte des Willens, wenn es nicht blinde Triebe, sondern zweckmäßige Entschließungen betreffen soll, den Gebrauch des Verstandes voraus. Ohne diesen läßt sich an *Systeme von Mitteln und Absichten* nicht denken.
3) Die physischen Kräften kommen in der Natur an sich schon vor, und die dadurch verbundenen physische Systeme sind ebenfalls schon vorhanden.
4) Indessen geben sie dem Verstande Stoffe zu seinen *Erkenntnissen* und *Theorien*, und dem Willen Stoff zu *Entschließungen*.
5) Da aber auch dem Menschen Kräfte zu Handlungen gegeben sind, wodurch er in der Natur Veränderungen hervorzubringen imstande ist, so wird dadurch klar, wie die ersterwähnten *Systeme von Mitteln und Absichten*, sofern ihre Erfindung und Anordnung von Menschen abhängt, zur Wirklichkeit gebracht werden können.
6) Daß der Wille, oder eigentlicher zu sagen, die Affekte einen Einfluß auf die Kenntnisse und Theorien des Verstandes ha-

ben und denselben | in Irrtum und Vorurteile verleiten können, wird wohl niemand in Abrede sein.

§ 21. Aus diesen Sätzen ergibt sich nun, daß gewöhnlich bei einem zusammengesetzten System alle drei Arten von Kräften vorkommen und daß solche Systeme immer als *Systeme von Mitteln und Absichten* betrachtet werden können, sooft die Entschließungen des Willens mit in Erwägung kommen. Wir haben nun noch zu sehen, wiefern sich solche Systeme von einander unterscheiden und in einige Hauptklassen absondern lassen.

§ 22. Sehen wir fürerst hierbei auf den göttlichen Willen, so kann überhaupt der ganze Weltbau als ein System von Mitteln und Absichten angesehen werden. Die Erde und alle sich auf, in und mit derselben ereignenden Veränderungen machen ebenfalls ein solches, wiewohl viel spezielleres System aus. Beide geben Stoff zu der Teleologie, einer Wissenschaft, welche sich mit der Betrachtung der Absichten der Natur und ihrer Teile beschäftigt.

§ 23. Ferner kann jedes System von Mitteln und Absichten als etwas bloß theoretisches betrachtet werden, und bleibt auch eine bloße Theorie oder eine bloße Spekulation, solange nicht auch die beiden andern Arten von Kräften hinzukommen, um es zur Wirklichkeit zu bringen. Dieses geschieht teils nicht immer, teils kann es auch nicht immer geschehen. Daher rührt auch der so oft richtig oder unrichtig gebrauchte Aus|spruch, daß ein Anschlag zwar in der Theorie gut sei, aber in der Ausführung nicht angehe. Man macht in der Welt auch freilich ungleich mehrere Projekte, als wirklich ausgeführt werden. Von vielen, die man zugleich machte, wird gewöhnlich nur eines, oft auch gar keines ausgeführt. Man hat auch noch keine *wissenschaftliche Anweisung zum Projektemachen*. Denn die noch am meisten methodisch gemachte Anweisung zu Bauanschlägen, macht einen sehr geringen Teil einer solchen Wissenschaft aus.

§ 24. Jedes System hat ferner eine oder auch mehrere Absichten, zu denen es dienen soll. Und so läßt sich auch für jeden Teil desselben eine oder auch mehrere Absichten denken, zu denen derselbe als Mittel dienen soll. Alles soll zur Absicht des ganzen Systems dienen, und so läßt sich die Subordination und Koordination der Mittel und Absichten bei jedem System überhaupt leicht denken.

§ 25. Der Unterschied, der sich nun hierbei finden kann, ist dieser, *daß es in einigen Fällen bei der Absicht des Systems sein Bewenden hat*; und dieses geschieht besonders, wenn die Absicht *fortdauernd* ist und gleichsam beständig erhalten werden solle. So z. B. ist die Absicht eines Uhrwerkes, daß es die Stunden anzeige. Bei dieser Absicht hat es sein Bewenden, und alles was man verlangen kann, ist, daß die Uhr, so lange als die Absicht dauere oder so lange als es immer möglich ist, richtig gehe. In allen solchen Fällen ma|chen sich demnach die in der Tabelle (§ 6) erwähnten Bedingungen des Beharrungsstandes auf ganz besondere Art notwendig, weil sie unmittelbar von der Absicht selbst erfordert werden.

§ 26. In andern Fällen aber *hat es bei der Absicht eines Systems nicht sein Bewenden*, und dieses geschieht, wenn dieselbe, sobald sie erhalten ist, andere Absichten entweder *veranlaßt*, oder *nach sich zieht*, oder denselben zu gefallen vorgenommen wird, und daher *subordiniert ist*. Dahin gehören alle Systeme, die man nur einmal gebrauchen kann, oder deren Absicht ohne ihren Untergang nicht erhalten wird. Ein Feuerwerk mag nach einem vollkommen systematischen Plan angelegt sein. Die Absicht, warum es angeordnet worden, wird durch das Abbrennen erhalten, und damit ist alles vorbei. Bei Aufführung eines Gebäudes wird ein Gerüste gemacht. Man trägt es wieder ab, sobald das Gebäude ausgeführt ist. Überhaupt gehören auch alle Systeme hierher, die man nur gebraucht, bis die dadurch zu erhaltende Absicht erreicht ist, und die man gewöhnlich auch nur einmal erreicht haben will.

§ 27. Unter den Systemen von Mitteln und Absichten zeichnen sich ferner die Systeme von Handlungen als eine besondere und vorzügliche Klasse aus. Wir können dahin 1) das *System der Handlungen eines ganzen Volkes*, 2) das *System der Handlungen einer Gesellschaft*, 3) das *System der Handlungen eines einzelnen Menschen* sowohl über|haupt, als in Rücksicht auf die zu wählende Lebensart, oder auch *einzelne besondere Absichten* rechnen. Man sieht leicht, daß diese Systeme überhaupt sehr zusammengesetzt und nicht leicht ganz und in allen Teilen zu übersehen sind. Es kommen noch überdies die besonderen Unterschiede vor, ob gewisse zum System gehörende Verrichtungen durch die *Kräfte der Natur*, oder durch *Maschinen*, oder durch *Tiere* geschehen können; wiefern dabei *menschliche Hilfe* nötig ist; ferner welche Verrichtungen *schlechterdings durch Menschen geschehen müssen*; und endlich, ob solche Verrichtungen eine *Fertigkeit* und *Geschicklichkeit* fordern, die fürerst *erlernt* werden muß, und deren Erlernung selbst und an sich schon eine Art von System ausmacht.

§ 28. Wir können endlich noch einen sehr allgemeinen Hauptunterschied anmerken, welcher von der Art, wie die verbindenden Kräften bei einem System angebracht sind, herrührt und besonders auch die Bedingungen des Beharrungsstandes betrifft. Es gibt viele Systeme, *die ihre anfängliche Einrichtung behalten* und höchstens nur von äußeren Ursachen einige gewöhnlich zu ihrer Verschlimmerung abzweckende, meistens auch zufällige Veränderung leiden, oder die nur dann, wann ihre Absicht sich ändert, mit Vorsatze verändert werden. Bei solchen Systemen sind die verbindenden Kräften schlechthin nur zum Verbinden der Teile gewidmet, und werden sozusagen in beständigem Gleichgewichte oder Ruhestande erhalten. Von dieser Art sind die meisten Systeme der Kunst, Gebäude, In|strumente, Maschinen. Und von eben der Art sollten die Lehrgebäude sein, sofern sie nur fernere Zusätze und Erweiterungen, aber keine Veränderung in Absicht auf ihre Wahrheit und Wichtigkeit leiden sollen.

§ 29. Es gibt aber auch eine Menge von Systemen, und besonders die so von den Kräften des Willens oder der Natur oder von beiden abhängen, wo *wegen des entweder nie ganz vorhandenen oder nie lange dauernden Gleichgewichts der Kräfte, beständig Veränderungen vorgehen.* Bei solchen Systemen ist, wenn sie sollen Bestand haben können, die Bedingung notwendig, daß die dabei vorgehenden Veränderungen, auch wenn es zum äußersten kommt, gewisse und bestimmte Schranken nicht überschreiten, sondern sich durch ihre innere Einrichtung dem eigentlichen Mittelstande immer wieder nähern können. Die umständlichere Betrachtung hiervon müssen wir aufs folgende verschieben, da wir hier eigentlich die Systeme nur in Absicht auf ihre Verschiedenheit betrachten.

§ 30. Nehmen wir nun hierzu noch diejenigen Systeme, die so angelegt sind, *daß sie der Anzahl ihrer Teile nach sowie in Rücksicht auf das Ganze zunehmen oder auch hinwiederum abnehmen können,* dergleichen die meisten Gesellschaften, Staaten etc. sind, und wohin auch das System der Erkenntnis, der Fertigkeiten, des Vermögens etc. einzelner Menchen gerechnet werden kann; so werden wir die Hauptun|terschiede der Systeme so ziemlich beisammen haben. Die bisher vorgezählten werden immer hinreichend sein, sich von dem Umfange des Wortes *System* einen ausführlicheren Begriff zu machen, als es durch eine bloße Erklärung geschehen kann. Dieses Vorzählen kann auch im folgenden zur Prüfung dienen, ob das, was von Systemen überhaupt gesagt wird, bei jeder Art anwendbar ist. Und besonders auch werden sich die spezielleren Benennungen und Bestimmungen bei einer solchen Anwendung aufsuchen und angeben lassen.

§ 31. Vergleicht man nun die hier gegebene Abzählung der verschiedenen Arten von Systemen, und besonders die im § 13 davon gegebene Tabelle, mit dem, was nach Anleitung des im § 6 gegebenen Verzeichnisses bei jedem System besonders zu bemerken ist, so wird man leicht finden, daß sowohl die eine als die andere dieser Tabellen in der Abhandlung würde zum Grunde gelegt werden können. Denn so läßt sich jede Art von Systemen besonders vornehmen und nach Anleitung des § 6 untersuchen. Der Vortrag wird dadurch sehr bestimmt, und man kann sich mehr ins Spezielle einlassen. Hingegen muß bei jeder Art von Systemen eben die Vergleichung mit § 6 aufs neue vorgenommen werden. Da nun hierbei viel Allgemeines vorkommt, so wird es immer besser sein, wenn wir die im § 6 angemerkten Stücke vorerst jedes an und für sich, und ohne Rücksicht auf besondere Arten von Systemen betrachten, oder wenigstens diese nur insofern in Erwägung ziehen, als sie zu mehrerer Erläuterung des allgemeinen Vortrages Beispiele darbieten. |

Drittes Hauptstück
Die Absicht bei Systemen

§ 32. Ein System, überhaupt betrachtet, soll irgend zu etwas dienen, das ist, einen bestimmten Zweck haben und demselben gemäß eingerichtet sein. Nach diesem Zwecke soll es, wenn es bereits vorhanden, untersucht, oder wenn es noch erst in Anschlag gebracht wird, geprüft werden; z. B. ob es überhaupt, ob es am unmittelbarsten, ob es in vorausgesetzten Umständen, und so auch wiefern es zu der Absicht diene?

§ 33. Wir können, besonders bei Systemen, die bereits vorhanden sind, diese Fragen mehrenteils so einrichten, daß wir die Absichten, wohin ein System
1) dienen kann,
2) dienen soll,
3) wirklich dient,
von einander unterscheiden, weil sie in der Tat sehr oft und sehr merklich verschieden sind. Die Absicht, so man sich vorsetzt, ist nicht immer die beste, die man sich vorsetzen und mit gleicher oder auch noch mehrerer Leichtigkeit und Möglichkeit erhalten könnte. Hingegen geschieht es auch, daß man oft | weiter hinaus denkt, als Stoff und Kräfte reichen. Endlich findet sichs auch nicht selten, daß die besten Anstalten Anlaß zum ärgsten Miß-

brauche geben und die zu guten Absichten gewidmeten Mittel zu ganz anderm gebraucht werden.

§ 34. Diese Unterschiede vorausgesetzt, so läßt sich das brauchbare in der Theorie der Absichten auf folgende zwei Aufgaben bringen.
1) Wenn ein System, oder auch nur der Stoff und die Kräfte zu einem Systeme gegeben, die Absichten zu bestimmen, wozu es entweder überhaupt oder in vorgegebenen Umständen dienen kann.
2) Wenn eine Absicht vorgegeben, das dazu überhaupt, oder in vorgegebenen Umständen dienlichste System zu finden.

§ 35. Von diesen Aufgaben ist die erste im eigentlichen Verstande synthetisch, die andere aber analytisch. Denn in beiden ist das System als das Mittel oder als die wirkende Ursache anzusehen, wodurch die Absicht, als eine Wirkung betrachtet, erhalten wird. Nun läßt sich von der Ursache geradezu auf die Wirkung schließen. Hingegen muß man, wenn von der Wirkung auf die Ursache zu schließen ist, gleichsam rückwärts schließen, und dieses geht ohne analytische Kunstgriffe selten oder nie an.

§ 36. Dieses macht aber die Auflösung der zweiten Aufgabe viel schwerer als die von der ersten. Man muß sich überhaupt die Wege von den Ursachen zu den Wirkungen sehr ausführlich bekannt machen, wenn man sich in den Rückwegen nie verirren will. Da sich nun von den meisten in der Welt vorkommenden Ursachen die Wirkungen entweder gar nicht, oder wenigstens nicht ohne mehrere vorläufige Kenntnisse voraussehen lassen, und man daher gewöhnlich nur durch Erfahrung und wirkliche Versuche dazu gelangt, so wird dadurch überhaupt begreiflich, daß man in Auflösung der zweiten Aufgabe desto mehrere Fertigkeit erhalten kann, je mehr man durch Erfahrung, Versuche und Schlüsse die dazu nötigen *Data* gesammelt hat.

§ 37. Die Art dabei zu verfahren kommt nun überhaupt darauf an. Man setze eine beliebige Ursache A; diese bringe entweder überhaupt und notwendig, oder wenigstens in bestimmten Umständen die Wirkung B hervor. Im erstern Fall kann man immer B als eine Absicht, und A als ein hinreichendes Mittel ansehen, und demnach zum Behuf der zweiten Aufgabe sich die Regel machen, daß wo die Absicht B zu erhalten ist, das Mittel A dazu dienen könne. Und dann bleibt nur zu sehen, ob man das Mittel A in seiner Gewalt habe, oder ein anderes suchen müsse, wodurch entweder B unmittelbar, oder erstlich A und vermittelst dessen B erhalten werde.

§ 38. Bringt aber A nur in bestimmten Umständen die Wirkung B hervor, so ist klar, daß diese Umstände genau untersucht werden müssen, damit man sehe, ob sie zu der Wirkung selbst etwas beitragen oder dieselbe bloß nicht hindern. Im letztern Fall ist die Wirkung B der Ursache A allein und ganz zuzuschreiben. Im erstern aber hat man zu sehen, von welchen Teilen der Umstände es eigentlich herrührt, daß A die Wirkung B hervorbringen kann.

§ 39. Durch solche Beobachtungen, Versuche und darauf gebaute Schlüsse gelangt man endlich zu einem Vorrate von Kenntnissen, wodurch man instandgesetzt wird, bei jeden sowohl überhaupt als in vorgegebenen Umständen zu erhaltenden Absichten die dazu dienlichen Mittel aufzufinden, oder sich auch bloß derselben zu erinnern. Es ist für sich klar, daß man, ohne eben alles auf eigene und unmittelbare Erfahrungen ankommen zu lassen, sich fremde Erfahrungen und die für mehrere Fälle bereits errichteten Theorien zunutze machen könne und daß man, wegen der unendlichen Weitläufigkeit und Mannigfaltigkeit der Fälle, gut tut, wenn man sich auf eine oder einige Hauptarten von Mitteln und Absichten einschränkt und diese seiner zu wählenden Lebensart gemäß aufsucht.

§ 40. Da überhaupt ein System nicht nur an sich, sondern auch jeder Teil desselben seiner besonderen Absicht angemessen sein muß, so läßt sich der Unterschied zwischen der Absicht des ganzen Systems und den Absichten jeder Teile desselben leicht denken. Eben so leicht ist es begreiflich, daß die Absichten der Teile sowohl zusammengeordnet als einander untergeordnet sind und daher in einer teils wechselseitigen, teils einseitigen Abhängigkeit | stehen. Dieses läßt sich nun noch etwas umständlicher auseinandersetzen und aufklären.

§ 41. Die Absicht des ganzen Systems kann in Rücksicht auf das System und seine Teile als die letzte angesehen werden, und sie ist schlechthin die letzte, so oft es dabei sein Bewenden hat und damit der oben (§ 25) betrachtete Fall vorkommt. In den übrigen Fällen (§ 26) dient zwar die Absicht des Systems zu anderweitigen Absichten, indessen läßt sie sich immer in Beziehung auf das System selbst als die letzte ansehen.

§ 42. Diese Absicht wird nun in dem System durch irgend etwas unmittelbar erhalten, welches wir [der] Kürze halber das *nächste Mittel* nennen können. Alles übrige in dem Systeme dient als eine *Vorbereitung* dazu, und kann auch wegbleiben, sooft das nächste Mittel sogleich vorrätig ist und weiter keiner besonderen *Anordnung* noch *Zubereitung* bedarf. Ist aber das nächste Mittel nicht an sich schon vorhanden, so ist klar, daß es durch andere vorläufige Mittel muß erhalten werden, und von diesen ist es alsdann abhängig oder denselben untergeordnet.

§ 43. Man setze nun hingegen den Fall, wo das nächste Mittel nicht einfach ist, sondern aus mehreren zugleich wirkenden Ursachen besteht, so ist wiederum klar, daß das nächste Mittel aus zusammengeordneten Teilen besteht, und zwar aus solchen, die im eigentlichsten Verstande zusammengeordnet sind. Denn es gibt auch Fälle, wo selbst | die entfernteren Mittel zugleich wirken müssen und daher mit den näheren zusammengeordnet werden, wie z. B. in einer Uhr immer ein Rad das andere treibt und daher jedes Rad fortfährt seine Wirkung hervorzubringen

---

16 [der] (ergänzt)

Man sieht aber leicht, daß in solchen Fällen die *Abhängigkeit* das unterscheidende Merkmal ist und auf diese vorzüglich Rücksicht genommen werden muß, wenn man sich die Einrichtung des Systems genau, richtig und ausführlich vorstellen will.

§ 44. Dieser Unterschied des Zusammen- und Unterordnens der Teile des Systems läuft nun durch das ganze System, so weitläuftig es auch sein mag. Denn jedes Mittel, so nicht an sich schon vorrätig ist, läßt sich als eine Absicht ansehen und muß durch anderweitige Mittel erhalten werden, bis man auf solche kommt, die an sich schon vorrätig sind.

§ 45. Man sieht demnach, daß die Art, ein System seiner Absicht gemäß anzuordnen, überhaupt und auf das allgemeinste angegeben werden kann. Denn ist die Absicht gegeben, so sieht man sich zuerst um das nächste Mittel, und wenn dieses zusammengesetzt ist oder aus mehreren einfacheren besteht, um deren Zusammenordnung um; und zugleich sieht man auch, ob sie vorrätig sind oder ob sie durch andere Mittel erst müssen erhalten und zur Absicht zubereitet werden. Sind auch diese nicht vorrätig, so sucht man entferntere, und so geht es immer weiter, bis man auf solche kommt, die vorrätig sind und wodurch alles übrige der Ordnung nach erhalten werden kann. |

§ 46. Die wirkliche Anwendung dieser Regeln setzt in besonderen Fällen die vorhin angezeigten besonderen Kenntnisse (§ 39) und größtenteils auch eine vorher erlangte Übung voraus. Man kann auch, um darin weiter zu kommen, solche Systeme, die bereits vorhanden sind, nach eben diesen Regeln untersuchen und sehen, wiefern man sich nach denselben von der ganzen Anordnung des Systems einen vollständigen Begriff machen kann. Die in der Natur vorkommenden physischen Systeme haben in ihrer Einrichtung eine solche Vollkommenheit, denen die Werke der Kunst nie beikommen, und geben eben daher Anlässe, sich in Erlernung der Vollkommenheiten eines Systems zu üben und zugleich auch die Kräfte der Natur, die in unzähligen Werken der Kunst gebraucht werden, genauer kennen und bei vorfallenden Anlässen nutzen zu lernen.

§ 47. Es geschieht übrigens auch nicht immer, daß man bei Errichtung eines Systems bei der Absicht desselben anfängt. Oft hat man Sachen vorrätig, die noch keinen bestimmten Gebrauch haben, und da kommt die Frage vor, wozu man sie gebrauchen könne oder wolle. Die Auflösung dieser Frage ist nun in Rücksicht auf die Sache selbst synthetisch (§ 35). Sie setzt immer voraus, daß man überhaupt schon wisse, wozu die vorrätigen Sachen dienen können, weil man sonst andere Fragen oder ihren Gebrauch durch anzustellende Versuche ausfindig machen müßte. Indessen kann der Gebrauch auch nur relativ sein, weil es sehr viele Dinge gibt, die nicht von jedem Menschen ohne Unterschied genutzt werden können. So z. B. wenn | ein Unstudierter die trefflichste Büchersammlung erbt, so ist das beste, daß er sie entweder verkaufe oder für jemand aufbehält, der sie künftig, und zwar ihrer Absicht gemäß, gebrauchen kann.

ANMERKUNGEN DES HERAUSGEBERS

[3-11]

1 Lambert (= L.) bezieht sich auf das achte Hauptstück "Von der Erfahrung". Der § 599 liefert eine Zusammenfassung der wichtigsten für das Folgende einschlägigen Ergebnisse dieses Hauptstückes.

2 Im angezogenen § 557 und in den folgenden Paragraphen des Hauptstücks "Von der Erfahrung" unterscheidet L. gemeine Erfahrung, Beobachtung und Experiment als die drei Stufen der Erfahrung; vgl. dazu auch den Abschnitt 9. a) der Einleitung.

3 Im erwähnten § 205 aus dem vierten Hauptstück "Von den einfachen Schlüssen" begründet L., warum sich im Rahmen seines Linienkalküls aus zwei Partikularsätzen, also Sätzen der Art 'Etliche A sind B' bzw. 'Etliche A sind nicht B', kein Schluß ergibt: "Denn, weil in beyden die Linie, so das Subject vorstellt, ganz unbestimmt bleibt, und weil man dabey gar keine Bestimmung des Maaßstabes hat, (...) so bleibt auch die Zeichnung der Sätze unbestimmt."

4 In den §§ 591–598 aus dem Hauptstück "Von der Erfahrung" behandelt L. unter Zuziehung zahlreicher Beispiele aus der Wissenschaftsgeschichte die Frage, wie sich aus *einzelnen* Erfahrungen *allgemeine* Einsichten gewinnen lassen.

5 L. unterscheidet im § 95 aus dem zweiten Hauptstück "Von den Eintheilungen" zunächst ideale und reale Verhältnisse. Letztere ›gründen sich auf *Ursachen* und *Wirkungen*, und auf die *Kräfte*, womit die Theile der Sache unter sich und mit andern Sachen *verbunden* sind. Ihre *Aenderung* zieht daher zugleich eine Aenderung in der Sache selbst nach sich."

6 Zu Beginn des § 404 aus dem sechsten Hauptstück "Von den Beweisen" formuliert L. die Problemstellung: "Man habe sich von der Wahrheit eines Satzes durch die Erfahrung versichert, und die Gründe, woraus man denselben erweisen könnte, fehlen noch." Der in den §§ 405–422 ausgearbeitete Lösungsweg, wird gegen Ende des § 404 so umrissen: "Man muß die Erfahrung, anstatt sie beweisen zu wollen, zum Grunde legen, und ihr ersten Gründe directe daraus herleiten; Und zwar dieses wiederum nicht in der Absicht, diese Erfahrung nachgehends daraus zu beweisen, sondern schlechthin, damit man die Gründe wisse, und zu andern Schlüssen gebrauchen könne" (Das Zitat ist bei L. durchgehend hervorgehoben).

7 Im § 562 aus dem Hauptstück "Von der Erfahrung" wird der Bericht des französischen Astronomen Richer (ca. 1630–1696), daß seine Pendeluhr am Äquator langsamer gegangen sei, zunächst als Beispiel für eine glaubwürdige Fremderfahrung angeführt, deren Subjekt und Prädikat wohlbekannte Begriffe sind. Newton bettete diesen Erfahrungssatz in einen allgemeinen Kontext ein. Das Langsamergehen der Uhr ist notwendig, "weil die Umdrehung der Erde um ihre Axe das Gewicht des Penduls vermindert, und dadurch den Gang desselben langsamer macht".

8 Im ersten Hauptstück "Von den Begriffen und Erklärungen" unterscheidet L. verschiedene Begriffsarten; klare und dunkle Begriffe werden im § 8 so erläutert: "Die ersten Wege, wodurch wir zu Begriffen gelangen, sind die *Empfindungen* und die *Aufmerksamkeit*, die wir gebrauchen, alles, was uns die Sinne an einer Sache empfinden machen, uns vorzustellen, oder dessen bewußt zu seyn. Reicht dieses Bewußtseyn so weit, daß wir die Sache jedesmal wieder erkennen können, so ist der Begriff *klar*, widrigenfalls nur *dunkel*."

9 Der § 379 befindet sich im vierten Hauptstück "Von den Beweisen". Der "betrachtete Fall" ist die Inkonsistenz einer Aussagenklasse (relativ zu dem von L. unterstellten syllogistischen Folgerungsbegriff). – Im Kontext des vorliegenden § 618 wird somit die Dunkelheit und Konfusheit der Begriffe der gemeinen Erkenntnis als (eine) Ursache für Inkonsistenzen gesehen.

10 Die angesprochenen §§ 547–550 finden sich im siebten Hauptstück "Von den Aufgaben". L. betont immer wieder, "daß es auf zureichend klare Begriffe ankomme" (§ 547), und gibt Wege an, wie man zu solchen gelangen könne.

11 L. bezieht sich hier neuerlich auf den § 379, in dem er eine Aussagenklasse in mehrfacher Weise als inkonsistent (relativ zu dem syllogistischen Folgerungsbegriff) erweist (vgl. Anm. 9).

12 In den § 531 ff., die sich im siebten Hauptstück "Von den Aufgaben" finden, stellt L. auf zweierlei ab: Alle unsere Kräfte haben einen von Mensch zu Mensch variierenden Grad (§ 531). Durch Übung werden *Kräfte* und *Fähigkeiten* zu *Fertigkeiten* (§ 532).

13 Der § 572 aus dem Hauptstück "Von der Erfahrung" bestimmt Gesichtspunkte als natürliche oder angewöhnte Dispositionen, aus welchen "wir die Sache von einer Seite betrachten, und dabey von den übrigen Seiten mehr oder minder abstrahiren".

14 Die §§ 226 und 232 gehören zum vierten Hauptstück "Von den einfachen Schlüssen". Hinsichtlich der erwähnten zweiten Figur

führt L. im § 226 aus: *"Die zweyte Figur läugnet die Subjecte von einander, weil sie in den Eigenschaften verschieden sind, und jeder Unterschied der Eigenschaften ist hiezu hinreichend. Man gebraucht diese Figur demnach vornehmlich, wo zwo Sachen nicht sollen verwechselt oder confunirt werden.* Dieses muß nothwendig nicht seyn, sobald man in der Sache A etwas findet, das in B nicht ist. Man kann demnach sagen, *daß die Schlüsse der zweyten Figur uns auf den Unterschied der Dinge führen, und die Confusion der Begriffe aufheben."* – Die §§ 284 und 289 finden sich im fünften Hauptstück "Von zusammengesetzten Schlüssen, und den nächsten Umwegen im Schließen". Die Schlußarten Diprepe und Perdipe zählen zu den "nächsten *Umwege*[n], die man nehmen kann, einen Satz zu beweisen, wenn derselbe durch ganz einfache Schlußreden nicht so leicht kann bewiesen oder gefunden werden" (§ 284). Ein Beispiel für Diprepe: *"Jeder Satz ist entweder bejahend oder verneinend. Nun ist jede Frage weder bejahend noch verneinend. Folglich keine Frage ist ein Satz"* (§ 285). L.s Beispiel für Perdipe: *"Eine Aufgabe ist weder bejahend noch verneinend. Aber jeder Satz ist entweder bejahend oder verneinend. Folglich: kein Satz ist eine Aufgabe"* (ebd.).

15 L. beschreibt und erläutert im § 584, wie die Umstände einer Versuchsanordnung abzuändern sind, um die Wirkung der einzelnen Umstände zu erfassen. § 585 erörtert die Frage, wie man vorzugehen hat, wenn einzelne Umstände des betrachteten Gesamtfeldes in nicht manipulierbarer Weise vorgegeben sind.

16 In den §§ 59–64 behandelt L. die Bestimmung einer Sache durch Verhältnisbegriffe. Es bleibt allerdings *unklar*, welches der in diesen Paragraphen angeführten Beispiele zugleich jene Einsicht exemplifizieren soll, die im § 624 den Verweis veranlaßt hat.

17 In den §§ 65 ff. aus dem ersten Hauptstück "Von den Begriffen und Erklärungen" gibt L. Mittel an die Hand, "die Möglichkeit willkührlich zusammengesetzter Begriffe zu prüfen" (§ 67); daß ein Begriff möglich ist, besagt für L., "daß er nichts widersprechendes in sich habe" (§ 65).

18 Vgl. Anm. 5.

19 Der angezogene § 450 aus dem siebten Hauptstück "Von den Aufgaben" vergleicht Trigonometrie und Vernunftlehre: während die Trigonometrie Wege angibt, eine Größe zu finden, ist es der Vernunftlehre allgemein darum zu tun, Verfahren anzugeben, um aus vorgegebenen Daten die Eigenschaften eines Gegenstandes zu ermitteln.

20 Im § 28 des ersten Hauptstücks "Von den Begriffen und Erklärungen" erhebt und rechtfertigt L. die Forderung, die zur Verdeutlichung eines Begriffsumfangs verwendeten Beispiele gut zu streuen. – Der § 48 aus demselben Hauptstück behandelt spezielle Probleme, die sich beim Gewinn eines Gattungsbegriffs aus vorgelegten Fällen bzw. Beispielen auftun.

21 Georg Bernhard Bilfinger (1693–1750), Theologe und Philosoph, ist Schüler von Wolff. Er war Professor der Philosophie in Tübingen und Petersburg; ab 1731 war er Theologieprofessor in Tübingen (vgl. Wundt (1945), S. 214–216).

22 In den §§ 426 ff. zeigt L., welchen Umständen sich ungereimte Fragen verdanken und mit welchen Mitteln "man sich von der Zuläßigkeit einer Frage" (§ 436 b) versichern kann.

23 Vgl. den pauschalen Hinweis in Anm. 17.

24 Im § 64 führt L. aus, daß nicht nur das Abstrahieren, sondern *"auch das Zusammensetzen der Merkmaale ein Mittel* [ist], *Begriffe zu finden,* und der herausgebrachte Begriff wird ebenfalls richtig seyn, so oft man sich versichern kann, daß die zusammengesetzten Merkmaale einander nicht widersprechen".

25 Der § 573 aus dem achten Hauptstück "Von der Erfahrung" führt aus, daß und in welcher Weise Experimente zum Test theoretisch erschlossener Einsichten dienen können.

26 Im § 560 aus dem Hauptstück "Von der Erfahrung" wird zunächst der Unterschied von Eigen- und Fremderfahrung eingeführt. Die §§ 561 ff. erörtern den Umgang mit verschiedenen Arten der Fremderfahrung; vgl. auch Anm. 7.

27 Im § 3 aus dem ersten Hauptstück "Von den Begriffen und Erklärungen" führt L. folgendes Beispiel an: "So z. E. da nach dem *Columbus* ein jeder glaubte, daß er auch Amerika hätte finden können, so gab *Columbus* einigen die Frage auf, ein Ey auf die Spitze zu stellen? Sie begriffen nicht, wie es möglich wäre. Er brach die Spitze und stellte das Ey. Sie begriffen nun auch, daß es auf diese Art angehe, und jeder konnte es nun auch thun."

28 Im § 89 aus dem zweiten Hauptstück "Von den Eintheilungen" findet sich folgende Erläuterung: "Man hat ... eingeführt, daß man solche Begriffe, die nur ausschließungsweise bestimmt sind, mit Worten ausgedrückt *terminos infinitos* nennet."

29 Dieser Verweis L.s ist nicht korrekt: im § 185 aus dem dritten Hauptstück "Von den Urtheilen und Fragen" wird kein Unterschied zwischen Begriffen angezeigt. – Für eine kurze Anzeige von Erfah-

rungs- und Lehrbegriffen einschlägig wäre z. B. der § 154 aus demselben Hauptstück.
30 Im § 564 aus dem Hauptstück "Von der Erfahrung" zeigt L. an bekannten Beispielen (Pythagoras, Galiläus, Archimedes) aus der Wissenschaftsgeschichte, zu welchen Einsichten besondere Geschicklichkeit in der Empfindung dessen, was vor Augen liegt, führt.
31 Im § 549 aus dem Hauptstück "Von den Aufgaben" führt L. aus, daß die Empfindlichkeit der Sinne und die Fähigkeit zum Bemerken geringster Veränderungen Bedingungen der Erfindungskunst sind.
32 Im § 103 im zweiten Hauptstück "Von den Eintheilungen" wird die Möglichkeit erörtert, "eine beliebige Anzahl von *Indiuiduis* oder von Eigenschaften zusammen zu nehmen, und aus dem was sie noch gemeinsam haben, einen allgemeinen Begriff zu machen, oder, wenn wir verschiedene Merkmaale in einem Dinge beysammen finden, so bleibt uns die Wahl, sie einzeln, oder zu zwey und zwey, zu drey und drey u. combinirt, oder in Ansehung ihrer verschiedenen Ordnung und Verbindung permutirt, und als Begriffe vorzustellen."
33 Hinsichtlich der "Beybehaltung, Abschaffung und Aenderung in der Bedeutung der Wörter" stellt L. im angezogenen § 34 aus dem ersten Hauptstück "Von den Begriffen und Erklärungen" fest: "Ein Wort gilt, was der gemeine Gebrauch zu reden mit sich bringt, und diesem lassen sich wenig Schranken setzen, weil man nicht befehlen kann, was ein Wort für eine Bedeutung haben solle. Man muß und kann sie gelten lassen, so lange sie einen richtigen Begriff vorstellen, und ist nur dann zu der Aenderung befugt, wenn der Begriff unrichtig ist."
34 Vgl. Anm. 24.
35 Vgl. Anm 17.
36 Im § 148 des dritten Hauptstücks "Von den Urtheilen und Fragen" bestimmt L. Lehrsätze als bewiesene Sätze. – Der § 154, der sich im selben Hauptstück findet, führt Begriffsarten, u. a. eben die Lehrbegriffe, in Analogie zu Satzarten ein.
37 Vgl. Anm. 17.
38 Im § 59 des ersten Hauptstücks ist von Verhältnisbegriffen insofern die Rede, als wir sie verwenden, weil unsere Einsicht hinsichtlich der "innern Merkmaale der Sache" unzureichend ist. Bezüglich der Grundbegriffe helfen jedoch allein die Verhältnisbegriffe

weiter, "da die einfachen Begriffe keine innere[n] Merkmaale haben" (§ 659).

39 Sein Verständnis der Criteria und Requisita legt L. im § 172 des dritten Hauptstücks "Von den Urtheilen und Fragen" vor: "Die *Criteria* oder Kennzeichen sind Eigenschaften oder Verhältnisse, woraus man schließen kann, daß die Sache oder ihre Theile solche sind, die man schon unter einem anderen Namen kennt. ... Die *Requisita* oder Erfordernisse, sind Eigenschaften, die die gesuchte Sache haben soll. ... Aus den *Requisitis* werden die *Criteria* hergeleitet, weil diese das Aufsuchen der Regeln oder Handlungen erleichtern."

40 Im § 256, der sich im vierten Hauptstück "Von den einfachen Schlüssen" findet, erläutert L. das Konzept der unmittelbaren Folge so: "Im eigentlichsten Verstande folgt zwar kein Satz unmittelbar aus dem andern, weil man immer, um einen Schluß zu ziehen, noch einen Obersatz dazu nehmen muß. Indessen aber, wenn dieser zweite Obersatz nichts anders enthält, als was schlechthin nur deswegen wahr ist, *weil der Untersatz ein Satz ist*; so wird in diesem Fall die Schlußfolge unmittelbar genennt."

41 Die §§ 51–64 entwickeln verschiedene Formen der Begriffsbestimmung, u. a. die Bestimmung durch innere Merkmale und die Bestimmung durch Verhältnisbegriffe.

42 Der § 124 des dritten Hauptstücks "Von den Urtheilen und Fragen" führt den Begriff des identischen Satzes ein: Ausgangspunkt ist der allgemein bejahende Satz der Form "alle A sind B". Gilt nun umgekehrt auch, "A allein sey B", so "bekömmt der Satz den Namen eines *identischen Satzes*, und B ist ein eigenes Merkmaal von A, und A und B heissen *Wechselbegriffe*" (vgl. auch Neemann (1979)).

43 Im § 421 des sechsten Hauptstücks "Von den Beweisen" führt L. aus: "Das vorzügliche solcher [sc. identischer] Sätze kömmt auf folgende Stücke an: 1. Je reicher der Begriff B ist, der zum Prädikat des umgekehrten Satzes werden soll, desto brauchbarer wird er, weil, so bald man findet, daß er einer Sache C zukömmt, dadurch mit einem male eine Menge von Eigenschaften gefunden werden. 2. Je kenntlicher der Begriff A ist, der zum Subject des umgekehrten Satzes werden soll, je weniger Merkmaale er enthält, und je leichter er sich in den Dingen C finden läßt, desto tauglicher ist er. Denn dadurch erhält man, daß der Schlußsatz: C ist B, bald kann gezogen werden, weil A das *Criterium* von B ist."

44 Vgl. Anm. 40.

45 Im § 78 des ersten Hauptstücks beschreibt L. die erwähnte Methode so: "Wenn der Begriff einer Gattung nach richtigen Gründen allgemeiner gemacht worden, als die bisher bekannten Arten desselben, oder wenn man, ohne alle Arten bereits zu wissen, den Begriff der Gattung aus den verschiedensten der bekannten Arten hergeleitet hat, so werden die eigenen Merkmaale der Gattung zum Kennzeichen gemacht, woran sich in jeden Fällen erkennen läßt, ob eine vorkommende Sache unter diese Gattung gehöre?".

46 Im angezogenen § 161 aus dem dritten Hauptstück "Von den Urtheilen und Fragen" hält L. fest, daß "*sich sehr allgemeine Formeln von Aufgaben herleiten*" lassen. Das beruht auf folgender Eigenart der Aufgaben: "Die Aufgaben sind darinn bestimmter, als die Sätze, daß einer von den zweyen Hauptbegriffen nothwendig ein *Verbum* seyn, oder eine *Handlung* anzeigen muß."

47 Schlüsse in Barbara gehören zur ersten Figur; sie haben die allgemeine Form: "Alle M sind C. Alle B sind M. Alle B sind C" (§ 219). Im § 325 des sechsten Hauptstücks "Von den Beweisen" hebt L. hervor, "*daß vornehmlich nur die erste Figur bey langen Beweisen vorkomme*". – Der im selben Hauptstück gelegene § 405 behandelt die vorzügliche Rolle der ersten Figur, und insbesondere des Modus Barbara, in der Naturlehre.

48 Die Schlußarten *Caspida, Saccapa* und *Dispaca* zählen zu den "nächsten *Umwege*[n], die man nehmen kann, einen Satz zu beweisen, wenn derselbe durch ganz einfache Schlußreden nicht so leicht kann bewiesen oder gefunden werden" (§ 284). L. exemplifiziert diese Schlußarten im § 285.

49 Zu Beginn des § 326 aus dem sechsten Hauptstück "Von den Beweisen" hält L. fest, daß man "in den synthetischen Beweisen . . . bey den Vordersätzen" anfängt, "und daher entweder bey dem Obersatze, oder bei dem Untersatze. . . . Fängt man . . . bey dem Obersatze an, so verfällt man im Schlußsatz auf ein andres Subject" (§ 326). Der anschließende § 327 behandelt den zweiten Fall: "*Fängt man hingegen bey dem Untersatze an, so bleibt man bey einerley Subject, und findet zu demselben mehrere Prädicate.*"

50 Vgl. Anm. 6.

51 L. bezieht sich hier auf Formeln, die er sämtlich im fünften Hauptstück "Von zusammengesetzten Schlüssen, und den nächsten Umwegen im Schließen" entwickelt hat; für Caspida und Saccapa ist Anm. 48 heranzuziehen.

52 Vgl. Anm. 6.

53 In den §§ 329–346 aus dem sechsten Hauptstück "Von den Beweisen" behandelt L. insbesondere einen Mittelweg zwischen der analytischen und synthetischen Methode: "Es giebt ... zwischen der analytischen Methode, welche bey dem völlig bestimmten Schlußsatz anfängt, ... und der synthetischen, in so ferne diese zu keinem bestimmten Ziele führt, ... *ein Mittelweg, welcher den Schlußsatz, den man eigentlich herausbringen will, gewisser Maaßen kenntlich macht, ohne ihn vollends zu bestimmen, und es sodann der synthetischen Methode überläßt, die dazu dienenden Vordersätze aufzusuchen*" (§ 330). – Sowohl der § 456 wie auch der § 541 dienen der Charakterisierung des synthetischen Verfahrens.

54 Vgl. zum Inhalt des § 421 die Anm. 43.

55 Die §§ 547–550 im siebten Hauptstück "Von den Aufgaben" handeln von der Notwendigkeit und der Aneignung zureichend klarer Begriffe.

56 Der französische Philologe Joseph Justus Scaliger (1540–1609) gilt als Begründer der wissenschaftlichen Chronologie.

57 In den §§ 149 ff., genauer: 146–153, des dritten Hauptstücks "Von den Urtheilen und Fragen" entwickelt L. eine Satztypologie unter dem Gesichtspunkt, "wie wir von der Wahrheit eines Satzes gewiß werden" (§ 146). Er unterscheidet insbesondere Grundsätze, Lehrsätze und Erfahrungssätze (§ 146–149), um sich dann speziellen, v. a., aber nicht nur in der Mathematik vorkommenden Satztypen zuzuwenden.

58 Vgl. zu den §§ 149–154 die vorangehende Anmerkung. – Im § 156 versucht L., Fragen "auf ihre einfachste Form" zu bringen, wobei der Umgang der Mathematiker mit Aufgaben für ihn leitend ist. – Im § 163 fuhrt er, wiederum in Anlehnung an die mathematische Praxis, den Unterschied zwischen Data und Quaesita ein, zwischen dem, "was zu finden, oder zu thun sey" und dem, "woraus es könne und solle können gemacht oder gefunden werden" (§ 163). Die präzise Angabe von Data und Quaesita in der Mathematik, wobei genau die zureichenden und notwendigen Data aufgeführt werden, "läßt sich noch wenig in den übrigen Wissenschaften anbringen", und zwar deshalb, "weil in diesen die Verhältnisse der Dinge, wodurch eines durch die übrigen vollständig bestimmt wird, vielfacher und verwickelter sind" (§ 164).

59 Im § 405 aus dem sechsten Hauptstück nimmt L. "die einfache Schlußrede:

> M ist B
> A ist M
> A ist B"

zum Ausgangspunkt. Im § 406 weist er u. a. nach, daß der Obersatz resp. der Untersatz identisch sein muß, falls er aus dem Schlußsatz und dem Obersatz resp. dem Untersatz folgen soll.

60 Vgl. zu dem hier von L. in den Blick gefaßten Zweck Anm. 50.

61 Vgl. Anm. 6.

62 Daß die Menge der Daten bei einer Aufgabe bzw. Frage unabhängig und vollständig sind, expliziert L. im § 470, der sich im siebten Hauptstück "Von den Aufgaben" findet, so: "Die *Data* müssen ... so beschaffen seyn, *daß nicht eines durch die übrigen an sich schon gefunden werden können, und hingegen alle zusammengenommen das Quaesitum durchaus bestimmen.*"

63 Im angezogenen § 165 aus dem dritten Hauptstück "Von den Urtheilen und Fragen" heißt es: "Die *Data* und *Quaesita* bestimmen einander öfters auf eine solche Art, daß man hinwiederum aus dem *Quaesito* und einigen *Datis* die übrigen *Data* finden kann. Thut man dieses, so wird die Aufgabe umgekehrt, Z. E. Man kann aus dem Diameter eines Zirkels den Umkrais, und so hinwiederum aus diesem jenen finden."

64 Der von L. angezogene § 161 ist für die Erläuterung der Verwandlung von Aufgaben in Sätze nicht ergiebig; einschlägig ist jedoch der vorangehende § 160: "Dieses [sc. die Verwandlung] geschieht, wenn man die Auflösung [sc. der Aufgabe] zum Subject, die Frage der Aufgabe aber zum Prädicat macht."

65 Im § 437 aus dem dritten Hauptstück "Von den Aufgaben" erörtert L. allgemein und exemplarisch die Zurückführung einer Aufgabe auf eine andere. Solche Reduktionen werden teils aus Einfachheitsgründen, teils "um den Zusammenhang oder die Abhänglichkeit der Aufgaben von einander zu zeigen", vorgenommen.

66 Der Inhalt des § 379 wurde bereits in den Anm. 9 und 11 erläutert; offenkundig geht auch dieser Verweis L.s fehl: in diesem Paragraphen geht es nicht um die Regeln des wissenschaftlichen Vortrags. Da solche Regeln jedoch im § 679 verhandelt werden, darf die Vermutung geäußert werden, daß eine zukünftige kritische Ausgabe die '3' durch eine '6' zu ersetzen hat.

67 Im § 172 aus dem dritten Hauptstück "Von den Urtheilen und Fragen" gibt L. folgende Erläuterung der Symptomata: "Die *Sym-*

ptomata sind Eigenschaften, Umstände, Verhältnisse u. die sich bey Untersuchung, und allmählicher, theils auch angestellter Veränderung und Vergleichung der Sache hervorthun, und etwas zu ihrer Kenntniß beytragen, dieselbe aber nicht durchaus bestimmen. Durch solche Veränderungen und Vergleichungen wird die Sache gleichsam auf die Probe gesetzt, und ihre wahre Merkmaale klären sich dadurch mehr auf."

68 Vgl. zum § 103 Anm. 32 und zum § 34 Anm. 33.

69 "Coss" ist die Bezeichnung für eine frühe Stufe der Algebra, die etwa in den Jahren 1450 bis 1550 in Oberitalien, Frankreich und Deutschland entwickelt worden ist. Die Cossisten sind die Vertreter der Coss; einer ihrer bekanntesten ist Cardan (vgl. Anm. 70).

70 Der italienische Mathematiker, Arzt, Naturforscher und Philosoph Geronimo Cardan (auch: Cardano) publizierte in seinem 1545 erschienenen Hauptwerk "Ars magna de regulis algebraicis" die nach ihm benannten, aber auf Tartaglia und del Ferro zurückgehenden Formeln zur Lösung von Gleichungen dritten Grades.

71 Vgl. zum § 103 Anm. 32 und zum § 34 Anm. 33.

72 Vgl. Anm. 79.

73 Im § 51 aus dem ersten Hauptstück erläutert L. seinen Erklärungsbegriff und unterscheidet, gemäß seiner dreistufigen Zeichenkonzeption, zwischen der Erklärung von Worten, Begriffen und Sachen. Im § 60, der sich im selben Hauptstück findet, legt er dar, daß die Sache hinreichend durch Verhältnisbegriffe bestimmbar ist.

74 Im § 114 des zweiten Hauptstück "Von den Eintheilungen" konstatiert L., daß es auch "figürliche Vorstellungen" von Begriffen gibt, "die ganz abstract sind". Gleichwohl bemängelt er, daß man diese "aber noch zu keiner merklichen Vollständigkeit" gebracht hat. – Ein Beispiel für die figürliche Vorstellung abstrakter Verhältnisse ist L.s Linienkalkül, den er mit dem § 173 zu entwickeln beginnt.

75 Die Übertragung der Kerneinsicht des § 379 der Dianoiologie, des ersten Teils des *Organon*, in eine heute geläufige Sprechweise liest sich so: (i) Ist eine Aussagenmenge inkonsistent, d. h. enthält ihre Folgerungsklasse sowohl eine Aussage wie auch deren Negation, dann sind nicht alle Mitglieder der betrachteten Menge wahr. Anders: Die Konsistenz einer Aussagenmenge ist notwendige Bedingung der Wahrheit aller ihrer Elemente. – (ii) Der Nachweis der Inkonsistenz bietet jedoch keine Hilfe, um in der vorgegebenen Menge wahre von falschen Aussagen zu scheiden (vgl. auch Anm. 9).

76 Christian August Crusius (1715–1775) war Professor der Philosophie und später auch der Theologie in Leipzig. Er lehnte insbesondere den von Wolff und dessen Anhängern propagierten Gedanken einer nach dem Vorbild der Geometrie konzipierten Philosophie ab, der auch für L. leitend war. – Joachim Georg Daries (1714–1791) war wie Crusius Gegner Wolffs: er war Professor in Jena und Frankfurt. Einschlägig sind namentlich seine "Elementa metaphysices" (1743/44) (vgl. Wundt (1945), S. 254–264 u. S. 304–306).

77 Der § 240 der Alethiologie handelt von den Gründen der Zusammensetzung zusammengesetzter Begriffe. – Im § 161 der Alethiologie faßt L. in kategorischer Weise und mit ausgiebigen Verweisen auf frühere Ausführungen des *Organon* seine Forderungen für die einzelnen Versatzstücke des Erkennens zusammen. Hinsichtlich der einfachen Begriffe heißt es: "Wir fordern ... für die einfachen Begriffe die *Gedenkbarkeit*."

78 L. bezieht sich auf das zehnte Hauptstück der Semiotic "Von dem Hypothetischen der Sprache". Einschlägig für die Metaphorisierung der "Wörter der ersten Classe" sind v. a. § 338–341. – L. berührt dieses Thema sehr häufig; vgl. z. B. auch die §§ 29, 39, 48 des vorliegenden Textes.

79 L. nimmt Bezug auf die erste Bilderfibel "Orbis sensualium pictum" (1658), die von dem tschechischen Pädagogen und Theologen Johann Amos Comenius (1592–1670) vorgelegt worden ist.

80 Hier und im folgenden verweist L. auf den vierten Teil des *Organon* "Phänomenologie oder Lehre von dem Schein"; einschlägig ist insbesondere das zweite Hauptstück "Von dem sinnlichen Schein" (*Organon*, Phän. §§ 34–94).

81 Das letzte Hauptstück der Dianoiologie ist der oben abgedruckte Text "Von der wissenschaftlichen Erkenntnis". In den beiden ersten Hauptstücken der Alethiologie, des zweiten Teils des *Organon*, "Von den einfachen oder für sich gedenkbaren Begriffen" und "Von den Grundsätzen und Forderungen, so die einfachen Begriffe angeben", bietet L. seine Lösung des Anfangproblems der Wissenschaft(en).

82 L. betrachtet den gesamten vierten Teil der *Architectonic* als Organon quantorum (vgl. *Architectonic* § 679).

83 Das folgende Hauptstück bildet demnach eine ausgeführte Fassung des Hauptstücks "Von den Grundsätzen und Forderungen, so die einfachen Begriffe angeben" aus der Alethiologie des *Organon*.

84 Vgl. v. a. die §§ 47 ff. des ersten Hauptstücks der Alethiologie.

85 In dieser Passage spielt L. auf den Linienkalkül an, den er im dritten Hauptstück der Dianoiologie, beginnend mit dem § 173, vorbereitet, um ihn im vierten und fünften Hauptstück im Detail zu entwickeln (vgl. auch Wolters (1980), S. 120–162).

86 L. bezieht sich hier und in den §§ 108, 112 auf das mit Abstand umfangreichste Hauptstück der Phänomenologie "Von dem Wahrscheinlichen".

87 Einschlägig ist das vierte Hauptstück der Alethiologie "Von dem Unterschiede des Wahren und Irrigen".

88 Vgl. insbesondere den § 262 der Phänomenologie.

PERSONENREGISTER

Achilles 105
Archimedes 8, 149
Aristoteles XXXV, 55 f.
Arndt, H.-W. XXIV,
   XXXII ff., XCI, XCIX, CI

Bacon, F. XXXV, 56 f.
Baensch, O. XXI, XCI
Barone, F. XCI
Barthel, E. XCI
Beck, L.W. XXI, XCI
Bernoulli, D. XIII
Bernoulli, J. (1667–1748) XIII
Bernoulli, J. (1744–1807)
   XXIII, XXIV, XLVIII, XC,
   XCIX
Bertalanffy, L. v. LXXIV
Bianchi, M. XCIII
Biermann, K. R. XVII, XCII
Bilfinger, G. B. 21, 148
Bochenski, J. M. XCII
Bopp, K. XVII, XXII, XC
Bourel, D. XCII
Brander, G. F. XIII, XVIII
Brandt, H. D. CI
Braun, L. XXI, XCII
Bülow, E. XCVI

Cardan, G. 48, 154
Carnap, R. XXXVII
Cartesius XXXV, 49, 57, 88,
   121
Cassirer, E. XCII
Cataldi Madonna, L. XCII
Ciafardone, R. XCII

Cicero, M.T. 5, 120
Columbus, C. 148
Comenius, J. A. 49, 71, 155
Condillac, E. B. de LXX f.,
   LXXIII
Copernicus, N. XLIV f.
Coseriu, E. XCII
Crusius, C. A. XCII, 61, 155

D'Alembert, J. le Rond XIII
Daries, J. G 61, 155
Darwin, C. XCV
Debru, C. XXI, XCII, XCVII
Del Ferro, L. 154
Delfosse, H. P. XCIII, XCVII
Dello Preite, M. XCII
Descartes, R. vgl. Cartesius
Deutsch, K. W. LXXIV
Diemer, A. XLVII, LXXIII,
   XCIV ff.
Dürr, K. XCII, XCV

Eberhard, J. A. XCII
Edwards, P. XCIV
Eisenring, M. E. XCII
Erdmann, J. E. XCIII
Euklid XXXV, 10, 10, 46, 48,
   61, 66 f., 69, 94, 102, 119,
   138
Euler, L. XIII, XIV

Fattori, M. XCIII
Felscher, W. LXXVI
Fichte, J. G. XXXVIII,
   LXXIII

Fischer, K. XCIII
Fraassen, B. C. van XXVII
Frege, G. LXXIII
Friedrich der Große XIV, XVI
Frischeisen-Köhler, M. XCVI
Fuchs, A. XCIII

Galeski, M. LXXXIX
Galilei, G. 8, 149
Gent, W. XCIII
Gethmann, C. F. XXVII
Gipper, H. XCVI
Gregorian, A. T. XVII, XCIII
Griffing, H. XCIII
Guericke, O. 10

Haack, H. XCIII
Händle, F. XLVII
Haller, R. XXI
Halmos, P. LXXVI
Hammacher, K. LXXIII
Hartknoch, J. F. XXII
Havichorst, A. L, LVIII
Hegel, G. W. F.
    XXXIX–XLII, LXXIIf.
Hennuy, G. XXI, XCIII
Hinske, N. VIIf., XXIV, XL, XCIII, XCVI
Holland, G. J. XXIV, XLIXf., LIII
Huber, D. XCII, XCIV
Huismann, D. XCV
Hume, D. XCI
Humm, F. XVI, XVII, XX, XCIV
Huygens, C. 8

Iselin, J. R. XII

Jaki, S. L. XIV, XCIV

Jakisch, G. XC
Jaquel, R. XIV, XVIIf., XCIV, XCVII
Jensen, S. XLVII

Kambartel, F. XXXVIII, LXX
Kant, I. XXIf., XXIV, XXIX,, XXXVIII, XLf., XLVII, LXXIff., XCI–XCVII
Kepler, J. 8, 11
Keynes, J. N. XCIV
Klopstock, F. G. XXXII, XCVI
Kneale W. u. M. XCIV
König, E. XXI, XCIV
König, G. XLVIII, XCIV
Kraus, A. XVII, XCIV
Kretzmann, N. XCIV
Krienelke, K. XCIV
Kröner, F. LIII
Küpfmüller, K. LXXIV

Lavater, J. C. XV
Lehmann, G. LXXI
Leibniz, G. W. XVII, XXXVIII, LXXIII, XCIf., XCIV, XCVIf., 48f., 57–60, 107
Lenk, H. XXXVIII, LXXV
Lepsius, J. XCIV
Le Roy, G. LXX
Lewis, C. I. XCV
Lichtenberg, G. C. von XVII, XCV
Locke, J. XII, XXXV, 10, 57, 59f., 63, 72, 87f.
Lowenhaupt, F. XCV

Personenregister

Malebranche, N. XII
Marchal, J. H. LXXVII f.
Mariotte, E. 10
Martin, G. XCV
Metz, R. XCV
Meyer, M. XCV
Mittelstraß, J. XXVII, XLVII, XCVII
Modigliani, D. XCV
Moog, W. XCVI
Müller, C. H. XV–XVII, XXIII, XLVIII, LIII, XCV
Mues, A. LXXIII
Musschenbroek, P. van XIII

Neemann, U. XCV, 150
Nef, F. XCV
Neurath, O. XXI
Newton, T. 6, 8, 11, 48, 146

Parsons, T. LXXIV
Peano, G. XCVI
Peters, W. S. XXI, XCV
Piaget, J. XCV
Pichler, F. LXXVI
Pitt, J. C. XCVII
Planta, M. von XIII
Ptolemäus, C. 82
Puntel, L. B. VII
Pythagoras 149

Radl, A. VII
Randal, J. H. XCV
Reber, J. H. XII
Reccard, G. C. XVII
Reinhold, K. L. XXXVIII, LXXIII
Rescher, N. XXVII, XXXVIII, XLVII, LXXIII, XCV

Richer, J. 11, 146
Ricken, F. XXXVIII, LXXVI
Riehl, A. XCV
Risse, W. XCV
Ritschl, O. XXXVIII, XLVII, XCVI
Rousseau, J. J. XCII
Rutte, H. XXI

Scaliger, J. J. 39, 152
Schmitter, P. XCVI
Schneiders, W. XXXII, XCVI
Scholz, H. XCVI
Schrader, W. H. LXXIII
Shannon, C. E. LXXIV
Sheynin, O. B. XCVI
Siegwart, G. VIII, XXXVIII, LXXIII, LXXVI, XCVI
Söder, K. XCVI
Speck, J. XXXVIII
Speiser, A. XCII
Stammler, G. XCVI
Steck, M. XVII, XX, LXXXIX, XCIV
Stein, A. von der XXXVIII, XLVIII, LXXIII, LXXXV, XCVI
Sterkmann, P. XXI, XCVI
Styazhkin, N. I. XCVI
Sulowski, J. XCV
Sulzer, J. G. XIV
Suppes, P. LXXVI

Tartaglia, N. 154
Thiébault, D. XVI
Tilling, L. XCVI
Torricelli, E. 10

Ueberweg, F. XCVI
Ungeheuer, G. XXII, XXXII, [XCVI

Venn, J. XCVI

Weaver, W. LXXIV
Wendler, J. XXI
Wiener, N. LXXIV
Wolff, C. IX, XII, XVI,
  XXIX, XXXIII, XXXV,
  XLIIf., XCI, XCIV, 21,
  60–65, 67–70, 76, 88, 148,
  155
Wolters, G. VII, XVI,
  XVIIIf., XXI, XXVI,
  XXXf., LXI, LXVII,
  LXXXIX, XCVIf., 156
Wrenn, C. 9
Wundt, M. XCVII, 148, 155

Young, O. R. LXXIVf.

Zawadski, B. von XCVII
Zeller, E. XCVII
Zenon von Elea 103, 105
Zimmermann, R. XXI,
  XCVII